江西师范大学外国语言文学学术文库

广告翻译与翻译中的
广告视野

彭朝忠 / 著

本书出版得到江西省学位与研究生教育教学改革研究项目"项目模拟在MTI应用翻译课程教学中的应用"（JXYJG-2017-038）、江西师范大学教学改革研究项目"应用翻译系列课程教学中师生专业知识受限的补偿机制研究"和江西师范大学外国语言文学学科建设经费的资助，在此一并致谢。

全国百佳图书出版单位

化学工业出版社

·北京·

图书在版编目（CIP）数据

广告翻译与翻译中的广告视野/彭朝忠著. —北京：
化学工业出版社，2019.9（2023.9重印）
ISBN 978-7-122-34911-8

Ⅰ.①广…　Ⅱ.①彭…　Ⅲ.①广告-英语-翻译-研究
Ⅳ.①F713.8

中国版本图书馆CIP数据核字（2019）第151221号

责任编辑：邵桂林　　　　　　　　　　　　装帧设计：韩　飞
责任校对：王　静

出版发行：化学工业出版社（北京市东城区青年湖南街13号　邮政编码100011）
印　　装：北京印刷集团有限责任公司
710mm×1000mm　1/16　印张16½　字数282千字　2023年9月北京第1版第2次印刷

购书咨询：010-64518888　　售后服务：010-64518899
网　　址：http://www.cip.com.cn
凡购买本书，如有缺损质量问题，本社销售中心负责调换。

定　　价：55.00元　　　　　　　　　　　　　　版权所有　违者必究

序

当下中国，综合国力日益强盛，科学技术发展迅猛，经济建设如火如荼。自改革开放以来，与市场经济联系紧密的广告产业异军突起，广告受到越来越多企业的关注，但平心而论，普通百姓对无孔不入的广告并不在意，甚至还颇多微词。

以前我对广告也不在意，平日里还是抱定传统观念如"酒香不怕巷子深""金杯银杯不如老百姓的口碑"，所以潜意识里对广告甚至还心存不屑。一天，本书作者请我作序，因乐见学院教师进步，再加上也能因此了解未知，所以我欣然应允。读完此书，我对广告和广告翻译有了异于往常的认知，不曾想这里面有如此多彩的世界。

《广告翻译与翻译中的广告视野》一书共三篇十章，凡二十余万言，算不上惊艳之作，倒也能见作者心血。总体而言，本书从广告常识讲起，到英汉广告语言文化，再到英汉广告翻译原则、技巧，最后到应用翻译中的广告视野，作者渐次展开，娓娓道来，给人的感觉是朴实无华，一如作者平日为人踏踏实实。

要论该书价值，个人觉得看点有三。

首先，该书倡导广义理解广告，拓宽思维边界，创新营销模式，契合时代背景。21世纪的世界高度融合，互联互通成为国际间交往的关键概念。外国文化和商品要引进来，中国文化、中国制造、"中国智造"要"走出去"都需要广告传播意识，传统的"有山不愁柴""待价而沽"等思维都明显消极被动，不合时宜。我们国家这几年的"一带一路"倡议及与之相适应的多类论坛活动，都应该是宏观层面的广告推广。国家如此，企业、个人也应该有所启发，顺势而为。有了这种认知，广告翻译才能满足客户需求，其他应用翻译实践也能合理借鉴广告思维，从而更好地为这个时代服务。

现在流行跨界，学术研究亦是如此，浓浓的跨学科研究特色是本书的另一个看点。据我所知，作者并无广告传播学科的学习背景，之所以能写成一本与广告学科相关的著作，一是因为作者多年的教学经验，二是因为作者因之而起的研究兴趣。由此可证，教研相长，兴趣助推，一定可以有所收获。即便是跨界研究，如果功夫到了，开繁花、结硕果，也未可知。

本书最大的看点应该是书中既有理论说明，更有案例分析。理论方面，作者既有国内外相关译论的比较，又重点说明功能目的论等对广告翻译的指导价值，而且还尝试着提出了广告翻译三原则"创意求新、功能求同、译文求顺"。虽然只是一己之见，倒也有一定道理。案例方面，无论是广告语，还是广告译例都非常翔实，而且分类合理，分析到位，有些不仅案例时新，而且还充满智慧。这里尤其值得称道的是作者和其学生的一些译文，很有表现力，有的甚至令人拍案叫绝，如太平人寿保险有限公司广告语"Hand in hand, future in your hand"，译文"携手太平享太平"。加拿大多伦多某农产品商超广告语"Fresh from the farm"，译文"原汁原味原生态"。伟嘉猫粮广告语"There's nothing cats would rather eat"，译文"最爱伟嘉，乐不思鼠"。浙江乌镇旅游推广广告词"来过，便不曾离开"，译文"I come. I see. I never leave"。交通公益广告语"一滴酒，千滴泪"，译文"Drink and drive, cost your life"。书中很多译文看重的是精神内涵与原文高度一致，并非字面意义的对等，而且译文往往符合译入语习惯，显得非常地道，具有感染力，符合广告语体要求。由这些案例可以看出，作者不但重视理论的讲解，更重理论的应用，作者课堂上学生的参与度和参与激情应该都很高。

当然，此书也有一些不足，如一些理论的分析不够透彻，下篇其他应用翻译类型的论述也可以更深入。此外，译例呈现时，汉译英案例明显少于英译汉案例，估计这和语料的收集难度有关，但要与国家"走出去"战略相一致的话，这一点还要在以后的工作中加强。个人感觉而已，也希望同道中人多提意见。

应该说，瑕不掩瑜，作者十年教学心得的总结自有其打动人的地方，这有待读者诸君亲自发现，我在此不便多言。最后，希望作者能够以此为新起点，教研阵地多磨砺，百尺竿头再攀高。

李勇忠
于洪城云林斋
2019年6月

前言

　　清末新兴启蒙思想家，著名翻译家、教育家严复在《天演论》中的"译例言"讲到："译事三难：信、达、雅。求其信，已大难矣！顾信矣，不达，虽译，犹不译也，则达尚焉。"彼三难享誉学界，论述颇多，此处无需赘言。本书的写作也有三难：广告案例的收集与整理、翻译理论的梳理与广告翻译原则的归纳、跨学科领域的分析与应用。因为很多东西需要查找确证，有些仿若于无基处起高楼。更有甚者，一些例子还要突破严复的"三难"之论，要想自圆其说且令人信服，确实困难。

　　不过，难事有时也是趣事，以广告案例收集为例，只有真正的涉足，才能了解很多广告案例背后的精彩故事，如万宝路曾经女儿身、德芙巧克力包裹的爱情、铁达时腕表天长地久系列广告原型人物的家国情怀。而且只有认真比较与整理才能发现中英文广告语言文化各自鲜明的特色，敏锐感受到中英文广告里蕴藏的思想智慧，领悟到各自常用的句型结构和选词偏好。

　　难事也可能是要事，以翻译研究为例，翻译包括文学翻译和非文学翻译，文学翻译含诗歌、小说、戏剧等表现形式，非文学翻译含会展、影视、新闻、科技、法律、广告等翻译种类。研究视角包括语言学、文学、哲学、美学等多个方向，各家各派立场不同，观点各异。如果不总体对比分析，就不能准确定位，难以明确广告翻译特点。不梳理已有研究，论述就难免片面，广告翻译原则的归纳就难以令人信服，广告翻译实践也就毫无章法。

现在的中国，大众创业，万众创新，跨界成为新时尚，学界跨学科研究也如火如荼。虽然有时因涉足未知领域而困难重重，但这种跨学科攻坚克难也往往特别有意义。以应用翻译为例，跨学科研究并非新现象。尤其是2005年教育部正式批准设置翻译本科专业（BTI），2007年全国启动翻译硕士专业（MTI）学位试点，2013年国家"一带一路"倡议的提出，使翻译学科发展进入快车道，跨学科、多视角的应用翻译研究越来越成为一种趋势。广告翻译属应用翻译，但从语言特色来看属文学翻译跨界，而倘若引入宏观广告视野，将广告翻译与其他重宣传职能文本类型如商标、公示语、新闻标题、电影片名、校训、旅游等结合起来研究的话，定会因相通之处而有不俗洞见。

在清朝文学家彭端淑看来，世事无难易，只在为不为。而如何去为，需要策略，否则可能事与愿违。为了方便论述，也为了方便读者了解，本书分上、中、下三篇，也可粗略看作对上面所述三个难题的逐一阐述。概括而言，上篇主要介绍广告基本知识、广告语言特点、英汉广告语言、文化与修辞差异，是广告翻译能力提高的基础；中篇是广告翻译理论与实践的探索，包括对广告翻译属性、特点与标准的说明，对广告翻译指导原则的分析，对广告翻译的一般策略，如直译、意译、增译、缩译、套译、不译、编译等的介绍；下篇是广告翻译能力的拓展，由广告视野反观翻译活动，提出宏观广告视野对商标、新闻标题、电影片名、校训等应用翻译活动的指导和实践意义。

与同类书籍相比，本书特色鲜明，主要特点如下：

（1）案例丰富，既注意经典，又不乏时新案例。除广告史上堪称经典的广告案例，本书中苹果公司各系列产品、华为各款手机、2018年上映的电影、2019年央视插播的广告等各种例子都有涉及，很具时代特色。

（2）思路清晰，既注重案例分析，又强调案例合理分类。无论是中英文广告语言文化、句式结构、修辞方式的比较，还是英汉广告翻译技巧应用，本书都有详细的举例说明，并分类集中举例以增强说服力。

（3）主题鲜明，既突出广告翻译主题，又注意广告视野拓展。本书紧扣广告翻译主题，分上、中、下三篇，中篇是本书的核心，上篇是中篇的基础，下篇是中篇的延伸。各章节环环相扣，紧密关联。

（4）视角独特，既注意借鉴前人，又勇于理论创新。根据翻译学界以往对翻译原则与标准的论述，并结合广告创作要求、广告语言特点和广告翻译特殊性，本书提出了广告翻译"创意求新、功能求同、译文求顺"的指导原则。

本书在撰写的过程中，充分关注国家发展战略对复合型人才培养的要求，既突出学术性，也注重实用性，在强调理论性的同时，也尽可能注意到趣味性、时代性和可读性，因此适合英语专业、翻译专业、广告传媒类高校本科生、研究生及相关行业从业者阅读参考。

在写作过程中，笔者得到很多人的帮助，因为在后记中有提及，所以此处不作赘述。但特别值得一提的是，本书的出版得到了江西师范大学外国语言文学学科建设基金的资助，借此机会，对学院及推动该项工作的学院领导李勇忠教授和其他老师谨表谢忱。

从某种程度上说，本书是笔者担任"英汉广告翻译"教学工作十年来的教学心得，虽然谨慎，但挂一漏万、自说自话，甚至贻笑大方之处在所难免，不当之处恳请专家指正，不胜感激！

目录

///////////　**参考文献**　///////////

///////////　**后　记**　///////////

上篇　广告语言文化

第1章

广告概述

广义而言，广告即资讯的广泛传播。从这个角度来看，广告自古存在，各国亦然。古代的铭文石刻、集市上的吆喝、战场上的狼烟，甚至中国的入夜打更，法国的叫喊人（专门受雇应答顾客、发布商品信息，并负责监督交易双方权益的人）职业，英国的实物商店招牌等等无不表现出人类自古以来对信息快速有效传播的渴望和在这方面表现出的聪明智慧。进一步而言，如果把人类语言的出现归因于人类广告的需求也一点都不过分，毕竟无论是口头上告知猎物的获得，还是提醒危险的临近，无论是文字形态上标记的提示，还是勾画的图形都是在向他人传递着信息，而且往往只有最有效的才能流传下来。因此，人类发展的历史从一定的程度上来说是人类广告的发展史。福克斯（Fox）认为广告语言"本身就是折射社会的一面镜子"（庄严，2006）。1926年，著名报学史专家戈公振在研究中国报学史过程中，他的以下论述表明他对广告的认识超乎常人："广告为商业发展之史乘，亦即文化进步之纪录"，"人类生活，因科学之发明日趋于繁密美满，而广告即有促进人生与知道人生之功能。故广告不仅为工商界推销产品之一种手段，实负有宣传文化与教育群众之使命也（1955）。"

当然，在大多数人的眼里，广告和市场、商品经济密切相关。没有快速发展的经济，欣欣向荣的市场，就没有广告业存在的土壤。而如果广告业发展滞后，市场经济的发展势必受到一定的影响。因此，广告与市场经济唇齿相依，相互影响，不可偏废。由于历史原因，市场经济在新中国的发展只有短短四十年的历史，因此现代广告业在中国尚处在起步阶段。较市场经济和广告业都非常发达的西方国家而言，中国的广告还有较大差距。虽然信息传播效果和广告创意较十数年前有长足进步，但总体而言也还只是差强人意，因此需要加快发展，才能适应中国社会经济和文化发展的要求。要加快中国广告业的发展，有必要学习借鉴西方广告技术，这其中译介西方广告是直接有效的学习途径。目前，在中国虽然广告翻译活动随处可见，但因有关部门重视不够和广告从业人员业务水平参差，翻译质量良莠不齐，令人啼笑皆非的误译现象屡见不鲜。这不仅难以达到广告原始文本的最初目的，也不利于中西方文化的健康交流（李玉英、李发根，2013）。而解决这个问题，必须先对广告基本概念和广告语言特点有全面的了解和把握。

1.1　广告定义

何谓"广告"？在笔者的广告翻译课堂上，一些同学脱口而出的回答是"广而告之"。这种回答明显过于草率，流于表面，不过也从字面上把广告的目的进行了解释。"广"乃推广，"告"乃告诉，一般人对广告的这种认知属于比较典型的演绎型思维方式。如果是粗浅的了解，倒也无可厚非。但要明确广告的具体内涵，仅停留于表面形式的理解肯定是不够的。

再看中国比较权威的辞书如《辞海》的解释。1980年出版的《辞海》把广告定义为"向公众介绍商品，报道服务内容和文艺节目等的一种宣传方式，一般通过报刊、电台、电视台、招贴、电影、幻灯、橱窗布置、商品陈列的形式来进行"。而1999年版《辞海》将广告的定义修订为：通过媒体向公众介绍商品、劳务和企业信息等的一种宣传方式。很明显，两种定义都强调了商品特征，突出了广告的商业性，定义偏狭窄。广义上说，现在很多学者认为凡是向公众传播社会人事动态、文化娱乐、宣传观念的都属于广告范畴。这一定义的变化充分反映出人们对广告认识的深化，以及广告业在中国的迅猛发展。

其实，在我国古汉语中，并没有"广告"一词。我国较早的《康熙字典》和《词源》中就查不到该词。"广告"作为一个词在中文里出现并使用，始于20世纪初。所以说，"广告"一词是个"舶来品"。英语词汇advertise也只是15世纪初期出现，来源于古法语词a(d)vertiss、a(d)vertir，这两个词汇又可溯源于拉丁语adverter，最初的意思是大喊大叫、吸引人注意。后来在中世纪英语时代后期（1300 ～ 1475），含义得以拓宽，意为告诉、告知、吸引注意

（"to inform somebody of something" "to bring into notice" or "to draw attention to something"）。

中国人自办的中文报刊上最先使用"广告"一词，是在1899年梁启超于日本创办的《清议报》上。1901年，上海《申报》首次在我国国内报刊上使用"广告"一词（何辉，2011）。因此，可以认为，"广告"作为一词在中文里出现并使用，始于20世纪初（丁俊杰，1997）。

17世纪中后期，英国资产阶级通过革命确立了君主立宪制，英国的经济也随之飞速发展，商业活动的规模不断扩大，广告一词得以流行。在1890年之前，广告被定义为"关于产品或者服务的消息（News about product or service）"。后来，由于纸质媒体的出现和繁荣，广告的形式得以拓展。1894年，被称为"美国现代广告之父"的Abert Lasker将广告称之为"印刷形态的推销手段（salesmanship in print）"（于根元，2007）。该定义第一次将广告和推销关联起来，比较准确地表达了商业广告的本质含义，很长一段时间里都被西方的广告界奉为金科玉律。不过该定义重点关注的是推销，使得那个时期的广告主、广告人过多地关注产品及信息的推广，从而忽视消费者的需求。

进入20世纪以后，越来越多的产品开发商、经营者开始关注消费者的需求，以迎合满足消费者需求为创业的根本，广告人也意识到从消费者的角度出发创作广告的重要性。而且，随着汽车的量产、无线电广播的出现，以及电脑的发明和广泛应用，随着广告业的蓬勃发展，广告从业人员和广告相关研究的剧增，Abert Lasker对广告的定义越来越表现出明显的局限性。于是，越来越多的相关从业者和研究人士尝试着从不同的视角提出他们各自对广告的认识。1932年，美国专业广告杂志Advertising Age（《广告时代》）就公开向社会征求广告的定义，得票最多的入选定义是"由广告主支付费用，通过印刷、书写、口述或图画等，公开表现有关个人、商品、服务或运动等信息，用以达到影响并促进销售、使用、投票或赞同的目的。"该定义既包括广告的功能，也包括广告的形式，并且还提到了付费的特征，内容比较全面，表现出人们对广告认识的加深。

再后来，不同的刊物、组织和广告研究人士不断地修正或者扩充广告的定义。如英国《简明不列颠百科全书》（1985年版）对广告作的解释是"广告是传播信息的一种方式，其目的在于推销商品、劳务，影响舆论，博得政治支持，推进一种事业，或引进刊登广告者所希望的其他反应。广告信息通过各种宣传工具，其中包括报纸、杂志、电视、无线电广播、张贴广告及直接邮寄等，传递给它所想要吸引的观众和听众。广告不同于其他信息传递方式，它必须由登广告者付给传递信息的媒介以一定的报酬。"美国广告协会（American Association of Advertising Agencies）对广告的定义是"广告是付费的大众传播，其最终目的是为了传递信息，改变人们对于所做广告的商品的态度，诱发其行动，而使广告主获得利益"。William M. Weibacher教授认为："所谓广告，就是企业或非营利组织利用需要费用的媒体来陈述信息，以期望能引导消费者产生确信与行动，并期待扩大其广告接触率。"John D. Burke 则认为广告是广告主通过媒体带给一般大众有关商品、服务或想法的销售方面的信息（何辉，2009）。

很显然，人们对广告的认知五花八门，不一而足，时代不同和视角差异都会令人们对广告的理解发生变化，但广告的一些基本特征还是能得到大家的认同的。首先，广告是一种广泛强效的信息传播方式，感染性强，具有劝告说服的本质；第二，在现代社会，广告是一种投资行为，一般需要付费；第三，不管广告选择何种媒体形式，也不管广告的内容是有形的商品，还是无形的理念，广告本身都带有明确的目的性。

1.2　广告分类

随着广告学的出现和发展，广告研究的不断深入，人们对广告有了更全面的认识，广告的分类也越来越细致、科学。根据不同的划分标准，广告可以有不同的分类。

从广告传播的媒体形式来看，广告可以分为印刷品广告、户外广告、移动广告、直邮广告、电子广告和网络广告。印刷品广告指比较传统的纸质印刷媒体广告，如画册报纸、书刊等。户外广告指城市街头、交通要道、车站码头等公共场所立的大型广告牌、宣传招贴画、充气模型等。而移动广告一般指利用移动的交通工具如汽艇、车、船、摩托车甚至人等传播广告信息、吸引受众关注的广告形式。直邮广告指通过信件直接投递到广告受众手中的广告形式。传播速度快、覆盖面广、受广告主青睐的是电子广告，这类广告形式包括无线电广播、电视和电影广告等。方兴未艾、势不可挡的最新广告形式是网络广告，由于网络的普及和网络传播的快捷，这种广告形式受到了越来越多广告人的关注。

从广告覆盖的地区来看，广告可分为国际性广告、全国性广告、区域性广告和地区性广告（陈东成，2012）。广告目的投放区的大小直接决定广告策略的选择，这其中包括语言文化因素的考量，因此对广告创作乃至翻译的影响不可小觑。

从广告诉求点的呈现方式来看，广告可分为理性诉求广告、情感诉求广告和混合诉求广告。诉求点又称卖点（selling point）。理性诉求广告最重要的特征是把商品的利益信息以说理的方式传递给顾客。美国广告大师罗斯·瑞夫斯1960年在其论著《实效的广告》（The Reality of Advertising）一书提出"独特的销售提议（Unique Selling Proposition）"，他主张一个广告要对消费者提供一个特别的购买理由。情感诉求广告则通过触动受众心中的某种情感，打动消费者以达到促销的目的。而混合诉求广告指的是前面形式的结合，既考虑到广告受众的客观需求，又注重其情感的把握。

此外，从是否以营利为目的来看，广告可分为营利性广告和非营利性广告。前者也可称之为商业广告，属狭义的广告。后者也可称之为非商业广告，属广义的广告。商业广告讲求经济效益，往往以销量的提升与否来衡量广告的优劣。非商业广告则不以追逐利润为目的，其涵盖面很广，公益广告、公示语、各类启事等都属于这类范畴。

2013年，泰国健康促进基金会就曾经发布了一则广受关注的非营利性禁烟广告"Smoking kid"。在一分半钟的广告片里，一开始，两名儿童向街头上数位成年烟民借打火机吸烟，成人烟民不仅拒绝借用打火机，而且还善意提醒孩子吸烟对健康的种种危害。令人意想不到的是，在每一位成人烟民对孩子进行说服教育时，孩子都会递出一张小纸条，上面写道"You worry about me. But why not about yourself（你担心我，为什么不担心你自己呢）？"然后，几乎每个烟民都深受触动，纷纷停止抽烟的行为。在这则公益广告中，创作者以纪实拍摄的手法，一反常规使用大明星、大投入、空洞说教的方式，而是采用普通百姓，以角色替换的方式将诉求点置于特定的故事情境之中，来引起受众的情感共鸣，发人深思，广告效果明显。

当然，广告还可以从商品的类型、创作的方式、制作的时间、广告主的差异等多个方面进行分类，但考虑到本书的篇幅和宗旨，在此不一一详述。

1.3　广告创作要点

广告创作过程中需要考虑的问题比较多，比较重要的因素主要来自以下几个方面。

首先是广告传播的AIDA模式。该模式也称"爱达"公式，是国际推销专家海英兹·姆·戈得曼（Heinz M Goldmann）总结的推销模式，是西方推销学中一个重要理论。AIDA是四个英文单词"Attention，Interest，Desire，Action"的首字母组合，对应着广告效果的四个层次，即注意、兴趣、欲望、购买行动。一个成功的广告能够把受众的注意力吸引到广告产品上，使其对之产生兴趣，进而进一步促进消费欲望的形成，最终促成购买行为，达成交易。该效应模式被广泛地用于指导设定广告传播目标和广告文案的撰写。

网上能找到一张户外胶带广告图，看似十分粗糙，除品牌名称"Penline"在胶带内侧依稀可辨外，再无任何文字信息。但就是这样一个简单的用胶带将四个角牢牢粘住的巨型广告牌却赢得了2007年戛纳广告节的银奖，因为该广告非常明确地传递了广告主对自己产品的信心，同时也能迅速地捕捉受众的注意并激起购买欲望。

其次是广告策略的选择。一个品牌能否成功营销往往取决于其有没有好的广告策略。广告策略主要包含定位策略、信息策略、创意策略和媒介策略等四个方面。定位策略指服务于产品的市场、营销定位。任何一个广告都必须清楚产品的投放市场、营销重点和目标消费人群，即广告要有针对性。信息策略指选择和表现广告信息的策略，它和广告定位策略紧密关联。确定了投放市场和目标消费人群，广告信息的表现形式就比较容易确定，如儿童食品广告的语言选择就不应该太成人化。媒介策略指按照广告主的需求和广告的内容选择适当的媒介进行广告传播。广告传播媒介不同，广告信息的表现也会发生变化。创意策略包含制定策略、产生和执行构想。

"7-Up（七喜）"是美国Howdy Corporation的创始人查尔斯·格利戈1929年创造的品牌。在20世纪40年代至60年代，"七喜"也尝试过不同的营销策略，如将自己描绘成"清新的家庭饮料"等。但是因为缺乏一个鲜明形象和独特定位，这些宣传并不成功，没有使消费者感知到"七喜"是一种不含酒精的普通清凉饮料。直到1968年，Thompson广告公司的副总裁William Ross为7-Up策划了一个推广主题——"Uncola"（非可乐），明确地把它定位在与可乐饮料相对立的位置上。此定位获得极大成功，受到了公众的积极响应，7-Up的销量猛增，当年其销售量就增加了14%，到1973年增加了50%。"非可乐"广告策略之所以成功，是因为它抓住了年轻人消费心理，迎合了当时美国年轻人反正统、反主流、反家庭的个性特征。

然而，1978年以后，"七喜"又放弃了"非可乐"广告宣传活动，展开以

"七喜随着美国欣欣向荣""感受七喜"为主题的新的宣传攻势。这些并未获得理想的促销效果，反而使其销售量下降。鉴于此，"七喜"又再度推出"非可乐"宣传口号，但最终未能恢复以往的成绩，直至最后被百事可乐收购。

"七喜"从成功到失败的变化，主要是品牌宣传定位失误所致。在品牌传播中，传播的途径、方式可以多样化，但它必须体现统一的诉求主题。若品牌诉求主题过多，或者品牌市场定位变动过于频繁，就易使消费者不能认知品牌的个性与独特的品牌形象，进而降低市场竞争力。

此外还有广告创意的ROI标准。ROI标准源自美国著名广告人威廉·伯恩巴克（国际公认的一流广告大师，和大卫·奥格威、李奥·贝纳一起并称为20世纪60年代美国广告"创意革命时期"的旗手）的广告创意指南，ROI三个字母分别代表"Relevance"（关联性）、"Originality"（原创性）和"Impact"（震撼性）（冯章，2009）。关联性指的是广告的创意必须和商品、目标受众密切相关，不能让人看了广告后却不知所云。原创性要求广告的创作必须匠心独具，不人云亦云，拾人牙慧。震撼性指广告要能打动，甚至震撼到人，不能平淡无奇，否则就很难吸引关注，也就难有生命力。业界一般认为以上三个方面是广告创作时必须遵循的标准。以Whiskas（伟嘉）猫粮平面广告画为例，这则广告图的地板上只有一串猫咪的足印，足印中间是一只打翻过来的餐盘，餐盘左右两侧的足印大小悬殊。粗看不知所云，但仔细品味的话，妙不可言，堪称创意广告的佳作。究其原因，画面虽然夸张，但相关性、原创性和冲击力都有兼顾。

1.4 广告文案构成

广告有广义和狭义之分，广告文案亦是如此。狭义广告文案是指广告作品的文字部分，一般用来支撑美工所提供的艺术作品或图片信息。广义的广告文案则包括构成"广告"的所有要素，即受众在接触广告时所看到、听到、感觉到的所有元素。广义的广告文案定义无疑更能激发各种创意人员的创造力，并有利于促进他们彼此之间的协作。但是，它也模糊了广告创作人之间的专业分工，有可能使彼此间协作的难度大为增加（何辉，2009）。两种广告文案观视角不同，各有侧重，都有其特定的指导意义。鉴于本书论述的主要内容是翻译，与语言应用密切相关，因此本书将主要从狭义的广告文案观出发，探讨广告语言的应用。

完整的广告文案的构成要素一般包括几个部分内容：广告标题（headline）、广告口号（slogan）、广告正文（body copy）、广告附文（supplementary items），有的还含有广告警示语。广告一般都有标题，是广告主最想传递给消费者的核心信息。犹如文章的标题是文章的文眼一样，广告标题之于广告的重要性也毋庸置疑。美国著名广告人大卫·奥格威就曾这样概括广告标题的重要性："读标题的人数是读正文人数的五倍，标题一经写成，就等于花去了一美元广告费中的八十美分"（1991）。有的广告标题还带有引题和副标题。这样一来，就形成了复合式标题。在复合式标题中，主标题传递核心信息，引题说明商品的某个特点、营造气氛和引导主标题，副标题补充说明主标题。

广告口号，又叫广告（标）语，是广告在一定时期内持续反复使用的短语或句子，甚至一个单词，表达广告主的某个观念，是广告主及其产品的一个重要标识。广告口号和标题之间的界限其实很模糊。有的时候，广告口号也即广告标题。随着信息时代的到来，人们交换信息的速度越来越快，加之信息表现方式日趋多元，如图片、声音等，愈来愈多的广告倾向于月非常简洁的文字信息来呈现广告核心内容，这也就是为什么现代很多广告只有一句广告口号的原因所在。也基于这个原因，本书后面章节的很多译例也主要集中对广告口号进行分析和翻译。

广告正文是广告的主体，比较详细地传递广告信息。广告标题传递广告主题的信息要点或引导读者阅读正文，而广告正文则围绕广告主题提供更详细的信息。但并非所有广告都有正文，有的广告只有标题或口号，现代影视广告、户外广告牌、图片广告等广告形式往往因为时间、广告费用、阅读效果等方面的原因显得尤其如此。

广告附文是在广告正文之后向受众传达广告主名称、商标名称、广告主地址、邮政编码、电话、购买商品或接受服务方法的附加性文字。因为是附加性文字，它在广告作品中的位置一般总是居于正文之后，因此，也称随文、尾文。需要说明的是，并不是所有的广告都有广告附文，一般纸质媒体广告文案才会有比较详尽的广告附文，而一些知名公司产品的广告往往只把公司、产品的名称或者品牌标识（logo）标示出来即可，毕竟知名公司的联系方式很容易获得，而且很多此类广告也往往只是为了达到形象推广的目的。例如三星电视机曾发布一则广告，广告词为 Even a Weather Forecast looks like a work of art，无繁琐的广告附文，但三星的标识在画面的左上角非常醒目地标示出来了。

广告警示语是指广告语言中不同于其他要素的独特的字体、独特的布局形式，以独特的色彩出现的，有时甚至借助于某种特殊符号、图形等来起到警醒、昭示作用的极为简短的词和句（于根元，2007）。警示语与广告主题有一定的联系，但不限于该主题，如"好视力名目贴"广告语的最后一句，"本品不替代药品"。其他常见的警示语有食品类的"本商品不含任何添加剂""三岁以上儿童食用""加量不加价"等，药品类的"OTC（英文 Over The Counter 的缩写，指非处方药）""请在药师的指导下购买和使用""孕妇禁用"等。

1.5 广告文案例析

下面两则广告文案创作于20世纪60年代，都曾轰动一时，被誉为20世纪著名的广告案例，且均出自广告人威廉·伯恩巴克之手。

案例一：德国甲壳虫汽车20世纪50年代进入美国市场后，一直少有人问津，因为甲壳虫汽车马力小、体积小、外形简单怪异，和当时以大型车如福特、通用等为主的消费潮流格格不入。毕竟当时的美国恰逢婴儿潮，一般家庭的子女较多，再加上美国人的块头相对较大，大型号汽车因而更加实用。为了摆脱市场困境，甲壳虫厂商找到美国DDB广告公司为甲壳虫汽车打开在美国市场的销路进行广告策划。DDB广告公司的创始人——威廉·伯恩巴克在认真调研市场和产品之后，决定一反迎合大众的宣传策略，发掘大汽车的不足，将看似甲壳虫汽车弱项的特征换个角度表现出来，变成对手无法竞争的优点。20世纪60年代初，DDB广告公司为大众公司策划出了独具特色的广告活动，别出心裁地提出"Think small（想想小的好）"的广告口号，并通过一系列非常具有视觉冲击力的广告图片，仿佛瞬间转变了很多美国家庭的汽车消费观念，尤其受到当时反传统的"嬉皮士"一族的青睐，使甲壳虫汽车在美国一炮走红。

甲壳虫汽车的广告图构思巧妙，大面积的留白更突显甲壳虫的小巧，既巧妙地传递了真实信息，又给人强烈的视觉震撼。再看文字内容，标题"Think small"即广告口号，是整个广告内容的核心提示，动词短语，极具号召性。广告正文都是简单句，紧密围绕标题将微型车的好处逐条列举出来。此外，还有德国大众汽车的车标作为广告主标识也在文末进行了标示。因为德国大众汽车在当时也是知名品牌，加上甲壳虫汽车在美国进行了一系列的广告宣传，因此广告附文的其他内容如公司名称、联系方式等被省略也不足为奇。大众甲壳虫汽车广告文案译文如下：

想想小的好

作者： 威廉·伯恩巴克

产品： 德国大众（Volkswagen）甲壳虫

广告标题： 想想（还是）小的好

广告正文：

想一想小的好处。我们的小车不再是个新奇事物了。不会再有一大群人试图挤进里边。不会再有加油生问汽油往哪儿加。不会再有人感到其形状古怪了。事实上，很多驾驶我们的"廉价小汽车"的人已经认识到它的许多优点并非笑话，如1加仑汽油可跑32英里，可以节省一半汽油；用不着防冻装置；一副轮胎可跑4万英里。也许一旦你习惯了甲壳虫的节省，就不再认为小是缺点了。尤其当你停车找不到大的泊位或为很多保险费、修理费，或想为换不到一辆称心的车而烦恼时，请你考虑一下小甲壳虫车吧！

案例二：国际知名的艾维斯（Avis，也有译为安维斯或安飞士）汽车租赁公司，在20世纪60年代以前，租车业务一直很不景气，甚至濒临破产境地。后来，在1962年，罗伯特·陶先德担任总裁后，公司业务才有所转机。公司随后委托DDB广告公司进行广告宣传策划，威廉·伯恩巴克根据当时赫兹（Hertz）汽车租赁公司在美国遥遥领先，其他公司望其项背的现实，决定采用既坦承事实，又表现积极进取精神的方式，围绕"我们第二，但我们更努力"的主题来进行广告制作。这样一来，坦诚的态度得到了消费者的赞许，大众对弱者同情的心也被唤醒。因此，1963年，下面的广告一出，立即得到市场的认可，艾维斯的租车业务得到迅速提升，成为租车界真正的第二。2003年，艾维斯公司为老二定位策略广告发布40周年举行庆典。"我们更努力"不仅是公司的口号，还成为公司的经营信条。

该广告文案的设计看似简单，但字里行间流露着真诚，耐人寻味。该广告采取的是标题设问，正文解答的结构模式，思路清晰。标题粗体醒目，一目了然，并且直接设问，设置悬念，让读者迫不及待想了解下文。紧随其后的"我们更努力（We try harder.）"既是一个直接回答，也是艾维斯公司的广告口号。接下去的广告正文言简意赅地逐一罗列了艾维斯的种种努力，烟灰缸、雨刮器、暖气等细节让消费者瞬间能感受到广告主严谨踏实的服务态度，进而自然会产生尝试的冲动。广告译文如下：

艾维斯在租车业只是第二位，那为何与我们同行？

作者： 威廉·伯恩巴克

产品： 艾维斯（Avis）公司租车

广告标题： 艾维斯在出租车业只是第二位，那为何与我们同行？

广告正文：

　　我们更努力，（当你不是最大时，你就必须如此）我们就是不能提供肮脏的烟灰缸，或不满的油箱，或用坏的雨刷，或没有清洗的车子，或没有气的轮胎，或任何像无法调整的座椅，不热的暖气，无法除霜的除霜器等等。很明显，我们如此卖力就是力求最好。为了提供你一部新车，像一部神气活现、马力十足的福特汽车和一个愉快的微笑……下次与我们同行。我们的柜头排队的人比较少（意味着不会让你久候）。（吴柏林，2013）

第2章 广告语言分析

2.1 广告语言特点

由于承担的功能和表现的形式不同，广告语言有别于文学、学术、新闻等文体的语言形式。概括而言，广告语言具有规约性、模糊性、通俗性、艺术性、简约性和媒体适用性等特点。

2.1.1 规约性

广告语言的规约性是指广告语言的应用必须受到一些规范的制约。首先，由于广告通常需要借助大众媒体进行信息传播，受众面广，影响力大，因此广告语言必须接受相关法律法规的监督和约束。

从20世纪80年代初到90年代中期，我国先后出台五部与广告活动直接相关的法律和法规。从1982年2月出台的《广告管理暂行条例》，到1994年10月27日第八届全国人民代表大会常务委员会第十次会议通过，1995年2月1日起施行的《中华人民共和国广告法》，都在不同时期对我国广告传播的行为准则做出了规定。以1995年出台的广告法为例，该法包括总则、广告准则、广告活动、广告审查、法律责任、附则等共六章、四十九条，在当时中国网络不够发达、消费方式比较传统、广告理念还相对落后的背景下，这样的规定还是比较完备的。

但是，进入新世纪之后，随着中国科技、经济的迅猛发展，人民生活水平的显著提升，特别是互联网科技的普及，国人的资讯获取渠道日趋多元，消费理念也不断更新，广告行业所暴露出来的问题越来越多，也越来越尖锐。很明显，1995年版的《广告法》越来越难以承担其本应该的规约职能。于是在多方认真调研和反复研讨之后，2015年4月24日下午，十二届全国人大常委会表决通过最新修订的《中华人民共和国广告法》。同日，中华人民共和国主席习近平签署主席令予以公布，自2015年9月1日起施行。

虽然最新版广告法也是由六个部分构成，即总则、广告内容准则、广告行为规范、监督管理、法律责任、附则。但内容比1995年版的充实细致得多，1995版由6章49条构成，总计4550字，而2015版由6章72条构成，总计10655字。仅就篇幅而言，后者就是前者的两倍多。从内容上看，新版的广告法不仅进一步明确广告创作发布及监督管理各相关方除了广告主、经营者、发布者之外，还包括广告代言人，广告监督管理机构除工商管理部门之外，还包括国务院及县级以上地方人民政府有关部门，不仅充分明确相关方的义务和职责，还首提广告行业规范、自律和诚信。此外，新版广告法还根据1995年后广告行业新出现的各类问题，在1995版广告法的基础上出台了更加具体细致的补充条款，并增加了一系列新规，如除了国旗、国歌、国徽之外，军旗、军歌、军徽也不得在广告中出现，除了不得妨碍社会安定、损害社会公共利益，还首提广告不得损害国家的尊严或者利益，不得泄露国家秘密；不仅烟草广告被更严格限制，酒类、教育培训、房地产、农作物种子、投资理财、医疗用品、保健品广告等都有特定明确的要求；不仅广告代言人的义务被明晰，还规定未满十周岁的未成年人不得作为广告代言人；不仅规范了互联网广告行为，还明确了虚假广告的类别并加大了打击力度。总而言之，与先前出台的广告法相比，2015版广告法更系统，更翔实，更具体，约束性更强，更能满足当前国内广告行业健康发展的需要。

新版广告法中直接与广告语言使用相关的法律条文主要在前面两章，为方便读者有更直观的认知，特将具体内容呈现如下：

第一章　总则

第一条　为了规范广告活动，保护消费者的合法权益，促进广告业的健康发展，维护社会经济秩序，制定本法。

第二条　在中华人民共和国境内，商品经营者或者服务提供者通过一定媒介和形式直接或者间接地介绍自己所推销的商品或者服务的商业广告活动，适用本法。

本法所称广告主，是指为推销商品或者服务，自行或者委托他人设计、制作、发布广告的自然人、法人或者其他组织。

本法所称广告经营者，是指接受委托提供广告设计、制作、代理服务的自然人、法人或者其他组织。

本法所称广告发布者，是指为广告主或者广告主委托的广告经营者发布广告的自然人、法人或者其他组织。

本法所称广告代言人，是指广告主以外的，在广告中以自己的名义或者形象对商品、服务作推荐、证明的自然人、法人或者其他组织。

第三条　广告应当真实、合法，以健康的表现形式表达广告内容，符合社会主义精神文明建设和弘扬中华民族优秀传统文化的要求。

第四条　广告不得含有虚假或者引人误解的内容，不得欺骗、误导消费者。

广告主应当对广告内容的真实性负责。

第五条　广告主、广告经营者、广告发布者从事广告活动，应当遵守法律、法规，诚实信用，公平竞争。

第六条　国务院工商行政管理部门主管全国的广告监督管理工作，国务院有关部门在各自的职责范围内负责广告管理相关工作。

县级以上地方工商行政管理部门主管本行政区域的广告监督管理工作，县级以上地方人民政府有关部门在各自的职责范围内负责广告管理相关工作。

第七条　广告行业组织依照法律、法规和章程的规定，制定行业规范，加强行业自律，促进行业发展，引导会员依法从事广告活动，推动广告行业诚信建设。

第二章　广告内容准则

第八条　广告中对商品的性能、功能、产地、用途、质量、成分、价格、生产者、有效期限、允诺等或者对服务的内容、提供者、形式、质量、价格、允诺等有表示的，应当准确、清楚、明白。

广告中表明推销的商品或者服务附带赠送的，应当明示所附带赠送商品或者服务的品种、规格、数量、期限和方式。

法律、行政法规规定广告中应当明示的内容，应当显著、清晰表示。

第九条　广告不得有下列情形：

（一）使用或者变相使用中华人民共和国的国旗、国歌、国徽，军旗、军歌、军徽；

（二）使用或者变相使用国家机关、国家机关工作人员的名义或者形象；

（三）使用"国家级""最高级""最佳"等用语；

（四）损害国家的尊严或者利益，泄露国家秘密；

（五）妨碍社会安定，损害社会公共利益；

（六）危害人身、财产安全，泄露个人隐私；

（七）妨碍社会公共秩序或者违背社会良好风尚；

（八）含有淫秽、色情、赌博、迷信、恐怖、暴力的内容；

（九）含有民族、种族、宗教、性别歧视的内容；

（十）妨碍环境、自然资源或者文化遗产保护；

（十一）法律、行政法规规定禁止的其他情形。

第十条 广告不得损害未成年人和残疾人的身心健康。

第十一条 广告内容涉及的事项需要取得行政许可的，应当与许可的内容相符合。

广告使用数据、统计资料、调查结果、文摘、引用语等引证内容的，应当真实、准确，并表明出处。引证内容有适用范围和有效期限的，应当明确表示。

第十二条 广告中涉及专利产品或者专利方法的，应当标明专利号和专利种类。

未取得专利权的，不得在广告中谎称取得专利权。

禁止使用未授予专利权的专利申请和已经终止、撤销、无效的专利作广告。

第十三条 广告不得贬低其他生产经营者的商品或者服务。

第十四条 广告应当具有可识别性，能够使消费者辨明其为广告。

大众传播媒介不得以新闻报道形式变相发布广告。通过大众传播媒介发布的广告应当显著标明"广告"，与其他非广告信息相区别，不得使消费者产生误解。

广播电台、电视台发布广告，应当遵守国务院有关部门关于时长、方式的规定，并应当对广告时长作出明显提示。

第十五条 麻醉药品、精神药品、医疗用毒性药品、放射性药品等特殊药品，药品类易制毒化学品，以及戒毒治疗的药品、医疗器械和治疗方法，不得作广告。

前款规定以外的处方药，只能在国务院卫生行政部门和国务院药品监督管理部门共同指定的医学、药学专业刊物上作广告。

第十六条 医疗、药品、医疗器械广告不得含有下列内容：

（一）表示功效、安全性的断言或者保证；

（二）说明治愈率或者有效率；

（三）与其他药品、医疗器械的功效和安全性或者其他医疗机构比较；

（四）利用广告代言人作推荐、证明；

（五）法律、行政法规规定禁止的其他内容。

药品广告的内容不得与国务院药品监督管理部门批准的说明书不一致，并应当显著标明禁忌、不良反应。处方药广告应当显著标明"本广告仅供医学药学专业人士阅读"，非处方药广告应当显著标明"请按药品说明书或者在药师指导下购买和使用"。

推荐给个人自用的医疗器械的广告，应当显著标明"请仔细阅读产品说明书或者在医务人员的指导下购买和使用"。医疗器械产品注册证明文件中有禁忌内容、注意事项的，广告中应当显著标明"禁忌内容或者注意事项详见说明书"。

第十七条　除医疗、药品、医疗器械广告外，禁止其他任何广告涉及疾病治疗功能，并不得使用医疗用语或者易使推销的商品与药品、医疗器械相混淆的用语。

第十八条　保健食品广告不得含有下列内容：

（一）表示功效、安全性的断言或者保证；

（二）涉及疾病预防、治疗功能；

（三）声称或者暗示广告商品为保障健康所必需；

（四）与药品、其他保健食品进行比较；

（五）利用广告代言人作推荐、证明；

（六）法律、行政法规规定禁止的其他内容。

保健食品广告应当显著标明"本品不能代替药物"。

第十九条　广播电台、电视台、报刊音像出版单位、互联网信息服务提供者不得以介绍健康、养生知识等形式变相发布医疗、药品、医疗器械、保健食品广告。

第二十条　禁止在大众传播媒介或者公共场所发布声称全部或者部分替代母乳的婴儿乳制品、饮料和其他食品广告。

第二十一条　农药、兽药、饲料和饲料添加剂广告不得含有下列内容：

（一）表示功效、安全性的断言或者保证；

（二）利用科研单位、学术机构、技术推广机构、行业协会或者专业人士、用户的名义或者形象作推荐、证明；

（三）说明有效率；

（四）违反安全使用规程的文字、语言或者画面；

（五）法律、行政法规规定禁止的其他内容。

第二十二条　禁止在大众传播媒介或者公共场所、公共交通工具、户外发布烟草广告。禁止向未成年人发送任何形式的烟草广告。

禁止利用其他商品或者服务的广告、公益广告，宣传烟草制品名称、商标、包装、装潢以及类似内容。

烟草制品生产者或者销售者发布的迁址、更名、招聘等启事中，不得含有烟草制品名称、商标、包装、装潢以及类似内容。

第二十三条　酒类广告不得含有下列内容：

（一）诱导、怂恿饮酒或者宣传无节制饮酒；

（二）出现饮酒的动作；

（三）表现驾驶车、船、飞机等活动；

（四）明示或者暗示饮酒有消除紧张和焦虑、增加体力等功效。

第二十四条　教育、培训广告不得含有下列内容：

（一）对升学、通过考试、获得学位学历或者合格证书，或者对教育、培训的效果作出明示或者暗示的保证性承诺；

（二）明示或者暗示有相关考试机构或者其工作人员、考试命题人员参与教育、培训；

（三）利用科研单位、学术机构、教育机构、行业协会、专业人士、受益者的名义或者形象作推荐、证明。

第二十五条　招商等有投资回报预期的商品或者服务广告，应当对可能存在的风险以及风险责任承担有合理提示或者警示，并不得含有下列内容：

（一）对未来效果、收益或者与其相关的情况作出保证性承诺，明示或者暗示保本、无风险或者保收益等，国家另有规定的除外；

（二）利用学术机构、行业协会、专业人士、受益者的名义或者形象作推荐、证明。

第二十六条　房地产广告，房源信息应当真实，面积应当表明为建筑面积或者套内建筑面积，并不得含有下列内容：

（一）升值或者投资回报的承诺；

（二）以项目到达某一具体参照物的所需时间表示项目位置；

（三）违反国家有关价格管理的规定；

（四）对规划或者建设中的交通、商业、文化教育设施以及其他市政条件作误导宣传。

第二十七条　农作物种子、林木种子、草种子、种畜禽、水产苗种和种养殖广告关于品种名称、生产性能、生长量或者产量、品质、抗性、特殊使用价值、经济价值、适宜种植或者养殖的范围和条件等方面的表述应当真实、清楚、明白，并不得含有下列内容：

（一）作科学上无法验证的断言；

（二）表示功效的断言或者保证；

（三）对经济效益进行分析、预测或者作保证性承诺；

（四）利用科研单位、学术机构、技术推广机构、行业协会或者专业人士、用户的名义或者形象作推荐、证明。

第二十八条　广告以虚假或者引人误解的内容欺骗、误导消费者的，构成虚假广告。

广告有下列情形之一的，为虚假广告：

（一）商品或者服务不存在的；

（二）商品的性能、功能、产地、用途、质量、规格、成分、价格、生产者、有效期限、销售状况、曾获荣誉等信息，或者服务的内容、提供者、形式、质量、价格、销售状况、曾获荣誉等信息，以及与商品或者服务有关的允诺等信息与实际情况不符，对购买行为有实质性影响的；

（三）使用虚构、伪造或者无法验证的科研成果、统计资料、调查结果、文摘、引用语等信息作证明材料的；

（四）虚构使用商品或者接受服务的效果的；

（五）以虚假或者引人误解的内容欺骗、误导消费者的其他情形。

以洗发水类广告为例，因为洗发露、护发素等只能增强头发的营养和韧性，并不能改变头发非正常脱落，所以诸如"促进头部肌肤血液循环，有效抑制头皮深处致屑真菌，能迅速改善头屑、头痒等症状""修复受损的头发表皮层，防止头发内蛋白质与水分流失""活化细胞、促进毛发生长"之类的广告语就涉嫌虚假宣传，违反《广告法》第四条的规定。

除了接受国家及地方法律法规的约束之外，由于广告的投放总是有目标人群和市场的。广告的语言还必须同时顺应当地社会的语言、风俗、文化、宗教等方面的规范，任何和当地文化相冲突的广告是注定不受欢迎的。再以2006年 Sony 公司在荷兰投放的 PSP（playstation portable）游戏机户外广告为例，由于新款白色 PSP 上市改变了以前只有黑色机身的单调局面，广告语 PlayStation Portable. White is coming 本意想表述新款来袭，势不可挡。但这样的广告词，再配上白人女子扼住黑人女子咽喉的画面，种族歧视的意味跃然纸上。于是，荷兰乃至全球舆论哗然，在包括美国有色人种促进协会等国际重要人权组织抗议后，Sony 最终宣布撤下这些广告，并表示道歉。

2.1.2 模糊性

语言的模糊性是自然语言的一种基本属性。Gorder 和 Lakoff 认为自然语言的模糊性指的是词义经常没有精确指定的界限，Leech、Lyons 和 Palmer 则认为是句子意义和话语的意义之间的可此可彼和游移不定，中国一些学者认为语言模糊性是人们的语言认识过程中主观和客观因素相互作用的必然结果。"语言的精确性只是极端的情况，而不精确的、游移不定的模糊现象都是常见的"（钟守满，2000）。在广告语体中，广告人通常通过一些特别的修辞手法来营造语言的模糊性、不确定性，从而达到给人留下自由解读空间的目的。广告语言应用的模糊现象比较多见，因为它能够给消费者留下广大的想象空间，激发消费者的认知兴趣和购买欲望，较好地帮助广告实现交际目的。同时，模糊语言的应用也有利于广告商或者广告主的推广，增加了其宣传的灵活性，不过也使得一些不良商家有机可乘，肆意夸大宣传，频频虚假广告。

广告语言的模糊性可主要通过语音和词汇两个层面来分析。

一是在语音层面，语言的模糊性是因为人们生活交流中语音的不确定性，及各民族语言中词汇同音、谐音现象造成的。广告语言的模糊性主要是从同、近音字词的选择上来得到目的。伦敦希思罗机场（Heathrow Airport）一家免税商店门前有一则上佳的广告语"Have a nice trip，buy-buy"。很明显 Buy-buy 和 bye-bye 谐音，既祝旅客们一路顺利，也更暗示广告受众进店购物，让自己的旅途更加愉快。广告创作者就是运用了语音的模糊性，一音双词，一语双关，不经意间促成了消费者的积极联想，巧妙地传递了广告主意图。这样的现象在汉语广告中也非常多见，如香港一家化妆品公司的广告是："趁早下'斑'，请勿'痘'留"，王致和腐乳广告语"'臭'名远扬，香飘万里"。

二是在词汇选择层面，广告语言模糊性主要体现在代词、动词、形容词和数词的应用上。就代词而言，最大的模糊性体现在代词的省略上，如孔府宴酒的广告语"喝孔府宴酒，做天下文章"，耐克广告语"Just do it"，都把主语省略了。施动者到底是你、是我、是他，还是我们大家呢？消费者自己解读，一定能找到自己最想要的答案，广告的目的也就达到了。代词模糊性还体现在其指代的不确定上，仍以耐克广告语"Just do it"为例，处在宾语位置上 it 的所指并不明确，这也是网络上很多人拿这条广告语来调侃的原因所在。类似的情况也较多，如可口可乐广告语"It's the real thing"中的it。

因为动词鼓动性强，极富感召性，所以广告语言中动词的使用频率非常高，动词的模糊性应用也比较突出。首先是表示达到积极效果的动词，如汉语中的"帮助、改善、促进、保障、提高、平衡、缓解、减轻"等，英语中的"help、give、make、get、bring、last"。仔细推敲的话，细心的消费者能够发现这些动词的共同特征是内涵积极，语气肯定，饱含承诺，给人期许，但语义不精确，无法从程度和数量上进行准确界定。汉语中此类动词多用于医药保健品广告，如"护心、保心、救心，样样关心（复方丹参滴丸）""杀灭真菌，守护指（趾）甲（盐酸特比萘芬片）""激发胃动力，释放就现在（西安杨森吗丁啉）""平稳降压，全面保护（络活喜）""关注男性健康，提高生活质量（2004年'全国男性健康日'活动宣传主题）""关注男性健康 促进家庭和谐（2005年'全国男性健康日'活动宣传主题）。"在英语中，此类动词的使用范围略广些，如You get more out of IT when you come to NITT.（NITT印度NITT公司 - 计算机培训和软件开发公司），We make fund investment easy（Dao Heng Bank），Making the Internet society truly mobile.（NEC日本电气股份有限公司），Whatever makes you happy.（credit Suisse瑞士信贷银行），We give You the support as you move ahead in life.（苏黎世保险集团 - 香港）。

其次，一些表示人体感受的感官动词，如汉语的听、嗅、闻、看、触，及英语的look、taste、feel、smell等，因为涉及主观意念，感觉因人而异，尺度模糊。广告人往往乐衷于假借明星之口，诱使消费者产生丰富的想象，从而达到推广的目的。中英文广告语如"一摸就知道（帮宝适特级棉柔纸尿裤）""品人生苦辣酸甜，悟世间曲直方圆（《人间方圆》的广告语，巧妙地把刊物的名称嵌入广告语中）""牙好胃口好，吃嘛嘛香（蓝天六必治牙膏）"，"It tastes great（Nescafe）""Go for it！ Look good. Feel good. Be your best（Health Magazine）"等就属此类。另外，广告商们往往避开buy和sell二词，而用其他语言手段代替，以期能最大限度地缓和消费者的戒备甚至反感的心理，达到促销的目的（关家玲，2004），如It makes you look much younger（某化妆品），Our connections move the world（德国电信公司）等。

此外，还有情态动词，诸如can、may、should等，在英语中这类词往往能够表达一种模糊的可能性。相比较而言，为了赢得广告受众的信任，英语情态动词在广告中的使用频率没有在其他文体里高，使用的时候也多集中在肯定语气比较强的词，如can等。汉语中无此类动词，能表此类概念的词，如"也许、可能、应该"等，是副词。因为汉语作为一种意合型的语言，并不是十分依赖这些副词，从形式上来完成模糊的表达，它更多的是把模糊的意义暗含在更丰富的词汇含义和语境中。英语是一种形合语言，句子的衔接、语气的轻重、意义的表达要靠形式上提供保证。所以如果要表达不太确定的态度，英语广告就会较多地借助到情态动词（黄佳丽，2005），如 You can make just as much noise with a picture（Nokia 9910）；What can be imagined，can be realized（香港电讯）；You're at 35000 feet. Your head is in New York. Your heart is in Paris. Your Rolex can be in both places at once（Rolex 劳力士）。

其实广告语言模糊性体现最突出的是形容词。这是因为，第一，形容词本身在任何语言的广告语体中的使用频率都非常高。第二，形容词词义所表达的外延往往是模糊的，内涵难以清楚界定。譬如中英文广告中常常出现广告的形容词有"好、新、多、优、美丽、漂亮、健康、真诚、温暖、幸福、惊喜、精彩、自由、动人、干净、轻松"等，"good、new、fine、big、free、fresh、great、special、real、easy、gentle、crisp、clean、tender、rich、safe、delicious、wonderful、charming、comfortable、excellent"等。这些词的词义联想都非常美好积极，但谁都无法清楚感知其积极程度。于是广告受众的想象力被激发，消费欲望和购买行动也因此容易被促成。含有此类形容词的广告语很多，如"好空调，格力造"（格力空调），"伊思丽使我更美丽"（伊思丽化妆品），"好马配好鞍，好车配风帆"（风帆蓄电池），"他好我也好"（汇仁肾宝），"今年夏天最冷的热门新闻"（西冷冰箱），Small depositing，big return（银行广告），The taste is great（雀巢咖啡），Feel the new space（三星电子），Big，big selection；low，low price（*The New York Time*），Easy to use，easy to clean，easy to assemble（日光简易烧烤架）。

此外，形容词比较级、最高级形式也经常出现在英文广告语中，由于字面上表现出了程度的变化，因此更具有诱惑性，虽然其语义依然模糊。广告语"Cleaner，whiter，healthier-looking teeth—sexy teeth—that's what you get from New Close Up Tarter Control Paste（Close-up 牙膏）"，"Finest food，most attractive surroundings，and a friendly disposition（某餐馆广告）"等就属此类。汉语广告词中也有类似表述，常用的词是"更、超、至尊、极致"等，广告语有："商务通，科技让你更轻松（商务通电子）""品位更精彩（沱牌曲酒）""超一流的设计，超时代的形象（日立电器）""茶中至尊，茗中极品（圣仙饮健康茶）"。不过新版广告法颁布以后，此类用词必须谨慎选择了，具体原因后文再做说明。

　　数量词在汉语广告中出现的频率要高于英语。由于古汉语的影响，现代汉语里很多的数量词既可以表述准确的数量，也可以表达一个大致的概念。此外，数量词常常成对地出现在对句当中，相当灵活。这样的例子比比皆是，如"一夫当关，万夫莫开""千般不舍，万般无奈"等。当然，这样的表达习惯势必影响到中国广告人的创作，于是诸如下列这些广告词频频出现也就不足为奇了："司机一杯酒，亲人两行泪（"交通安全"公益广告）""一股浓香，一缕温暖（南方黑芝麻糊广告语）""绕行三五步，留得芳草绿（环保公益广告）""长天五彩路，美联四海情（美国联合航空公司）""传奇品质，百年张裕（张裕品牌形象推广）""万家乐，乐万家（万家乐电器）"。

2.1.3　通俗性

　　广告语言一般讲究通俗易懂。广告语言不同于学术用语，不可用词太专业、句式太复杂。无论是何种语言的广告，用词一般讲究浅易显明，语言的选用大都贴近百姓生活。这是因为广告受众的受教育程度参差不齐，而且晦涩用语的广告也很难激起消费者进一步了解产品信息的欲望。

　　14万元起家的杭州娃哈哈集团公司，利润在7年内增加了近200倍，通俗易懂的广告语"喝了娃哈哈，吃饭就是香"功不可没；农夫山泉的那句"农夫山泉有点甜"，不经意间帮助该产品走进了亿万中国消费者的内心。还有上文提到的艾维斯汽车租赁公司的广告口号"We try harder"，甲壳虫汽车的广告语"Think small"等都很好地说明了这一点。

2.1.4　艺术性

　　广告既是科学，也是艺术。前者强调广告具有自身特点和一般规律。大卫·奥格威认为"说什么比怎么说更重要"，所以广告语言不可浮夸，要以事实为基础，以产品独特品质去满足受众的特定需求，形成广告的理性诉求，所以很多广告文案会注意运用翔实的数据、严密的逻辑、准确的用词、合理的论证来吸引广告受众。但是理性的东西往往意味着沉闷、乏味，甚至冰冷，因此太理性的东西有时很难有效地打动消费者，所以广告离不开加工，少不了情感的运用，这决定了广告的艺术性。

　　广告语言的艺术性是指为了达到伯恩巴克所指"广告即劝说"的目的，有效打动消费者，引起消费者的情感共鸣，广告创作者巧妙地应用语法规则、修辞

方式，有时甚至打破语法规则和人们思维定式的独创性的语言运用。广告语言
为广告传播目的服务，独特的语言创意往往能有效打动广告受众，如"长城电
扇，电扇长城（长城电扇）""白云天下友，天下有白云（白云牌电冰箱）""只溶
在口，不溶在手（Mars美国玛氏糖果公司）""The him to her，her to him，him to
him，her to her，you to you lighters（Ronson 朗生牌打火机）""Today，Tomorrow，
Toyota（Toyota丰田汽车）""It's doggylicious（Bakers贝克斯狗粮）"、"On the
eight day，god created beer，Dublin（Dublin 啤酒）""The taste of paradise（Bounty
巧克力）"。

2.1.5　简约性

简约性是因为广告用词量直接和广告成本相关。此外，简约的广告用词也
能很好地减轻受众的阅读负担。广告语言的简约性主要指用词尽量能简不繁，
能省不加。因此无论是在汉语，还是在英语的广告口号中均多见诸如无主句
等之类的省略结构，如百事可乐的广告词"Ask for more"，赊店老酒广告词
"赊店老酒，天长地久"，刘若英代言的乌镇旅游广告"来过，便不曾离开。"

下面的这则Ford 汽车广告，虽然篇幅不短，但都是简单句、省略句，甚至
是短语句，结构简单，语义清晰，一目了然。It's always been easy to own one.
And now，it's just as easy to buy one. Ford Escord. Four different LX models. One
low price. Just $10499. Choose from the three-door，the four-door sedan，the five-
door，or the wagon. All equipped with air conditioning，AM/FM stereo，power
steering，power mirror and more.

2.1.6　媒体适用性

广告语言的媒体适用性是指不同的媒体形态具有各自不同的物理和视听特
点，为了达到最理想的传播效果，广告语言的应用必须和广告投放的媒体相适
应。比如电视广告和无线电广播的广告信息转瞬即逝，因此语句一般要求简短、
通俗。报纸杂志则不同，可以随时浏览，仔细品读，因此此类广告可以适当使
用术语和相对详尽的文字介绍。还有城市户外或者铁路沿线的广告牌，因为与
受众相隔较远，为方便行人特别是车上旅客迅速准确获取资讯内容，广告字体
必须够大、字数不能太多。凡此种种，不一而足，因为不难理解，此处就不再
赘述。

2.2 语言应用的要求

上述广告语言特点如规约性、模糊性、通俗性、艺术性、媒体适用性等是对广告语言特点的一般性概括，属描写性质。如果具体到广告语言应用当中，还需要注意一些问题，尽可能规避一些陷阱，下面的"五宜五忌"概括了广告语言应用中常见的技巧和应该避免的问题。

2.2.1 宜劝导忌威逼

广告语言应该因势利导，循循善诱，而不应该咄咄逼人，那种居高临下、盛气凌人的广告很容易使广告受众产生厌烦，甚至反感的情绪。

美国心理学家马斯洛认为人的需求有五个层次：生理需求、安全需求、关爱需求、受人尊重的需求和实现自我价值的需求。广告词的拟定可以从任何一个或者多个角度出发，关注受众内心的需求，找准广告商品和受众最合理的结合点，以角色代入的方式进行劝告，往往能激发认同，引起共鸣，从而达到预期的广告效果。下面几则广告都充分关照到了消费者某个或某些方面的心理需求，虽然用词不多，但语气要么委婉圆转，要么真诚质朴，要么活泼自信，都直通人心，没有丝毫强加于人、令人不悦的感觉。

金利来，男人的世界。（金利来）

既然每天要喝水，为什么不用哈慈杯？！（哈慈杯）

中意冰箱，人人中意。（中意冰箱）

有空来坐坐。（欣欣乐园）

人人都为礼品愁，我送北极神海狗油。（北极神海狗油）

献出我的血，温暖你的心。（无偿献血公益广告）

盼盼到家，安居乐业。（盼盼安全门）

太平洋保险保平安。（太平洋保险公司）

东西南北中，好酒在张弓。（张弓酒）

常饮燕京啤酒，广交天下朋友。（燕京啤酒）

静心送给妈，需要理由吗？（静心口服液）

东风夜放花千树——沙洲灯具给您带来光明夜景。（沙洲灯具）

2.2.2 宜示真忌诓骗

广告语言传递的信息必须真实、准确、完整、有效，要能经得起市场检验，让消费者信服，同时也有助于消费者做出正确的决策，否则就是欺骗。虚假广告最终一般都会被受众识穿并最终遭到唾弃，尤其是在这个信息共享非常便捷的时代，虚假的信息会很快被发现。因此，现代真正有远见和抱负的企业往往视信誉为生命，在媒体宣传的时候不敢马虎。

不过这里首先必须把虚假和夸张区别开来。根据《中华人民共和国广告法》的规定，虚假广告罪是指广告主、广告经营者、广告发布者违反国家规定，利用广告对商品或服务作虚假宣传、情节严重的行为。所谓利用广告作虚假宣传，是指所利用的广告中具有虚假不真实的内容，对商品的性能、质量、用途、价格、有效期限、产地、生产者、售后服务、附带赠品的允诺等以及对服务的内容形式、质量、价格、允诺等作不符合事实真相的宣传，以假充真，以无冒有。尤其那些给定明确数字的广告语，具有明确的质量承诺，很容易受到目标人群的关注。如果不能达到预期效果，便涉嫌虚假广告。这类广告比较多见，如广州某知名牙膏有限公司曾因牙膏外包装上的广告语"14天快速美白"而涉嫌虚假宣传，被立案调查。一般而言，虚假广告有主观欺骗的故意，广告信息真假难辨，误导性强。

夸张是广告修辞常见手法之一。广告有勾魂摄魄的力量，背后少不了有一张王牌，就是"夸张"。广告喜以夸张手法把产品的特点优势极端化，让观者留下深刻的印象，以求取得更多的市场占有率（梁慧敏，2012）。但是与虚假广告不同的是，夸张的广告一般为了达到幽默的效果，虽然存在不实的广告信息，但广告受众能轻易分辨而不至于被误导。全球无糖口香糖第一品牌——Extra（益达）口香糖深受中国消费者的青睐，该品牌曾发布一则创意广告，广告图片上是一只吃得很干净的餐盘，重点是餐盘内一根钢质调羹被人用牙齿咬断了。很显然，广告卖点为该口香糖能保护牙齿健康（广告语：The Extra for healthy teeth）。广告运用了夸张的手法将牙齿因为Extra而坚固起来的功效巧妙地表现出来，创意独特，受众可能会因为这种夸张的表现手法而点头赞许，会心一笑，也或者认为有言过其实、骇人听闻之嫌，但绝对不会轻信该口香糖有如此功效。

再如2001年，北极绒保暖内衣厂商和其品牌形象代言人赵本山被告上法庭，原因是有人认为广告语"北极绒，地球人都知道"和赵本山穿着北极绒内衣，被外星人冰冻起来毫发无损的画面明显和现实不符，属欺骗行为。不过法院对此事的最终裁决为，北极绒电视广告是一种科幻形式的创意，适当的夸张，如赵本山被外星人绑架、被冻在零摄氏度以下等情节是允许的，一般的社会公众完全能够理解此广告，因此并不属于欺骗和误导消费者的虚假广告。而且，该内衣质量符合标准、保暖效果达到要求，没有损害消费者的利益。

需要说明的是，有时候虚假广告和带有夸张性质的广告比较难区分，而且受众对广告信息的认知还会因时因地而存在差异，必须谨慎区别对待。如"红牛给你翅膀"的广告语一般不会误导消费者，至少中国消费者不会因此而心存"非分之想"，但同样的广告语在美国却使奥地利红牛公司陷入了两起集体诉讼之中。2013年1月，美国一个名叫本杰明·卡里瑟斯的消费者首先起诉红牛公司，理由是他喝了10年的红牛，但没有长出翅膀，体力和脑力上的状态也没有变得更好。诉状中说："红牛的广告和营销不只是'夸大其词'，而且带有欺骗性，因此可以提起诉讼。"随着事态的发展和媒体的日益关注，最终奥地利红牛公司同意支付总额为1300万美元的赔偿，以化解两起消费者的集体诉讼，并同时发表声明称他们并未做错什么，之所以同意和解，是为了避免更多消耗成本和精力的诉讼之争。英国《每日电讯报》说，很难想象，有人看到红牛的广告语，会真的相信它会"给你翅膀"，但是在爱打官司的美国，这句广告语被认定为弄虚作假。

另外需要补充的是，真实不等于大白话，需要足够的技巧和创意。如何巧妙地传递真实的广告信息，出奇制胜，往往是很多广告公司的追求。"巧传真实"（Truth Well Told）是美国著名麦肯广告公司（Maclaren McCan）的经营信条，树立于公司创建之初，并被写在公司的徽标上，在业内也被传为佳话，影响了后来的一大批广告公司。上文提到的德国大众甲壳虫汽车的广告语"Think Small"就是一个成功的案例。

实实在在描述产品真实性能的广告并不多见，但态度真诚、语气自信的广告却很多。当然，有时语气夸张，略带调侃的广告词不以欺骗为目的，不会误导消费者，也被广告市场认可。

上海手表，十次第一。（上海牌手表广告）

乐百氏纯净水，27层净化。（乐百氏纯净水）

一次浸泡，两次漂清，泡泡漂漂晾起来。（雕牌洗衣粉）

十年树木，百年树人；要买好书，请找树人。（神州树人书店）

我们是第二，我们更努力。（艾维斯出租汽车公司）

李锦记——餐餐陪着你。（广州李锦记食品）

尝尝欢乐，常常麦当劳。（麦当劳）

熊猫的故乡，好客的人民；

游四川胜境，览巴蜀风情。（四川旅游推广）

常喝彭祖酒，能活九十九。（四川彭祖酒）

今年二十，明年十八。（白丽美容香皂）

明天送你一位新太太。（太太口服液）

2.2.3　宜求新忌雷同

广告创作讲究创意，无论是情节的设计，画面的构思，还是语言的应用最好都能匠心独运，别具一格。从语言的应用来看，好的广告词能够让人过目不忘，长久回味，自然也愿意口口相传。而那种跟风抄袭流行词语、人云亦云的广告词则很快会因为没有个性创意，淹没在浩如烟海的资讯里，广告投入哪怕再多，也难拥有强大的生命力。

网上有一则世界自然基金会（WWF）关于"关注森林资源的持续发展"的公益广告图，画面构图非常简单，无明亮的色彩、繁复的元素，主要由四个汉字森、林、木、十构成。图片上看似简单的几个字，其实构思非常精妙，创作者将树木减少的过程和最终的危害以一种振聋发聩的方式呈现在广告受众面前。如果不爱惜树木，人类将一步步地走向灭亡，整个世界剩下的最终只会是沉重的十字架。

南昌地铁内有一则公益广告和这则广告有异曲同工之妙，广告仅围绕一个汉字"点"来作文章，巧妙地把汉字的构字特点和反腐结合起来。图片上四个汉字书写米字格，最左边的米字格内是底下缺了一点的"点"字，然后从左到右，底下的点逐个掉落，最后只剩下一个掉出米字格的"占"字。广告创意"点字四个点，吃一点、拿一点、要一点，早晚毁在这一点"，形象地将贪腐从少到多，逐步走向万劫不复的深渊的过程表现出来。该广告巧妙之处在于点画之间都是"点化"，寓意深刻，发人深思。

还有一则吸引人才涌入、宣传广州城市魅力的平面广告图也很有意思。广告图片上显示的是一盒火柴，火柴盒正面印着"广州"字样，两个字中间是一根正在燃烧、熠熠发光的火柴，打开的火柴盒内整齐摆放着各色火柴棒，象征着众多人才的差异性。然后广告图一侧的广告词为：在广州，每个人都有机会发光！本来看似平常的文字，因为和主题鲜明的广告图片一同出现，特别有新意，瞬时使得广告内容充实立体起来，广告的目的也就容易达成。

下面的几则广告都用到了中英文中的一些常见诗词或者谚语，新奇之处在于原文整体感觉还在，但部分用词有了调整，使之不仅和广告商品关联起来，还增添了幽默感，让人不禁哑然失笑，也因而就留下了印象。

此时无霜胜有霜。（东芝电冰箱）

路遥知马力，日久见跃进。（跃进汽车）

举杯邀明月，共饮广寒宫。(山东广寒宫)

发光的不完全是黄金。(美国莫耐特银器制品)

眼睛是灵魂的窗户，为了保护您的灵魂，请给窗户安上玻璃吧！(美国某眼镜广告)

2.2.4 宜琢美忌流俗

广告语言宜琢美忌流俗指的是广告语言一般应精雕细琢，给人美的享受，尽量不要落入俗套，流于俗气。这主要和两个方面的因素相关。其一，语言本身具有美学功能，也称"审美功能"，指语言用以创造艺术效果的作用。广告语言担有信息有效传播之责，美学功能的充分挖掘当属情理之中。其二，广告语言不止是单纯的商业语言，而是集文学、美学、心理学、广告学、市场营销学和消费行为等学科为一体的鼓动性艺术语言(loaded artistic language)(王海等，2011)。

广告语言的美学功能可以从广告语言的"音、形、意"三个方面的美来进行分析。广告语言的音美是广告语言美学功能实现的一个重要方面，其主要特点表现在广告词讲究节奏音韵，读来琅琅上口，易读易懂易记易念易传播，利于产品的营销和推广，如宋河酒广告语"东奔西走，要喝宋河好酒"；铁达时手表广告语"不在乎天长地久，只在乎曾经拥有"；公益广告语"一支烟燃尽修养，半口痰辱没斯文""席地而坐绿草怨，信手涂抹白壁嫌""司机一滴酒，亲人两行泪"。

意美指通过语言的联想意义及其内涵组合而产生的一种意境，使人们由此生发丰富的联想，以满足人们对美的向往和追求。以麦斯威尔咖啡的广告词为例，无论是其广告原文"Good to the last drop"，还是其汉语翻译"滴滴香浓，意犹未尽"，都犹如神来之笔，寥寥数笔便勾勒出享用咖啡时的怡然自得，同时还把麦氏咖啡的醇香，以及那种醇香带给人的沉醉都表达得淋漓尽致。

广告语言的形美主要表现在语言文字的排版上，具体表现为均衡美、参差美、变异美等。广告语言的形美很多时候是通过和画面景致的相互映衬来达到的，不过也有一些广告仅仅通过语言文字运用和排列就传递很强的美感。中文广告词中的四字格，五、七言对句的大量使用，表明中文广告词创作深受古汉语诗词、对联及成语的影响，强调文字形式上的对称美，如：

趁"东风""解放"思想，"别克""丰田"任"奔驰"。

沐"星光""依法"经商,"黄河""上海"凭"跃进"。

这是某汽车配件公司前些年的广告语,引号内容都为汽车品牌名称,"依法"为德国进口车(现译名为"依发"),创作者机智巧妙地将一些汽车品牌嵌入到对联中来宣传公司配件种类丰富,同时还把广告主的经营理念、独特个性、经商视野做了勾勒,令人叫绝。当然,类似的对联广告在汉语广告词中比比皆是。比较而言,英语广告中对句相对较少,但有时也追求文字形式上的协调和别致,如 My Goodness! My Guinness!(Guinness,健力士啤酒)。

下面几则广告词也很美,明显可以看出创作者从音、形、意三个方面雕琢用词的功夫。

赤亦诚,蓝亦广,绿亦新。

银联相伴,华彩人生。(银联银行卡)

山,因势而动;

水,因时而动;

人,因思而动。

招商银行,因您而动。(招商银行)

时时表情思,分分透心意。(天津手表)

工欲善其事,必先利其器。("常工"牌焊接切割工具)

小莫小于水滴,细莫细于沙粒。(某银行储蓄)

一湾秋水波荡漾,两岸荔花饼正香!(湖南荔花糕饼)

霞光万顷映九天,飞雪迎春回大地。(上海霞飞化妆品)

梨花院落溶溶月,园庭池塘淡淡风。(海南梨园别墅)

2.2.5 宜精简忌繁杂

广告语言因为受到广告成本、传播途径和受众信息加工等因素的影响,往往能删则删、能简则简,用词力求精确,不啰嗦繁复。好的广告词往往是言简意赅,令人过目就难以忘怀。姑且不论文字增加势必导致广告时长或者版面乃至成本的增加,冗长啰嗦的广告词因为增加广告受众信息加工负担,很容易引起受众厌倦甚至反感的情绪,更多的情况是因为没有瞬间抓住受众的注意力而被直接忽略,因而根本达不到广告的目的。

中英文广告词都力求简洁,英文广告词尤其如此,如上文提到的甲壳虫汽车广告语"Think small",耐克广告语"Just do it"。虽然相比而言,中文广告词中经常能见到字词、句式结构重复的现象，但这都是创作者虑及汉语常见的表达方式而用到的修辞手段，这些手段的使用往往能帮助达成音韵的和谐优美、形式的对称协调，非常符合国人的信息接受习惯。同时，要说明的是那些重复的字词一般和广告商品的名称、功能等密切相关，广告传播效果往往十分理想，也因而受到广告主和广告创作者的青睐。此类广告词比较多，比较知名的有万家乐电器广告词"万家乐，乐万家"，拉芳洗发水广告语"爱生活，爱拉芳"。

下列一些广告语也都用词不多，言简意赅，主题明确，值得借鉴。

一滴酒，千滴泪。（拒绝酒驾公益）

素易鲜，所以鲜。（素易鲜调味品）

千里江铃一日还。（江铃汽车）

不打不相识。（佳友打字机）

椰风挡不住。（椰风饮料）

塔牌水泥，固若金汤。（塔牌水泥）

恢复胃动力，找回好生活。（吗丁啉）

人间有冷暖，东宝最相知。（东宝空调）

不喝董酒不懂酒，喝了董酒回味久。（董酒）

2.3 语言之外的因素

语言的力量是难以估量的，很多广告之所以成为经典往往和语言的巧妙应用有关，但是语言之外的因素也必须引起足够的重视，否则可能达不到预期的宣传效果，甚至适得其反，令广告主陷入被动的境地。这里所指的语言之外的因素很多，包括法律规范、思维习惯、宗教信仰、媒体形式、音响效果、动作特效、色彩搭配等不一而足。鉴于本书的定位和篇幅，这里主要选取文化风险意识、广告常用形象、广告创意设计等几个主要方面进行介绍。

2.3.1 文化风险意识

文化是语言的土壤，语言是文化的载体，文化和语言密不可分，任何脱离文化的言语行为都没有生命力。在当今广告创作中，由于产品跨文化宣传的需求日益普遍和迫切，加上全球化背景下广告观念、形式、时尚的互融互通，广告创作者稍有不慎就会在创作广告时忽视特定的文化背景，因而陷入文化风险。

所谓文化风险，指的是广告传播的直接和间接信息与广告发布国家或地区受众或社会的观念、道德、情感、信仰、风俗和法律相矛盾或不协调，使当地受众或社会对广告主（品牌）产生，或者可能产生消极情绪、消极行为，甚至反抗情绪和反抗行为的危险。

广告创作者一旦缺乏文化风险意识，广告产品就可能遭遇文化冲突。文化冲突轻则可能会引起广告投放区受众对广告语言或者理念的困惑不解，从而导致对产品的无视，因而无法达到预期的效果，造成广告经费的浪费和市场机遇期的错失；重则会引起广告受众的集体抵制、抗议，甚至可能吃到官司。两种后果，前者对广告主而言，无疑是得不偿失，而后者可能是灭顶之灾。因此，广告主在选择广告公司和创作者时都会慎之又慎，对文化风险都会避之而恐不及。

日本丰田汽车公司是全球知名的车企。从1937年公司创建至今，由于关注客户需求，积极创新科技，勇于开拓市场，产品销量和品牌影响力连年提升。从2008年起，丰田汽车公司后来居上，开始取代美国通用汽车公司，成为全球排名第一的汽车生产厂商（百度数据），战绩骄人。丰田汽车早在20世纪60年代就进入中国汽车市场，80年代其凭借一句"车到山前必有路，有路必有丰田车"的广告语，几乎让这个品牌在中国家喻户晓。然而进入21世纪后，该公司在中国及美国接连遭遇了几次广告文化风险。

丰田汽车公司2003年刊出的两款车型——霸道和陆地巡洋舰的平面广告图。自11月下旬开始，丰田在全国范围内的19家杂志和11家报纸上发布了这两则广告：广告一出，即引起舆论一片哗然。众多广告受众在看到这两则广告后，纷纷表达了他们的不满甚至愤怒。

就丰田"霸道"而言，其广告词"霸道，你不得不尊敬"本来没什么问题，但是配图为两头石狮，一头向疾驰而过的"霸道"汽车低眉俯首。另一头则向其举手（爪）敬礼致意。然后，问题就出来了。在很多中国读者看来，狮子乃百兽之王。据传，中国本没有狮子，是从西亚传入中原的，因而狮子的威力在中国被神化，狮子形象在中国文化里很受礼遇，故而无论是在文学作品还是现实生活当中，石狮总是出现在豪门大院或者宏伟建筑正门两旁，一来彰显权贵、尽显威仪，二来纳吉避邪，提醒来者不可造次。丰田霸道广告不顾石狮在中国文化中的这一崇高地位，让石狮在该款汽车面前低声下气，让很多国人不能接受。有的读者甚至联想到了卢沟桥上的狮子，因而更不能接受。

同期投放的另一款汽车广告为"丰田陆地巡洋舰"。为了突出该款汽车性能卓越，广告取景于西部高原，画面极具震撼力，创意巧妙。广告寓意不仅陆地巡洋舰自己能够在高原地区任意驰骋，而且还能够拖动笨重的卡车前行。但是细心的读者却发现后面拖动的卡车酷似我国国产的东风汽车，而车身绿色更有映射我国军车的嫌疑。于是丰田该款汽车引发热议，进而受到一些中国消费者的抵制，对汽车的销售明显造成了影响。

事后，丰田迅速启动了应急公关机制，在广告发布不久的12月4日晚，丰田汽车中国事务所就紧急召集了北京的媒体，开了一个简短的座谈会。丰田汽车中国总代表服部悦雄和一汽丰田汽车销售有限公司高层管理人员全部到会。一汽丰田汽车销售有限公司总经理古谷俊男代表丰田汽车做了正式的致歉讲话，他说："对最近中国国产陆地巡洋舰和霸道的两则广告给读者带来的不愉快情绪表示诚挚的歉意。这两则广告均属纯粹的商品广告，毫无他意。目前丰田汽车公司已停止这两则广告的投放。丰田汽车公司今后将一如既往地努力为中国消费者提供最满意的商品和服务，也希望继续得到中国消费者的支持。"丰田的道歉平息了中国受众的不满，而且也据说因此事件，丰田"霸道"后更名为丰田"普拉多"。

其实，无独有偶，丰田公司所遭遇的广告风波不止这一次。类似的事件2001年在美国市场上也发生过。当时美国丰田汽车销售公司为推广RAV4多功能运动车也发布了一个问题广告。广告画面是一个黑人张开嘴唇的特写，白色的牙齿熠熠闪光，在一颗上牙齿上印有一辆金色的RAV4的汽车模型。该广告被印在免费的明信片上在夜总会、咖啡厅等公共场所散发，引起一些广告受众不快。当时美国著名的黑人民权领袖杰西·杰克逊就此专门召开记者招待会，指控丰田公司使用了含有种族歧视的广告，并称要发起一场抵制运动。对此，丰田公司马上表示，他们将就增加少数民族经销商和保证广告更加理智的措施等问题与杰克逊磋商，尽可能减轻该事件给少数族裔带来的负面影响。

2.3.2 广告形象选择

广告语言应用的重要性不言而喻，但是广告中形象选取的重要性因为读图时代（所谓读图时代，是指随着科技的发展和生活节奏的加快，现代人进入了这样一个文字让人厌倦或者觉得不过瘾，需要图片不断刺激眼球、激发求知欲和触动麻木神经的时代）的到来而越来越受到广告创作者和广告主的重视。

在形象选择方面，广告界比较推崇大卫·奥格威的主张。他把广告看成是一项产业和艺术，他认为3B原则始终是广告创意的黄金规律，3B原则是指美女（Beauty）、动物（Beast）、婴儿（Baby）。美女、婴儿和动物形象之所以在广告行业大受推崇不难理解，这和他们本来在生活中就受人欢迎密切相关。很多时候，如果借以表现广告主题内容的广告形象选择恰当，能够迅速吸引广告受众的关注，激发受众广告认知愿望，十分有利于广告内容的传播。

现在很多平面广告图都会利用这些常见的形象来完成的，有的甚至没有配以任何文字来进行说明，也能给人带来非常大的视觉冲击力，从而实现广告意图的有效传达。不过需要补充两点：第一，广告形象的选择主要取决于广告商品和主题，因而在某些特定的情况下，其他的形象如硬汉、自然风光等的使用也在情理之中；第二，儿童形象的选取，特别是真实人物做代言的情形在国外并不多见，中国新出台的广告法也禁止10岁以下未成年人广告代言，当然虚构的人物不在此列。

2.3.3　广告创意设计

广告成功与否很大程度上取决于广告创意的优劣，而广告创意既表现在语言的巧妙运用上，也表现在广告设计的匠心独具上。绝妙的广告词、恰当的广告形象，离开了与众不同的设计构思，广告的效果也将大打折扣。这里的广告设计主要包括画面色彩的搭配、比例的考量、结构的选择、主题呈现的方式等多个方面。

应美国时任总统奥巴马之邀，中国国家主席习近平2015年9月下旬对美国进行了为期4天的国事访问。加多宝、格力、茅台、阳光凯迪、保利等五大中国民族品牌在具有全球影响力的《纽约时报》接连刊发5个整版的广告，既配合宣传习主席的美国之行，助推"中国风"在美国的盛行，同时也是为了借此契机，提高自己品牌在国际上的知名度。必须承认这5个品牌进行了一次出色的广告营销，如果从广告创意设计而言，加多宝更令人印象深刻。作为中国凉茶代表，加多宝可谓中国人的可口可乐，在其刊发的广告中，广告创作者巧妙地将中美两国国旗的核心元素表现在两国典型的餐具——筷子和刀叉之上。红黄两色的筷子和红白蓝相间的刀叉，不同的餐具和迥异的颜色说明悬殊的文化差距，而两种餐具并排摆在一起又寓意着和谐相处。该广告含义深远、耐人寻味，利于加多宝品牌在美国的推广。

从上述诸多广告案例可以看出广告制作中必须考虑的语言之外的因素越来越多，也越来越引起广告从业人员的重视，但这绝对不意味着广告语言重要性的削弱。虽然的确存在部分广告设计根本不需要文字的现象，但这个比例还很小。虽然大部分广告中语言使用的篇幅都在不断减少，但这并不意味着广告语言逐渐被人忽视或者将被取代。其实恰恰相反，越少的语言应用，意味着人们广告语言加工意识的增强，广告语言应用的技巧性、艺术性、创造性的不断提高。从某种程度上说，广告语言应用越来越成为广告艺术中的点睛之笔，广告词的选择与广告形象，广告设计之间的关系越来越成为一个整体，必须统一考虑、慎之又慎，否则就可能事与愿违。

2.4 经典案例语言分析

这里以百事可乐（Pepsi-Cola）为庆祝成立百年推出的广告口号为例，说明广告语的一般特点。要对广告语有清晰地了解，先必须对其产生的背景有大致的了解。百事可乐公司成立于1898年，产品原型为药品，以碳酸水、糖、香草、生油、胃蛋白酶（pepsin）及可乐果所制成。该药物最初是用以治疗胃部疾病，后来被命名为"Pepsi"，再后来逐渐发展为一种碳酸饮料。一百多年来，百事可乐历经波折、战乱、纷争、不断发展壮大，成为全球最大的食品和饮料公司之一，与先于其12年问世的可口可乐并驾齐驱。1983年，罗杰·恩里克担任百事可乐公司总裁后，重点关注青年人的消费特点和需求，将百事可乐定位为新生代的可乐，为百事可乐找到了营销的突破口。公司1983年与美国最红火的流行音乐巨星迈克尔·杰克逊签订了一个合约，以500万美元的惊人价格聘请这位明星为"百事巨星"，并连续制作一系列的广告片。随后一批国际著名巨星麦当娜、珍妮、碧昂丝、布兰妮，中国的张国荣、刘德华、郭富城、陈慧琳、王菲等先后为"百事可乐"代言。以1998年为例，迈克尔·杰克逊、瑞奇·马丁、王菲和郭富城联袂出击，掀起了"渴望无限"的蓝色广告风暴，为百事可乐的宣传带来了巨大的成功。

"Ask for More（渴望无限）"是百事可乐公司1998年为庆祝公司成立100周年推出的全新口号。该口号一经推出，便在全球多个市场引起强烈的反响。这除了和迈克尔·杰克逊等众多巨星的明星效应分不开之外，也和广告词本身的魅力有关。

该广告词无论是英文还是中文译文，都和上述广告语言特点相一致。首先是用词精炼，通俗易懂。英文广告词由三个词构成，皆为单音节词，非常口语化，易于传诵。汉语广告词也仅由四个字，两个词构成，且在日常生活中的使用频率很高，读来朗朗上口。此外，口号结构简单，媒体适用性强。这则广告语"Ask for More（渴望无限）"，中英文形式均为短语结构，一目了然，且用词量少，合乎音韵，无论是平面媒体，还是运动媒体，无论是影视广告，还是电子媒体推广都非常适合。另外，还特别值得一提的是该广告语的模糊性。无论是"Ask for more"，还是"渴望无限"，均为动词短语，号召性很强，而且都是省略结构，施动者主语缺省，给人很大的想象空间。与此同时，more的内涵，以及渴望的宾语，都不确定，因而耐人寻味。

第 3 章

英汉广告比较

上文提到英美广告业发展历史悠久，经验成熟。相比较而言，中国广告业近些年里也取得了长足的进步，但毋庸置疑的是仍有较大提升空间；西方广告业在行业规模、管理体制、专业技术、媒体策略等方面具有不可辩驳的优势。要使中国广告业有更快、更好的发展，必须既要充分学习西方，也要清楚认知自身特点，这其中重要的一步是全面比较中西方的广告语言文化。

虽然相较初期广告，现代广告使用的技术更多，形式更加多样，信息呈现的方式更加多元，语言的应用在逐渐减少，但语言使用绝对数量的减少绝不等于语言重要性的减弱，这说明广告语言越来越凸显其"画龙点睛"的作用，语言应用的价值、技巧性都在加强。客观上讲，深入比较中西方广告语言应用方式的异同是了解不同广告文化的一个重要手段。以英汉语为例，英语与汉语产生于不同的自然、社会环境，有着截然不同的历史，传承着不同的社会文明，受不同的价值观念与民族习惯所影响。汉英两种语言各自殊异性的存在是由于各自赖以生存的文化母体（cultural matrix）不同所使然（卫军英，2004）。

广告翻译作为一种跨文化的语言交际行为，也必须充分认识到不同语言文化价值观的不同，才能确保这种语言交际行为的有效性。鉴于从微观上讲，广告语言的应用主要表现在音调、词汇、句子结构的选择上；从宏观上讲，广告创作还要受到修辞习惯、文化风俗、思维定式等的影响等特点，本书将主要从英汉广告文化、句型和修辞等三个方面来比较英汉广告的区别。

3.1 英汉广告文化比较

广告学家 William F. Arens 在其著作 *Contemporary Advertising* 中曾指出，广告正是文化的产物，是行为科学（人类学、社会学、心理学）与交流艺术（写作、戏剧、摄影等）的结合（1998）。真正优秀的广告都具有非凡的创意，而真正好的创意一定源自对当地文化的深入了解。虽然中国广告发展历史相对较短，且很多广告理论、制作理念、创意策略等都明显是从西方借鉴过来的，但因为思维方式、传统习惯等的诸多差异，英汉广告创作从文化上也存在着以下一些方面的差别。

3.1.1 西方重基督文化，中国集各家之长

无论哪国的广告文化，都根植于本国的传统文化之中。古希腊、罗马文化，特别是基督文化对西方现代文明的影响巨大，广告亦是如此。以英文广告为例，人们经常借助耳熟能详的圣经典故或者宗教信仰中的典型形象如上帝、耶稣、圣母玛利亚、圣诞老人、驯鹿与雪橇等来进行产品宣传。以创建于1922年，美国最大的互助保险公司——State Farm 保险公司为例，其广告语 "Like a good neighbor，State Farm is there" 就是借用《圣经·马太福音》第22章第37～40节中 "Love thy neighbor as thyself（爱邻如己）" 的训导语（宣苓艳，2009）。很显然，State Farm 保险公司想利用这句基督信众熟知的箴言来传递公司的善意和信念——"保险公司就好比一个好邻居，无时无刻不陪伴客户左右，尽职尽责，确保平安"。

从数量上看，上帝、耶稣基督和圣诞老人是英文广告中用得较多的几个宗教形象，如"为了上帝，请你尝尝里根牌面包（美国里根牌面包）"。这个现象从早期的芝宝打火机、可口可乐和前些年的喜力啤酒等平面广告图中可见一斑，虽然出现在不同的历史时期，但都受到较高的评价，尤其是 Heineken（喜力啤酒）广告。广告文字简洁，图片设计巧妙，矗立在堆积成山的喜力啤酒瓶（箱）之上的启瓶器造型酷似巴西里约热内卢的救世基督像（也叫巴西基督像，是巴西名城里约热内卢最著名的标志，2007年7月7日，该基督像成为世界新七大奇迹之一）。因为一是基督形象的运用，二是喜力啤酒与基督形象的巧妙类比，从而很容易给人带来极强的视觉震撼力。

在中国，直接和宗教思想关联的广告比较少见，否则和广告法第九条的规

定"广告不得含有民族、种族、宗教、性别歧视的内容"相违背。当然，中国广告文化还是会间接反映出含宗教文化之内的各种文化传统的影响，但相较英语广告文化而言，影响中国广告文化的思想显得更加多元，形象也更加丰富。在漫长的中华文明发展历程中，曾涌现出多种思想流派，但真正深入人心、影响最为深远，并成为中国传统文化主流的当属儒、释（释家是佛教的别称）、道家思想。这三种思想对中国人思维方式影响最大，都很重视悟性，其哲学思想在中国人头脑中根深蒂固，影响是普遍而深入的（杨凤仙，2000）。

孔子恪守传统之经典体系，自觉地传承夏、商、周三代经典之精神，开创中国上古"六经"的儒家文化，并问礼于老子，且大赞管仲之治国方略，奠定了儒家学说的根基。自此以后，儒家无论在春秋战国"百家争鸣"之时代，还是在以后的各朝各代，大都是在与各派学说（学派）的争论、冲突中不断吸收其他文化以自养（汤一介，2013）。所以坚持儒家正统的后来者如战国时期的荀子，宋明时期的朱熹、王阳明都是博采众长的典范，尤其是后二者和佛道两家过从甚密，因此能够吸收利用佛道的一些思想，对三教共存十分有利。

对中国哲学思想、国民生活、语言文化、文学艺术等各个方面影响最深的当属儒家思想。首先，儒家以"仁"为核心，树立了修身、齐家、治国、平天下的人文精神的世界观。这在中国广告作品中自然会有直接的体现，常见的形象或者反复提到的概念有"家、国、世界"等，明显是受儒家学说的影响，传递的是中国人的家、国、天下情怀。

儒家的天下观念统摄儒家文化中诸多重要的理念，包含着儒家对人生、社会、政治、哲学和宗教情怀的深刻洞察与美好愿景。中国很多广告也因此往往立足高远，视野宏观，自觉或者不自觉地表现这种文化特性。以2019年2月间CCTV-1综合频道晚间新闻联播前播出的广告为例，短短4分钟里就有五条广告表现出这样的情怀，如酒类广告有"中国的五粮液，世界的五粮液""骨子里的中国，青花汾酒""贵州茅台，香飘世界百年"，旅游推广广告有"走遍大地神州，醉美多彩贵州""美好安徽，迎客天下"。紧扣这一情怀的广告其实非常多，其他还有如海尔广告语"海尔，中国造"，长虹的"以财产报国，以民族兴盛为己任"，中国联通的"情系中国结，联通四海心"，鲁花香食用油的"中国味，鲁花香"，远大中央空调的"远大，为了中国的现代化"，中华牙膏的"四十年风尘岁月，中华在我心中"，润迅通信"一呼全国应"，春都火腿肠"春都进万家，宾朋满天下"，椰树牌天然椰子汁"世界首创，中国一绝"。

　　下面仅以中国酒类广告为例，说明儒家的家、国、天下情怀对广告文化强大的影响力。

　　孔府家酒，让人想家。（孔府家酒）

　　喝孔府宴酒，做天下文章。（孔府家酒）

　　借问酒家何处有，牧童遥指杏花村，汾酒名牌天下闻。（汾酒）

　　中国人的福酒，金六福。（金六福酒）

　　感悟天下，品味人生。（剑南春酒）

　　千古佳酿，万代留香，中华酒宗，汝阳杜康。（杜康酒）

　　中国品牌，闪耀世界。（五粮液）

　　名扬天下，激情永远。（五粮液酒）

　　谁说外国月亮比较圆？好啤酒，不分国界。（珠江啤酒）

　　天下酒道，品质是金！（酒道酒）

　　人生丰收时刻！（稻花香酒）

　　举杯迎天下，上品梨花王。（梨花王酒）

　　此外，儒家思想以"礼"为表现，包含"忠、孝、仁、义、礼、智、信"等德目。受儒家伦理观中"爱由亲始"的影响，首先中国人历来重视亲情关系，讲究"血浓于水"，这不仅包含着父母对儿女的爱，更是儿女对父母的孝心。"孝"的情感，是"仁"的精神的最原始基点（郭卫，2006）。然后，由"孝"及"仁"及"忠"等各个方面，由己及人，由家庭到社会，再到人际交往的方方面面，无不表现出一种博爱的精神，一种天下"和而不同，止于至善"的理想。反映此类主题的广告很多，最具代表性的是1997年张艺谋执导的五则爱立信企业广告宣传系列片，分别为《父子篇》《健康篇》《教师篇》《爱情篇》《代沟篇》。五则广告片涵盖了生活中几种常见情感交往形式，如父子情、夫妻情、师生情、情侣情等，表明沟通交流并不只是打打电话和基本的信息传递、谈话与聆听，更是陪伴、分担、关怀、尊敬、忠诚、信赖、理解。广告既揭示了问题，也指出了问题解决的途径——广告口号"电信沟通，心意互通"，表达了"沟通就是关怀""沟通就是爱""沟通就是理解"等理念。很多人对这五则广告片的评价很高，认为广告主题明确，构思精巧，虽然是商业广告片，但既像微电影，又像公益广告，堪称世界级的创意。

　　其他同类广告很多，仍以中国酒类广告语为例列举如下：

　　真情品位，尽在其中。（中国劲酒广告语）

　　枝江酒，老朋友。（枝江酒广告语）

鄂尔多斯酒，广交天下友。（鄂尔多斯酒广告语）

有情有义喝郎泉。（郎酒广告语）

高朋满座喜相逢，酒逢知己古井贡。（古井贡酒广告语）

过日子，还得咱这口子。（口子窖酒广告语）

喝襄樊义酒，交天下朋友。（义酒广告语）

够交情，就喝够年头的酒。（茅台酒广告语）

饮不尽的豪爽。（扳倒井酒广告语）

享受尊重，中国洋河。（洋河广告语）

喝杯青酒，交个朋友。（贵州青酒广告语）

饮酒必思源，难忘漠中泉。（漠中泉啤酒广告语）

道家也讲究和谐，那是一种对万物共生、天下和谐的浪漫主义情怀。相比较而言，道家更强调自然纯朴的生活状态和对自身修养持之以恒的提高和历练。道家传统"天人合一"思想，表达了中国人与自然和谐相处的崇高的理想人生境界。道家"顺应自然，回归自然"的哲学理念逐渐被国人重新认识，并在现代广告中得到充分的反映（肖建春等，2002）。受此影响的广告语言倾向于体现"自然情节""乡土情结"，如下列广告语：

喝了一日青岛啤酒，等于喝了一日家乡水。（青岛啤酒）

月是故乡明，饼表思亲情。（广式中秋月饼广告）

天地人和，古井贡酒。（古井贡酒广告语）

天高云淡，一品黄山。（黄山牌香烟）

人生舍得道，乾坤珍酿中。（舍得酒）

成功自有道，安徽口子窖。（口子窖）

举杯天地醉，中国贵州醇。（贵州醇广告语）

好山好水出好酒，金装银装贵州醇。（贵州醇广告语）

好山好水好烧酒，好汉都要喝两口。（恒山老白干酒）

惊天动地五粮神。（五粮神酒广告语）

天地同酿，人间共生。（泸州老窖酒广告语）

醇香古今醉，天地尽逍遥。（逍遥醉酒）

天地之间，好酒钢山。（钢山酒）

大喜自然开口笑。（开口笑酒）

颐养身心竹叶青，祝君越活越年轻。（竹叶青）

内蒙古一枝花，沙漠人参苁蓉酒。（苁蓉）

纯洁草原纯净水，酿出赛汗白酒美。（赛汗白酒）

塞外茅台，宁城老窖。（宁城老窖）

中国广告直接应用佛教文化形象的不多，相对多见的一般是机灵可爱的小和尚形象，以达到吸引受众的目的。比较有代表性的例子有调侃僧侣生活的广告，如2002年，中国移动通信公司推出一种全新的短信定制数据业务——1258，包括短信服务，秘书服务，手机杂志，便利服务等4项内容。在业务推广时，他们受到当时流行功夫小和尚玩具的启发，利用小和尚形象作为1258产品的推广符号，并将该业务称为"移动秘籍"，用形态各异的四个小和尚分别代表四种业务，即"天女散花"代表短信服务，"如影随形"代表秘书服务，"信手拈来"代表手机杂志，"一指乾坤"代表便利服务。功夫小子那滑稽可爱的形象，瞬间拉近了产品与广告受众之间的距离。类似的还有如2002年获得"广州日报杯"全国报纸优秀广告家用电器类银奖创维电视系列广告，也用到了小和尚、小喇嘛的形象。

在语言应用方面，一些广告人会自觉不自觉地利用佛教中尊重生命、普爱慈悲、自律圣洁等观念进行创作。以莲花为例，它是佛教的象征，代表圣洁、纯净。一些广告商品，特别是矿泉水及相关产品，会看重这方面品质的宣传。如2017年，怡宝纯净水发布了最新广告大片，以四组镜头阐述了"心纯净，行至美"的理念。此外还有台湾佛宝纯净水广告语："至纯、至净、水"。朗诗德净水器广告语："秉持初心，至纯至净"。露林山泉水广告语："'饮'领时尚，露林山泉，养生圣水"。桐乡雀巢饮用桶装水特约水站："纯山纯美，好水相随"。不过比较而言，因为前文提到的原因，佛教文化概念，尤其是直接相关的概念，在中文广告中的出现频率并不高，因此此处也不过多列举。

3.1.2　西方追求个性与平等，中国倡导从众与尊长

西方主张人格独立，追求个性解放，强调个人权利不可侵犯，个人利益至高无上。在这种价值观的影响下，西方消费者因为历史文化与生活习俗等方面的影响，无论是思维方式还是消费习惯，多爱追求与众不同，年轻人尤甚。广告创作者因此往往以此为突破口，去捕捉产品的卖点，因而广告创意多迎合消费者追求独特个性的偏好。整体而言，西方广告文化比较强调个性彰显。仅从广告语的呈现来看，这方面的例子不胜枚举，其一般的表达方式如：The computer is personal again（HP电脑：惠普电脑，个性世界），Do things your way（你的戴尔，独一无二），In order to be irreplaceable，one must always be different（香奈儿香水：想要无可取代，必须与众不同），Original jeans，original people（李

维斯牛仔裤：个性牛仔，本色你我），Unlike any other Benz（奔驰：与众不同）。

其实不止是广告口号，因为注重特定消费群体个性挖掘与表达而取得巨大成功的广告营销案例也比较多。上文提到的"七喜"饮品广告就很好地说明了美国年轻人追求个性，不爱走寻常路。另一个因为彰显个性，追求平等而大获成功的广告案例是查理（Charle）牌女性香水。20世纪70年代，美国瑞芙蓉有限公司专为新时代女性研发出查理牌女用香水。查理本是男性化品牌名称，但它一诞生，便受到追求男女平等、致力于女性解放运动的欧美妇女热烈欢迎。在这款香水的电视广告中，"查理"完全是一个追求平等、敢于尝试、不拘小节的新时代男性化的女性形象。广告中的查理向男士看齐，是一位善于社交、崇尚独立、乐于冒险的事业型女子。在没有男士的陪同下，她能轻巧熟练地驾驶着一辆劳斯莱斯豪华轿车，从容自信地步入一流酒店。酒店琴师为之高歌，客人为之侧目，而她亦报以热情灿烂的笑容。"查理"形象成功地迎合了当时欧美妇女向往平等独立、充分展现自我的心态与理想。广告一出便受到广泛关注，在竞争异常激烈的欧美香水市场上赢得了巨大的成功。

西方广告语言在突出"个人价值""个性自由""个人利益"的时候，语言可以特别张扬，如："没有艾特，就没有美国（艾特面包）""如果你从以上的密罗维茨眼镜厂的镜架样品中还挑不中一副合意的式样，那你的眼睛实在是有毛病了（密罗维茨眼镜）"（陈俊芳，2006）。当然这些广告多半带有调侃的意味，本民族受众不会因此大惊小怪，广告主也不会因此担心成为众矢之的。

不仅如此，西方一些国家领导人的名字有时会被直接注册为产品的商标，并进入到广告口号当中，如："全美国都注视着林肯（林肯箱包）""这是华盛顿母亲的配方（艾特面包）"等。

除了历史名人，美国现代政府首脑姓名及头像也可能进入商家的广告词、广告图中，或者直接喷绘在产品外包装上。举个例子，美国有款牛奶巧克力，现任总统头像唐纳德·特朗普赫然在目，图片上配文45th PRESIDENT DONALD TRUMP 2017。第二个例子更有意思，一则广告图上显示美国时任总统乔治·布什被Tesa（德莎）胶带封住了嘴巴，红色胶带上的广告口号是"The world needs a tape like this（世界需要这样的胶带）"。布什头像下方的广告文字内容是"Are you going to ask that question with shades on？ For the viewers there's no sun. George W. Bush，addressing a blind reporter during a press conference（你还要戴着墨镜问问题吗？ 观众可感受不到阳光。在一次新闻发布会上，乔治·布什对一位失明记者如是说）"。很明显，广告创作者是借机调侃时任总统布什在一次新闻发布会上的糗事（布什因不知一位提问的记者几近失明，而调笑其不该佩戴墨镜，事后得知内情后曾特意电话致歉）来达到品牌宣传的目的。

相比而言，中国儒家伦理文化形成了完整的体系，在维护社会安定、政治稳定、道德清明等方面发挥了重要的作用。

与此同时，和西方文化强调的个体意识不同，中国人在思想上强调维护集体或整体利益至上，行动上喜欢和多数人保持一致。由于国人传统的群体意识根深蒂固，倡导共同参与的广告如"全民携手，舞动中国（Pepsi）""团购上拉手，就这么定了（拉手网）"大量存在。从众的文化习惯和消费心理在中国消费者身上普遍存在。也因为这种心理的存在，国人在做选择的时候往往不是先独立思考，再三权衡，而是喜欢跟风。葛优曾代言神州行的广告，其广告词"选号码就像进饭馆，选人多的神州行。听说将近两亿人用，我相信群众""神州行，我看行"，可谓入木三分，把国人消费时的从众心理刻画得淋漓尽致。因此，在中国的消费市场更容易形成一窝蜂效应。前些年苹果系列各新款手机的上市情形就是明证，在中国市场上苹果公司新品的推出总是显得异常火爆，一些消费者即便为此之通宵排队，也在所不辞。

相应地，这种孝亲尊长与消费从众的心理认知势必会被商家利用，也势必会在中国的广告文化中体现出来。稍微留心就能发现中国具有其他国家少有的礼品文化，每逢节假日，各种迎合礼品消费需求的广告几乎铺天盖地，充斥着市场。那种在国外广告中较难看到的对亲人长辈表达孝顺、对领导上级表示敬意的广告语言在中国比比皆是，如："威力洗衣机，献给母亲的爱""盖中盖，关爱老人健康""人人都为礼品愁，我送北极海狗油（保健品）"。这其中，让人印象最深刻的是"脑白金"品牌的广告，该品牌的广告曾经一度连续多年扣紧"孝亲送礼"的主题，如：孝敬爸妈，脑白金""今年过年不收礼，收礼还收脑白金""脑白金，送爷爷、送奶奶、送外公、送外婆、送叔叔、送阿姨、送哥哥、送姐姐、送弟弟、送妹妹"。

当然，有些广告过于媚俗，有的电视广告里甚至直接打出了"送礼首选""送朋友、送领导、办喜酒、办家宴等首选""上级有面子"等内容，且礼品中不乏名表、珍邮、金银纪念币等，不仅商品本身价格因此虚高不少，而且广告过分强调对领导的敬意，远远超出了尊长的一般内涵。有些广告大肆宣传诸如"今年不送礼，明年没人理"的理念，标榜某某产品为送礼必备、送礼首选，传递了不正确的价值导向，助长了不良社会风气。这样一来，与国家倡导的社会主义精神文明建设背道而驰，因而受到政府主管部门的一再禁止。

2013年，国家新闻出版广电总局就曾痛批"黄金搭档""送老师、送亲友、送领导"的广告。

同样受到禁止的还有其他很多内容，如新广告法第九条第二款规定："广告不得使用或者变相使用国家机关、国家机关工作人员的名义或者形象"。

当然，这里值得一提的是，中国人（尤其是青年人）也慢慢重视个性的培养和表现，因此在一些中文广告里，广告受众开始看到诸如"欣赏自己的MTV（丽声复唱VCD）""不走寻常路（美特斯邦威）""爱上与众不同的你（吉百利巧克力）"之类的广告语。

3.1.3 西方的扩张意识，中国的兼收并蓄

个体意识往往和竞争意识相伴相生，在个人利益至上价值观的指导下，对内人人注重自立，也人人自危，因而奋发向上成为人们的行为准则，对外表现为积极进取、争强好胜，因而扩张意识明显。正如Otto Kleppner所说，如今，世界范围内的英语广告在推销产品的同时，也推销着西方世界的理念、政策和观点（1986）。西方的广告随着中国的改革开放，特别是加入WTO后中国市场展现出蓬勃的活力而大举进入中国。

中国消费者的消费观念和方式也因此在很短的时间内发生了巨大变化，很多以前少有或者羞以提及的概念如"奢华"，近些年因为Chanel（香奈儿）香水等品牌的诸如"Luxury must be comfortable，otherwise it is not luxury（奢华必舒适）"之类的广告语，使得"奢华、奢装、奢侈"悄然成了国人购物消费时的高频词。不过，这种现象也引起了一些地方管理部门的注意，并出台了相对应的管理规定，如北京市工商局2007年就曾发出过通知，"奢侈""至尊""顶级享受"这些炫富字眼，今后不允许在广告中出现。

一些以前少有听说的高端品牌，如LV（路易·威登）箱包、Cartier（卡地亚）珠宝、Chanel No. 5（香奈儿5号）香水，因为类似"Where there is a LV，there is a home（LV在哪里，家就在哪里）""How far would you go for love（你愿为爱走多远）""Every women alive wants Chanel No. 5（女人都渴望拥有香奈儿5号）"的广告，而成为国人追逐的品牌，使国际名牌消费在刚刚发展起来的中国俨然成了一种时尚；全球高科技产品也不舍中国潜在的市场，积极通过广告让中国庞大的消费人群紧跟其产品更新的步伐，苹果公司的一系列广告如"Apple reinvents the phone（iPhone）""In so many ways，it's a first（iphone4）"

"You're more powerful than you think（iPhone5s）""Bigger than bigger（iPhone6）"就很能说明问题。

相比较而言，中国内地广告业因为起步较晚，广告产业整体而言还略显稚嫩，但近些年的发展可谓迅猛。中国广告人兼收并蓄，励精图治。他们一方面借鉴吸收西方广告文化中积极的东西，另一方面又尽量维护和呈现中国传统文化元素。

由于中国现代广告业起步较晚，在广告理论与实践方面都往往表现出西方拿来主义。在广告学各类教材中，只要是涉及广告理论的往往是"言必称希腊"，耳熟能详的广告大师及理论有詹姆斯·韦伯·扬的创意五步骤，芝加哥学派创始人李奥·贝纳的商品固有刺激创意秘诀，创意教父大卫·奥格威的广告创意原则与方法，广告哲学家威廉·伯恩巴克的ROI（Relevance——关联性，Originality——原创性，Impact——震撼性）创意指南，国际推销专家海英兹·姆·戈得曼总结的推销模式AIDA（Attention、Interest、Desire、Action——注意、兴趣、愿望、行动），罗瑟·瑞夫斯的USP（Unique Selling Proposition——独特的销售主张）理论，乔治·葛里宾的创意五阶段等。在实践方面，广告策划、广告调查研究、广告定位、广告目标与预算、广告创意策略、广告文案写作、广告媒体策划、广告效果评估等无不表现着对西方同行的追随与模仿。

当然，在追随与模仿西方的同时，我们也在尽可能地发展一套符合中国市场需求的理论，培养满足中国市场需求的人才队伍，努力形成自己的广告特色。首先是国内广告业界、学界努力培养自己的广告人才队伍。1983年6月，厦门大学新闻传播系创办广告学专业并于翌年开始正式招生，开始了我国大陆真正意义上的院校广告教育。1993年，北京广播学院开始招收广告学方向的硕士研究生。1994年，北京广播学院又率先成立了大陆第一家广告学系。之后，吉林大学、武汉大学、郑州大学、上海大学、河北师范大学相继设立广告（传播）系，从中可以看出广告学科地位的提升。然后由厦门大学、武汉大学、中国传媒大学、复旦大学、深圳大学等国内知名院校发起成立全国广告教育研究会，由教育部高等教育司指导、教育部高等学校新闻传播学类专业教学指导委员会、中国高等教育学会广告教育专业委员会共同主办的全国大学生广告艺术大赛，凡此种种，为我国广告事业的发展谋篇布局、广告新人的发掘做出了巨大贡献。再有国内广告领域的一些知名学者如武汉大学张金海教授、北京广播学院黄升民教授、厦门大学陈培爱教授、复旦大学程士安教授等为中国现、当代广告业的发展深谋远虑、建言献策。他们既从大处着眼，谈中国广告学科发展、中国传媒产业发展、中国广告传播理论体系建设，也注重具体的广告写作艺术、广告文案的设计、广告学专业课程设置和从业人员实践能力的培养。毋庸置疑，大陆院校广告教育发展30多年，成就显著，不过仍面临不少困境：诸如封闭办学、经费不足、师资欠缺等依旧在制约广告教育的发展。

中国特色广告理论与实践能力的培养符合中国广告市场和广告从业人员的需求，其实也和维护自己的传统文化密切相关。毕竟，东方文化迥异于西方，我们的思维方式、风俗习惯、宗教信仰、行为方式和西方大不相同，这也注定照搬西方不仅行不通，而且可能会出问题。以Coca-Cola公司在中国的译名推广为例，1927年，Coca-Cola上海开始销售，1928年在天津装瓶生产，最初的中文译名是"蝌蝌啃蜡"。在当时国人看来那棕褐色的液体、甜中带苦的怪怪的味道，再加上这个怪怪的名字，实在是调不动胃口，因此最初两年销售遇冷，情理之中。后来，公司也发现这个问题，便在全球多家报纸刊登广告，以350英镑的奖金全球征集最佳译名。最终，在英国伦敦大学东方学院任教的中国年轻教授蒋彝的译名征服了所有评委。据说蒋教授也是因为自己孩子喝该饮料开心而突然有了灵感，结合Coca-Cola的发音，将英文名中押头韵的音节换作汉语的"可"并分别与"口""乐"结合，形成"可口可乐"的译名。

因译文语义显豁，能充分体现出那种"美"味饮料给人带来的舒爽痛快的感受，因而在概念表达上更贴近于"Coca-Cola"的"原汁原味"（詹蓓，2001）。甚至还有人认为该译名已经超越了原名，原因就在于它音意和美，结构工整，顺应了中国人的语言文化习惯。采用新的译名之后，Coca-Cola在中国的销量迅速攀升，加之其在全球成功的营销策略，该商标已经成为可口可乐公司的无形资产和巨大财富。据美国相关杂志报道，可口可乐（Coca-Cola）的商标价值已达240亿美元（伊小琴，2009）。到现在为止，这个译名在中国流行了近百年，可口可乐品牌也家喻户晓，品牌价值不可估量，译者功不可没。

稍作对比，不难发现，原译名"蝌蝌啃蜡"虽然和原商标名称发音相似，但不能给国人任何积极的联想，甚至会让人大倒胃口。而新译名明显符合中国人的审美情趣，可口可乐，爽口爽心，音美意美，所以译名犹如神来之笔，瞬间征服众人，而且能够流传久远。显而易见，广告翻译只关注表面的对应是不可以的，译入语的语言习惯、思维方式等必须虑及，广告创作自然亦是如此。所以中国广告业要取得长足的发展，学习西方的同时又不能迷失自我。毕竟广告必须与一个民族传统价值观相吻合，否则会遭到摈弃（O'Guinn T C，1998）。

3.1.4　西方的幽默前卫，中国的含蓄谨慎

在典型性格养成方面，西方人喜欢幽默，敢于尝试，中国人相对稳重保守，比较传统。这种性格特点与他们的思维方式、成长环境、文化习俗密不可分。因此，在西方的广告当中，幽默成了一种非常常见且十分有效的表现手法，风格诙谐幽默的广告语在愉快的气氛中传播着商品信息，以浓厚的人情味冲淡了广告客体与主体的对立意识，是一种卖买两方都欢迎的广告类型。例如美国一家眼镜公司推出的广告"OIC"，明显采用谐音双关手法，读音与"Oh，I see"相同，简单而又风趣的语言，很容易给广告受众带来深刻的印象。美国防癌协会也曾用诙谐调侃的口吻刊登了下面这则公益广告"If people keep telling you to quit smoking cigarettes，don't listen，they are probably trying to trick you into living（如果人们劝你戒烟，不要听他们的，他们可能是想骗你活得久些）"。广告本意是规劝人们戒烟，但采用的是善意温和的反讽，寓庄于谐的笔调，让人忍俊不禁，又发人深思，比正面说教的效果肯定要强。类似的还有广告语还有如"这才叫面包（美国上校面包）""这可是华盛顿母亲的配方（美国华盛顿艾特面包）""没有"艾特"就没有美国（美国华盛顿艾特面包）""你会把最后一粒面包屑也放进嘴里的（斯坦莫尔面包）""是什么使一个婴儿长成健壮的男子汉？好母德面包（美国好母德面包）"。

联合利华旗下的AXE是世界著名男士日用洗护用品之一，其中AXE香水更是风靡整个欧美，成为欧美男士的首选。它最大的特点是香氛中含女性特别喜欢的味道，诱发不可抗拒的男性魅力！AXE是男士用的喷雾式芳香剂（deodorant），其所宣称的效果一向大胆而惊人。其推出的广告片一贯保持幽默夸张的风格。以一则广告片为例，一开始是一位比基尼女郎在山林间奔跑，似乎在苦苦追寻着什么东西。随后性感的女郎越来越多，森林里、原野上，甚至是大海上，无数性感年轻女子发疯一般，奔着同一个目标而来。最后广告镜头集中在海滩上的一个男子身上，只见男主人公正在往自己身上喷洒着AXE香水，同时露出得意的笑容。最后的广告语是"Spray more，get more. The AXE effect.（AXE香水，一喷见实效，再喷见奇功）"。其实，不仅AXE香水广告片爱走幽默路线，另一款男士LYNX香水广告的风格也是如此。

这一类型的广告在西方简直是比比皆是。除了广告短片，平面广告图也一样是西方广告创作人发挥幽默才情的地方。网上有一则宝马汽车原装配件广

告图，很有意思。图片上除了中间靠上端三个字母BWM，最底下的广告口号"Use Original parts"和广告附文之外，几乎没有其他文字，画面构图显得非常空洞，令人觉得非常奇怪。其实，这正是广告创作者的用意所在，让人纳闷的地方首先是构图的不同一般，然后读者仔细再一看，又能发现BWM其实和下面的车标不一致，宝马汽车的缩写应该是BMW才对。然后这种好奇进一步驱使读者去仔细阅读品味下面的广告口号，原来广告主的诉求是购买原装配件，否则后患无穷。不得不承认，广告创作者的创意和幽默都是一流。

西方的广告营销中，"衣着性感暴露的画面""性暗示主题"是经常应用的策略，广告所展现的创意往往显得非常前卫大胆。这种现象的出现主要和上文提到的"3B"广告形象中的美女有关。

值得一提的是，随着人们观念的改变，广告中衣着暴露的女性形象逐渐多了起来。美国著名汉堡连锁品牌"卡乐星"的北美广告代言人是来自豪门的话题女星帕丽斯·希尔顿，在这家公司的汉堡广告中，她身穿露背低胸Ｖ字紧身衣，边洗车边玩肥皂泡沫，最后咬上一大口汉堡，说出广告词："That's hot（够火辣）"。

据来自英国广告标准局（Advertising Standards Authority）2011年的统计数据，此前三年里有8000多个被投诉的广告案例，其中大多数都为街头巨幅且尺度较大，类似M&S女性内衣广告。如今越来越多的衣着暴露，甚至带有性挑逗的画面进入了公众的视野。这些频繁出现在大型购物广场、地铁、公共汽车站台广告牌上的内容在吸引人们眼球，不断刺激他们感官的同时，也在不断下探人们的接受尺度，麻痹人们的认知。

西方无论是纸媒还是电子媒体，衣着性感暴露的男女、魅惑的眼神、煽情的动作，以性暗示为表现方式的广告屡见不鲜，最有代表性的是LYNX（凌仕）男士香氛产品广告。LYNX，联合利华全球六大日化品牌之一，诞生于1983年的法国，是全球领先的男士护理品牌，畅销全球60个国家，在欧洲众多市场保持市场占有率第一。它是全球最大的男士日用香氛品牌，也是最大的男士沐浴露品牌。在产品营销方面，该品牌曾连年多次推出系列以性吸引为主题的广告，其中就有一个广告片以倒叙的方式讲述了一对超市邂逅的陌生青年男女，因为LYNX瞬间燃起激情走到一起的故事，最后的英文广告语是"All girls prefer dry guys, because you never know when. LYNX 24-7 works 24hours a day（女生都爱顽皮男，故事总在上演，时机无法料想。凌仕让你魅力不减，精彩不断。）"平心而论，广告片性暗示太过明显，一些镜头尺度偏大，可能令部分国内观众无法接受。不过值得肯定的是，虽然广告视频中会出现一些男女裸露的镜头，但一般剪裁得恰到好处，且多一闪而过，不至于太过分，且故事叙述巧妙，艺术性强，所以在业内也受到一定的好评。

需要说明的是，西方对性开放的态度远没有部分国人想象得那么夸张。以美国为例，很多去过的人都表示在公共场所很难看到涉及色情的宣传广告，电视节目也显得非常干净。像纽约这样的国际大都市，因为外来人口较多，外来文明占很大比重，性保守倾向还不十分明显，但在主要由美国本土人居住的内地中小城市，美国人则表现得像货真价实的基督徒。美国大部分州都禁娼，所有与色情有关的场所都必须局限在指定的局域，尤其要远离教会、学校。即便如此，他们还时常遭受一些周边居民的抗议。

同样地，西方对性暗示明显的广告的投放往往有比较严格的规定。首先是什么样广告可以称之为这一类的广告，第二是投放的时间段和媒体形式都有着明确的规定，不可以随意而为。在美国，像伟哥这类的药品也可以做广告，关键是在什么时段、面向什么人群播出，都有详细的规定。像安全套、卫生巾这样的广告，大多出现在成人杂志上，而在电视上播放则做了时间段和频道的规定。在澳大利亚，这类性暗示广告对儿童是绝对禁止播出的。

总体而言，中国人相对比较传统，正式场合尤其拘谨，所以广告语言沉闷有余、活泼不足，虽然也有一些修辞手法的应用，但一般多讲究规范工整，显得刻板传统。在涉及性的方面更是保守，在公众场合一般三缄其口，否则有失轻佻，因此广告这方面创意的运用也非常谨慎。比较常见且多为人接受的做法是用语含蓄、语带双关，重丰富联想意义的挖掘，轻过分暴露画面的运用。具有代表性的例子有汇仁集团的中药广告："喝汇仁肾宝，他好我也好""汇仁，浓浓品质，滴滴如金"。某女性内衣广告："做女人挺好"。

再如一则拒绝办公室性骚扰的公益广告。画面中并没有很明确的性元素，创作者拟人化的手法将两盏台灯前后相互贴近，画面的色调又较为黑暗，广告语"它不能说不，你却可以"，以此来劝告受到此类侵扰的受害者勇敢面对，坚定拒绝。此外还有金龙鱼调和油的系列广告。广告画面上的主要元素是两颗花生，通过几种不同堆放的方式含蓄表达了性的内容，再配上广告语"不同做法，相同美味"，用性暗示达到幽默的广告意图明显。虽然广告有点牵强，不见得能获得大多广告受众认可，但创作者可谓挖空心思。

值得注意的是，受经济发展和外来文化的影响，国人在这方面的态度也逐渐开放，各类媒体上性感暴露女性的画面、性暗示的创意在广告中出现的频率越来越高。正式媒体发布的此类广告只要尺度拿捏得当，不太过分，受众一般都能慢慢接受，从而达到预期的广告效果。

过于大胆的尝试则可能遭遇尴尬，如1998年，杰士邦公司在广州市的80辆公共汽车上以一句"无忧无虑的爱"做起了安全套的广告，此举犹如一石激起千重浪，刺激了众多保守国人的神经，一时成为广州街谈巷议的热点话题。最终的结果只是"无忧无虑"了33天就被广州有关部门勒令撤下。同样还是杰士邦公司，2001年在长沙市一幢楼顶上竖起了一幅巨大的安全套户外广告牌，面积100多平方米，底色鲜红，左上方是一个戴着墨镜的黄色安全套，俨然一副悠然自得的卡通人物模样，广告语"确保安全，自有一套"。虽然广告创意巧妙，而且无暧昧画面，但如此巨幅的户外安全套的广告还是给人太大的冲击力，虽然有人觉得很有创意，并无不可，但多数人还是表示难以接受，没过多久就被长沙市芙蓉区工商局要求撤换。

再如2012年曾经一度被媒体热炒的"利川广告事件"也值得大家深思。从2012年6月以来，重庆多条线路的公交车身上出现了"重庆42℃，利川24℃"、"我靠重庆，凉城利川"等广告语，目的是推介利川市（地处湖北恩施，龙船调的故乡，素有"凉城"美称）的旅游资源。很明显，广告词利用了"靠"字在汉语中的双关性，旨在以此吸引公众注意力。公交车身广告一推出，舆论哗然。很多重庆市民纷纷提出抗议。

重庆市工商局鉴于公众的反响过于强烈，广告词确实存在不当联想语义，随即要求利川旅游局和重庆媒体伯乐公交广告有限公司迅速撤换该广告。利川旅游局表示："重庆是我们重要的客源市场，维护重庆和利川既往以来的良好睦邻关系，是我们的首要考量。如果重庆方认为广告不妥提出修改，利川方将进行修改！"最终结果是广告主利川市旅游局将广告语修改为"重庆这边，凉城利川"。不过，利川市旅游局负责人事后表示，不论广告效果如何，利川"凉城"被大家记住了。

上述广告从创意上讲，一定程度上有值得肯定和借鉴之处，国内市场有三类广告乃众矢之的：一类是语言媚俗，模仿手段低劣的广告，如"我要你来包（房地产广告）""让你感觉像一浪接一浪（口香糖广告）！""今天你泡了吗（洗衣粉广告）？""上我一次，终生难忘（某网站广告）"；一类是让人厌恶至极，几乎无孔不入的色情小广告、招贴画，城市的街头巷尾、宾馆客房的门口、网络打开页面之际都可能会和它们不期而遇，让人防不胜防，也不胜其烦；还有一类是近些年频频出现的低俗营销活动。一些商家为了获取关注，宣传没有底线，挖空心思，无所不用其极。仅以2015年北京市朝阳区的商圈为例，先是7

月23日舆论哗然的"斯巴达勇士"事件，几十名外国男子，穿着暴露，在国贸、建外SOHO等朝阳区商圈附近"招摇过市"，给一家企业做活动。后有11月3日的"比基尼女模三里屯游街"，数名比基尼女郎走上街头为某公司推广某APP应用软件，身上裸露的部位还印有挑逗性宣传标语和二维码。这样没有底线、太过低俗的宣传虽然会引起好奇者的短暂围观，但一定会受到大众抵制，上述两起事件马上受到群众举报，商场保安及民警立即出面制止，最终不得不草草收场。

前些年由于相关法规不健全，部分监管措施不到位，很多市民因低俗广告而深受其害，叫苦不迭。2015年最新版的《中华人民共和国广告法》出台，相应的规定明显增加，如第一章总则的第三条规定，广告应当真实、合法，以健康的表现形式表达广告内容，符合社会主义精神文明建设和弘扬中华民族优秀传统文化的要求。较1994年版的广告法增加了"以健康的表现形式表达广告内容""弘扬中华民族优秀传统文化"等内容。此外，第二章广告内容准则的第八条明令禁止广告含有淫秽、色情、赌博、迷信、恐怖、暴力的内容。较1995年版的广告法增加了"色情"等内容。由此可见，中国广告立法意识不断加强，相关的法律法规的出台将对中国的广告业产生较好的引导和约束作用。

性暗示广告是把双刃剑。如果运用得巧妙，它具有的爆发力会引人注目；但另一方面，性暗示又会分散受众的注意力，不容易与广告内容相融合，使人关注性内容而忽略了广告。一则好的广告，除了引起公众的注意之外，同时还要让人记住品牌，唤起人们对该产品的潜在需求或购买动机，如能在创意上适当把握性暗示，是能取得好的效果的（罗兰秋，2005）。

现在，国内的广告人开始着手研究以性暗示为表现手法的广告，同时广告设计者在创意上也考虑到公众的感受，创作出了一些构思巧妙、画面美的性暗示广告。性暗示广告的制作，目前还是要按三个标准来检验，即：一有美感；二无恶俗；三注重和产品的关联。这全靠广告人的职业道德和技术功底来把握（巴亦君，2007）。总而言之，在前卫大胆的广告技巧如"性暗示"等的应用方面，我国的广告从业人员相对来说比较谨慎，也理应如此。除了西方的创意理念可以借鉴之外，西方的管理模式、处理技巧，中国的受众心理、文化传统，广告商品的关键属性、传播媒介等都必须统一起来考虑。否则就有可能"画虎不成反类犬"，适得其反。

3.2 英汉广告句型比较

语言学家吕叔湘（1955）曾提到语言是人们互相交流思想的工具，真正需要达到相互理解，必须有一个共同的标准，即语言的规范，这个规范指的就是一种语言在语音、词汇、语法等各方面统一的标准。要进行英汉广告翻译实践，必须了解英汉语广告语言的一般规范，这既包括一般广告语言特点，也包括英汉语广告句型结构等方面的具体要求。对于前者，前文在介绍广告语言特征时有过分析，如简约性等。对于后者，从句型结构来看，无论是英语还是汉语广告，总的来说，都讲究精简，能简不繁，因而简单句、省略结构都比较多，但除此之外，因为所处语系和表达习惯地差别，英汉广告常用句型还存在一些差异，下文将分别展开论述。

3.2.1 英语广告常用句型

英语广告语中常用的句型包括短语句（省略句）、简单句、复杂句。

3.2.1.1 短语句

短语句往往是一种省略结构，是英文广告句型中最常见的一种表现形式。英语重语言使用的规范性，遣词造句要符合语法规则，无论是简单句还是复杂句都有基本的结构模式，不可随意增删，在正式语体当中，尤其如此。

但是广告文体在这方面的要求不如其他如法律、科技、商贸等文体那么严苛。毕竟广告一般追求的是在最短的时间内，以最少的投入去获取最多的关注。广告受众的阅读时间、兴趣和受教育程度，广告主的投入等诸多因素决定广告文体的语体风格为简洁易懂。上文在"广告语言的模糊性"中列举的大量例子已经说明了英文广告选词时的简易原则，在句子结构方面亦是如此。英文广告在句型结构的选择上不苛求严谨规范、面面俱到，最通常的做法是冗余的信息、周知的信息、不言自明的信息皆能省即省，以达到言简意赅，通俗易懂的目的。

广告短语句一般包括以下几种常见的表达形式：动词短语结构、名词短语结构、形容词短语结构、介词短语结构等。这其中，前面两种形式使用的频率最高。

动词短语结构多是因为动词具有强烈的鼓动性，非常适合广告文体吸引关注并促成消费的主要职能，因此在广告文体中，这类结构最为广告创作者所钟爱。一般而言，广告文体中动词短语结构具有以下一些特点：①选用的动词一般多为使役动词，而且单词一般比较简单，多以单音节和双音节动词为主，如make、have、get、use、give、keep、begin等，少见复杂动词的使用，这无疑方便广告受众在最短的时间内获取广告内容；②无论与哪种词类连用，又以何种方式呈现，其结构一般力求简洁。

需要特别说明的是，英文广告中动词短语句大致可以分为两种形式。一种是谓语动词（原形动词）为核心的结构。这类动词短语句一般多采取"动词+宾语"的动宾结构，也偶尔会出现简单到只有一、两个关键动词，或者复杂到"动词+宾语+补语+状语"等各种情形。前者如"Feel the change（Samsung三星数码）""Have a Break. Have a KitKat（KitKat奇巧巧克力）"。后者如"Make. Believe（Sony笔记本电脑）""Set you free most of the time（Sony笔记本电脑）"。

其实，这类结构一般可以看成是主语省略的祈使句。主语的省略不仅能够减少用词，而且这样形成的祈使语气劝告意味很浓，能迅速拉近广告与广告受众的距离。

这一类的例子很多，再略举几例如下：

Get it.（Wall Street Journal，华尔街日报）

Be your own star.（black star/ Dior，迪奥）

Do things your way.（Dell，戴尔笔记本电脑）

Give voice to your heart.（Tiffany，蒂芙尼）

Makes a world of difference.（Hyatt Gold Passport，凯悦金护照）

Make wages meet family needs.（A Trade Union in HongKong，香港一工会）

Let's make things better.（Philips，飞利浦电子）

Trust us for life.（American International Assurance，美国友邦保险公司）

Use your heart. Free your mind.（Shiseido，资生堂）

Unlock the possibilities！（Tiffany，蒂芙尼）

Take TOSHIBA，take the world.（TOSHIBA，东芝电子）

Take time to indulge.（Nestlé，雀巢冰激凌）

Enjoy Coca-Cola.（Coca Cola，可口可乐）

Live unbuttoned.（501 Levi's，李维斯）

Live with focus.（Ford Focus，福特福克斯汽车）

Obey your thirst.（Sprite，雪碧）

Just do it.（Nike，耐克运动鞋）

Ask for more.（Pepsi，百事可乐）

Feel the new space.（Samsung，三星电子）

　　不过，因为祈使句往往表现出比较强的命令语气，可能会给消费者带来一定程度的不快，从而产生抵制情绪，那就适得其反。所以广告创作者在选词时一般非常谨慎，尽量避免命令语气太强的用词和结构。

　　另一种动词结构是非谓语动词短语句，既具有鼓动性，又不容易造成上文所说的误会。英语中的非谓语动词包括动词不定式、现在分词和过去分词三种形式，英文广告中的非谓语动词短语句这三种形式都有使用，如不定式结构 To protect others，first protect yourself（BMW，宝马）；现在分词结构 Delighting You Always（Canon，佳能）；过去分词结构 Designed to be safe（Bridgestone，普利司通轮胎）。

　　在上述三种非谓语动词结构中，现在分词结构的使用频率最高，而不定式和过去分词结构则较少使用。这是因为动词不定式结构中的小品词"to"为无实际意义的功能词，它的使用和惜墨如金、一字千金的广告语体要求明显相背。再者，动词不定式往往给人的感觉是对将来的期许和计划，缺少肯定和鼓动性，不如干脆把小品词去掉。有一种例外的情况会把这个动词不定式标记词保留下来，即当动词不定式表示强烈目的的时候，上文宝马汽车广告语就属于这种情况。其他同类的例子还有：

　　To be legendary.（Marantz，马兰士）

　　To look at usual things with unusual eye.（Colour Living，多彩生活）

　　To stay ahead you must have your next idea waiting in the wings.（Audi，奥迪）

　　To get high quality staff, you need a high quality newspaper.（SCMP，南华早报）

　　过去分词结构也不多见，其原因是因为过去分词一般表示被动和已发生的动作。被动表述虽然更显客观，在英语正式文体当中也大量存在，但是和强调主动参与、积极消费的广告语体特征明显不符。而且，广告语体一般多用现在时，强调当下，不太关注过去的事件和行为。所以该结构的使用一般为了阐述一种现象、说明某种功能，或者强调客观存在的现实性。这一类的例子有：

　　Charged with desire.（Estee Lauder，雅诗兰黛）

　　Inspired by life. For life.（Volvo，沃尔沃）

　　Designed for life.（Siemens Mobile，西门子移动电话）

　　Born in the Philippine. Embraced everywhere.（San Miguel，生力啤酒）

　　Guaranteed to take years off your face.（Imedeen，伊美婷）

　　Dedicated to your future.（Bank Consortium Trust Company Limited，银联信托）

　　Built for fast times.（Hitachi Data Systems，日立数据系统）

　　Committed to protecting life.（Aventis Pasteur，安万特巴斯德医药公司）

英文广告中现在分词结构大量存在，它可以看成是祈使结构中谓语动词的一种变通，从而达到有效鼓励、温和劝告的目的。广泛使用的动词和前文提到的第一种形式比较一致，多为日常生活中广泛使用的单音节动词如make、do、get、bring、take等。这类结构中最为著名的广告案例为Air France（法国航空公司）的广告金句：3 flights a day from Mexico to Paris, the capital of fashion, romance and glamour. MAKING THE SKY THE BEST PLACE ON EARTH。

其他同类例子有：

Being AIAS Positive.（The Society for AIDS Care，艾滋宁养服务协会）

Giving pleasure. BMW Lifestyle.（BMW，宝马）

Going beyond.（Toyota，丰田）

Fishing for treasures.（Hermes，爱马仕）

Inspiring imagination.（Nokia，诺基亚）

Making IT happen.（NCSI Limited，新加坡电信集团的全资子公司）

Making the Internet society truly mobile.（NEC，日本电气股份有限公司）

Taking you forward.（Ericsson，爱立信）

Changing the Face of Home Theatre.（Sanyo，三洋电气）

Living with a home theatre.（Times Theatre）

Staying home has never been better.（Philips，飞利浦）

Expanding possibilities.（Hewlett Packard，惠普）

Shooting. Printing. Preserving. Beautiful teamwork by Cannon.（Canon，佳能）

Capturing trade opportunities in China since 1865.（HSBC，汇丰银行）

Celebrating trade partnerships in China since 1865.（HSBC，汇丰银行）

Turning partnership into energy.（Chevron Texaco，雪佛龙）

Moving forward.（Toyota，丰田）

Inspiring Innovation. Persistent perfection.（ASUS，华硕）

Being expected.（Bleu De Chanel，香奈儿蔚蓝男士淡香水）

名词短语句也是英语广告中比较多见的一类句型结构。名词结构虽然不具有动词短语强烈的鼓动性，但语义表现肯定客观，再加上因为是短语结构，用词不多，言简意赅，非常适合广告文体。名词结构的组成形式多样，有名词+名词、形容词+名词，也有名词+介词短语的形式，但是不管结构形式如何变化，结构中的核心一定是名词，而且广告商品需要传递的关键信息也由该名词直接呈现。

相比较而言，英文广告中的名词短语结构以"中心名词+介词短语"的表现形式最为多见。名词往往是结构的核心，介词短语起到界定范围和对象的作用，是信息的补充。该结构使得广告资讯重点明确，语义清晰。以2008年索尼公司的创意广告——"泡沫之城"为例，为了宣传新推出的新款数码照相机，索尼不惜花重金租用了世界上最大一台泡沫机为其广告宣传营造气氛。当日，美国阿密市中心一条街道被排山倒海而来的泡沫淹没，人们在白色泡泡堆里嬉闹，场面活像在举行大型泡沫派对。当地200多位居民用分发到的数码照相机尽情地拍摄人们巧遇"泡沫之城"后的种种表情，广告后期制作的90秒视频宣传片也集中表现当时的各种形象。最后出现的广告词Images like no other就是一个比较典型的名词短语结构。

再如1876年诞生于美国的世界著名啤酒品牌Budweiser（百威），其著名广告语King of beers（百威啤酒——王者风范）也是一个名词短语结构，一个"King"就向广大广告受众表明了该品牌强大的自信心，介词短语清楚表明了核心名词所指范围。寥寥三个词的广告语，信息简短明确，底气十足，给消费者极强的消费信心和吸引力。

类似的例子还有很多，如：

Ideas for life.（Panasonic，松下）

Color like no other.（Sony，索尼）

The Fragrance for Treasured Moments.（Lancome，兰蔻）

The choice of a new generation.（Pepsi-Cola，百事可乐）

HONDA，the power of dream.（HONDA，本田汽车）

The relentless pursuit of perfection.（Lexus，凌志轿车）

Poetry in motion，dancing close to me.（TOYOTA，丰田汽车）

Future for my future.（Chevrolet，雪佛兰）

第二种比较常见的名词结构形式是"限定语+名词"，此处的限定语包括各类起修饰和限定作用的词类如形容词、形容词性物主代词、名词等。这类结构重在传递广告商品最本质的特性，也非常简洁。世界很多知名品牌的广告语也都青睐这种清晰简洁的表现结构。一些比较有代表性的例子如下文所示。

Original jeans, original people.（Levi's，李维斯）

My Color My Sound.（Levi's，李维斯）

Small talk（iPod，多功能数字多媒体播放器）

More Fun Less Baggage（Dell，戴尔）

Human touch（Toyota，丰田汽车）

Hair therapy.（Dove，多芬洗发液）

My Moment. My Dove.（Dove，德芙巧克力）

My digital story（Olympus，奥林巴斯）

Your vision，our future（Olympus，奥林巴斯）

Generation Next.（Pepsi-Cola，百事可乐）

还有一些名词结构和上述两种形式存在差异，比较特殊。有的广告语本来是完整的句子，但为了停顿和简化表达，省略系动词，就变成了"名词（＋逗号）＋补充结构"的形式，如Ipod here，there and everywhere（Ipod）；Trinity，all about you forever［卡地亚LOVE三环系列钻戒，三个金环相互环绕在一起象征着：友谊（白金）、忠诚（黄金）和爱情（玫瑰金），这是卡地亚对永恒不变的爱的完美演绎］。

也有的是为了达到音韵节奏的和谐，名词会重复使用，如Day in Day out. Everyday（Tiffany，蒂芙尼），Everyday New Face（LANEIGE，兰芝护肤品），Intelligence everywhere（Motorola，摩托罗拉手机）。

除了动词、名词短语结构之外，介词、形容词、副词（短语）结构也有时会出现在英文广告语言当中。它们大都可以看成是最常见陈述句型"It is …"或者"sth is …"的省略形式，只保留其最核心的表语结构（毕竟主语在视频、平面等广告的背景画面里已然昭告周知，省略掉完全不影响语义地表达），目的当然还是在于简述和凸显产品最本质的特征。

以1837年创建于美国，被誉为"珠宝界的皇后"的世界著名珠宝品牌Tiffany（蒂芙尼）的广告语Unapologetically Modern为例，形容词"Modern"集中表现了该品牌追求创新，引领时尚的品质，其唯一修饰语"Unapologetically"则表明了其追求态度的执着，也同时传递给其消费者"彰显个性，时尚无错"的理念。

类似的例子还有，如：

Fresh. Smooth. Real.（Budweiser，百威）

Colorful in your life.（笔记本电脑，Sony）

LUX，super rich shine.（LUX，力士）

Free to move.（Levi's，李维斯）

Dare to discover.（forbidden rose/ Dior，迪奥香水）

At the heart of the image.（Nikon，尼康）

In search of excellence.（Buick，别克轿车）

这里需要特别说明的是，在形容词使用方面，比较级和最高级的使用频率较高。这主要是因为形容词原形只描述事物特征，而比较级、最高级则能表现出同类特征中更优或者最优的特点，因而广告商品资讯更加丰富，品牌自信也更加彰显。同时语言结构和用词数量没有多大变化，受众的信息负担没有明显加重，所以特别受到一些人和公司的青睐。苹果公司就是个典型的例子。下面的一些广告语几乎都采用了短语结构（最后一条除外），而且都全部用到了比较级或者最高级结构，都令人难忘，为苹果新产品的推广加分不少。

The fastest，most powerful iPhone yet.（iPhone 3GS）

The most amazing yet.（iPhone 4s）

The biggest yet.（iPhone5）

The biggest thing to happen to iPhone since iPhone.（iPhone5）

Color，color，and then some more color.（iPhone 5c）

Bigger than Bigger.（iPhone6 Plus）

You're more powerful than you think.（iPhone5s）

3.2.1.2　简单句

一般而言，英语中的简单句主要包括"主+谓（SV）""主+系+表（SVC）""主+谓+宾（SVO）"三个核心结构，和由这些核心结构衍生出来的"主+谓+宾+宾补（SVOC）"和"主+谓+间宾+直宾（SVOO）"。简单句的这五个基本句型结构表明了英语语法对句子构建的最基本要求，即严格意义上讲，任何一个句子必须包含一个主语和谓语，用词数量不少于两个，谓语动词的性质决定其后续成分的多少和特征。

上文提到的短语句结构如动词短语、名词短语、形容词短语等，一般是简单句经省略处理后的结构，省略的成分多为主语和谓语动词，当然省略其他成分也有可能，在有广告主标识、广告附文和广告图文等材料辅助的情况下，这些省略处理自然没有问题。但并非都是如此，在一些广告活动中，广告主有时为了突出产品本身，强调产品与消费者的相关性，或者拉近产品和消费者之间的距离，采用完整的简单句式来进行宣传。

在英语广告中，上面提到的五个简单句型都有使用，但最常见的还是"主+系+表（SVC）"、"主+谓+宾（SVO）"这两个句型结构。在前一个句型中，系动词多为Be动词，简单明了的主系表结构，是典型的陈述句型，清楚地陈述事实、表明态度、说明性质，非常适合广告资讯传播需求。这类型的例子很多，如Longines（浪琴）表广告语：Elegance is an attitude。

此类广告语还有如：

Dell，yours is here.（Dell，戴尔）

Our challenge is life.（Aventis，安万制药）

Time is a luxury.（Concord，君皇表）

The taste is great.（Nest，雀巢）

Impossible is nothing.（Adidas，阿迪达斯）

Life is nothing without connections.（Pirelli Cables & Systems，比瑞利电缆及系统公司）

Our dedication is your assurance.（Fidelity Investment，美国富达投资集团）

All your imaginations can be created.（Dell，戴尔）

This BUD's for you.（Budweiser，百威啤酒）

The computer is personal again.（HP，惠普电脑）

Tide's in. Dirt's out.（Tide，汰渍洗衣粉）

You are unique. You are magnifique.（Lancome，法国兰蔻）

Fashion is made to become unfashionable.（Chanel，香奈儿）

Love is a treasure.（Lancome，兰蔻珍爱香水）

His strength is not in his swing. It's in his head.（Rolex，劳力士）

Your future is our future.（Hongkong Bank，香港银行）

It's all within your reach.（AT&T，电讯公司）

In order to be irreplaceable，one must always be different.（Chanel，香奈儿）

后一个"主+谓+宾（SVO）"结构也是一个典型的陈述句型，和前面一个句型的差别在于该句型的谓语动词为实义动词，而且必须是及物动词。在实际应用中，谓语动词多为生活中比较常见的单音节、双音节动词，如make、want、need、create等，含义清晰直白，鼓动性、号召性特征明显。另外需要说明的是，较前面一个句型而言，这类句子的例子少些，主要原因在于此类句型的主语省略后往往能够构成祈使句，也即是上文提到的动词短语句，语义没有明显的减少，感召性却能够得到增强。因此，此类句型除了一般陈述和感召的目的之外，还突出对主语的强调。常见强调的主语一般包括品牌本身、和产品功能相关的概念、目标消费群体，以及能够拉近广告受众与广告产品距离的用词，如第一人称代词we等。下面一些广告语就属此类句型。

We're Siemens. We can do that.（Siemens，西门子）

We create smart value.（华南产物保险股份有限公司车险广告）

Unlike me，my Rolex never needs a rest.（Rolex，劳力士手表广告）

Time always follows me.（Rossini Watch，罗西尼表）

Every woman alive wants Chanel No. 5.（Chanel No. 5，香奈儿5号香水）

This changes everything. Again.（iPhone 4）

Apple reinvents the phone.（iPhone）

Life needs beauty.（Menard，美伊娜多面霜）

使用另外三个简单句型的广告语相对少些，因为在现实使用中，"主+谓（SV）"结构一般出现在对句对称表述中，或者另外附带状语结构，否则无论是节奏感，还是语言表现力都略逊一筹。另外两个结构"主+谓+宾+宾补（SVOC）"和"主+谓+间宾+直宾（SVOO）"也明显增加了信息量。当然，这只是相对而言，有时候偶尔用用这些结构也能给人耳目一新的感觉。

We lead. Others copy.（Ricoh，理光复印机）

We race. You win.（Ford，福特汽车）

It happens at the Hilton.（Hilton，酒店）

Smoking kills.（公益广告）

We call this human technology.（Nokia，诺基亚）

We make fund investment easy.（Dao Heng Bank，道亨银行）

We integrate. You communicate.（Mitsubishi，三菱电工）

Fashion passes. Style remains.（Chanel，香奈儿）

Waiting only makes it sweeter.（Haagen-dazs，哈根达斯）

3.2.1.3　复杂句

英语中的复杂句一般包括主从复合句和并列句。总体而言，广告中复杂句使用的频率并不高，因为复杂句不仅增加了文字的使用数量，而且还增加了句型结构的复杂度，这二者对广告传播的效果而言，无论如何都是不利的。当然，广告语言的使用没有绝对性，一切语言表现形式都可能存在。

英语广告复杂句的使用一般并列句较少，主从复合句较多。复合句的使用主要有两种形式：一是简单且完整的复合句，这类复合句符合英语句型的一般使用规范，句法严谨，用词通俗易懂，数量一般不会太多。在广告金句中，超过12个词的英文句，已经相当罕见。凡是不超过10个词的句子，即使是从句，都还是可以接受的（李克兴，2010）。当然这个字数限制也是相对而言的，超过10个词的英文广告语也常常能看到，但有一点可以肯定，即广告创作者及广告主在广告用词方面要求严苛、精雕细琢，绝对不容许任何冗余的文字和结构。

这方面比较具有代表意义的例子有：

To me，the past is black and white，but the future is always color.（Hennessy，轩尼诗酒）

This is why we play.（NBA 15-17赛季广告语）

There's nothing cats would rather eat！（New Whiskas，伟嘉猫粮）

All I need is all I got！（Levi's，李维斯）

She works while you rest.（某洗衣机）

Home is where quality lifestyle begins.（OVO沙发）

What you see is what you'll get.（Nokia，诺基亚）

A woman who doesn't wear perfume has no future.（Chanel，香奈儿）

You get more out of IT when you come to NITT.（NITT，印度NITT公司——计算机培训和软件开发公司）

We give you the support as you move ahead in life.（Zurich Insurance Group Ltd.，香港苏黎世保险集团）

The only thing that's changed is everything.（iphone6s，苹果6s）

Today，when you're out of reach，you can still be in touch.（Inmarsat，国际移动卫星组织）

When you're on the train，you're on the plane（MTR-railway service，香港地铁）

When we're apart，I still feel your touch.（Burberry-Tender Touch，巴宝莉触感柔情香水）

Whether she remembers depends on you.（Paco Rabanne-perfume for men，帕科男士香水）

If you look at our lens as a crystal，it's definitely a work of art.（Olympus，奥林巴斯）

As leaders look ahead to the future，they must not overlook those who will create it.（Canon，佳能）

You never own a Patek Philippe.You merely look after it for the next generation.（Patek Philippe，百达翡丽表）

另一种是结构省略的复杂句。因为要综合考虑上文提到的广告成本、受众阅读负担和传播效果等因素，所以相比结构完整的复杂句，在英文广告句中，信息及结构省略的情形更为多见。

最常见的省略结构是主句主语如You被省略，保留的部分一般是祈使句结构。这样一来广告语句不仅更简短，而且还能让广告受众有很好的代入感，促进其反思，或者迅速拉近广告受众和广告产品的距离。当然这里必须提到"动词分词句＋从句"结构，这种情况和前文提到的动词短语结构类似，因此完全可以看成是这种祈使结构的变体，也主要是为了达到委婉语气的目的。

下面这则有关节约用水的公益广告就是典型的例子，广告设计构思独特，广告语"Think about what you could save when you save water"虽然是省略结构，但从句中的主语you明显告知主句省略的主语是什么，广告受众能够很快被带入到广告主题的相关思考当中，"节约用水，关爱生命"的宣传意图也就得到了实现。

此类广告例子还有如：

Think before you act. Read before you think.（SCMP，南华早报）

Think twice what you do with your last Rolo.（Rolo，罗罗巧克力）

Doing what others dare not.（Kyocera，京瓷手机）

Seeing what has never been seen before.（Olympus，奥林巴斯）

此外，还会出现整个主句省略的情形。有时因为广告画面有相关产品信息的呈现，只使用一个从句就能和画面形成呼应，准确完成信息的传递，因此也就无需赘言了。

Because detail is everything.（Sony，索尼）

Because it is a human right.（Unicef，联合国儿童基金会）

Whatever makes you happy.（Credit Suisse，瑞士信贷银行）

这里还必须重点提到where句型结构，一个近些年最常出现的where句型结构。该结构一般看上去是"Where＋主语＋谓语"的表现形式，其实应该是"It is where …"强调句型的省略形式。这种句型的流行主要有两方面原因：一是它非常适宜广告主传播资讯的需求，告诉大家何处有何物；二是广告界模仿成风（李克兴，2010）。广告界虽然很注重创新，但是比较好的创意也往往会被借鉴，就像从众效应助推服饰流行一样，人云亦云的现象在广告界也司空见惯，毕竟让人拍案叫绝的创意不可能信手拈来。

该结构应用得较早且非常成功的案例为20世纪60年代的Marlboro（万宝路）香烟广告。万宝路香烟是菲立普•莫里斯烟草公司旗下的品牌，全球知名，但很少有人知道万宝路香烟起初是女性专属香烟。1902年，英国烟草制造商菲立普•莫里斯（Philip Morris）来纽约寻梦，并开始销售他的烟草品牌。当时他手上只有"剑桥（Cambridge）""德比（Derby）""万宝路（Marlboro）"三支品牌。"万宝路"之名一说取自他坐落于伦敦的工厂街名，也有人戏称其来自一句情话的首字母缩写（MARLBORO——Man Always Remember Love，because of Romance Only）。

莫里斯推出万宝路时，目标群体主要是女性烟民，广告定位为"柔若五月（Mild as May）"。二战期间，万宝路的销售本来不佳。战后，市场上出现其他品牌如"骆驼（Camel）"等，使得万宝路的前景惨淡。在男性烟民眼中，万宝路是女人及娘娘腔代名词，1954年在美国的市场占有率不及0.25%。于是，莫里斯决定为万宝路脱胎换骨，1954年5月正式换上新滤嘴，并改为硬盒盖包装，除了颜色是淡红色外，整个产品外形看起来就跟今天的万宝路一模一样。但是香烟销量提升并不明显。

同年，广告大师李奥贝纳拿到了万宝路的广告代理权，立即向莫里斯提出建议将淡红改成艳红，让包装更加显眼，并大胆提议为该品牌"变性"。贝纳根据广告创意人员的意见，将充满阳刚之气的"牛仔"作为万宝路新形象的代言人，展现该品牌崭新的男人味，传播主题亦定调为"释放男人风味"。第一波广告于1955年1月打响。李奥贝纳不愧为大师级的天才广告人，不仅将"牛仔"定义为男人概念，还将硬汉、豪爽的风格与个性归为"万宝路男人"。此后一系列的广告中，手背上均有个陆军标志刺青的猎人、园丁、水手、飞行员等都成了"万宝路男人"的主角。

男人风味品牌个性足足使用了七年，直到1962年才由"万宝路故乡"所取代。结果显示，过去留在人们心中的万宝路女人印象，一扫而光。尽管美国政府早在1971年开始明令禁止香烟产品上电子媒体广告，但"万宝路男人"广告转向平面及户外媒体，遍布于全美各地，丝毫未受影响。万宝路80多年来始终坚持这一宣传策略，品牌印象早已深入人心，从一定程度上代表着美国消费文化。

再有麦当劳的故事，时任麦当劳芝加哥分公司广告主管的Herb Peterson写下品牌的第一个广告语"Where Quality Starts Fresh Every Day"。1972年，Herb Peterson偏爱火腿蛋松饼，并因此发明了麦当劳当家早点。每份麦香蛋饼的热量为300卡路里，低于其他三明治。

还有2013年大众推出的一则产品广告，用以宣传被美国高速公路安全保险协会（IIHS）评选为年度最安全车型之一的2013款帕萨特。该则广告由Matthijs van Heijningen执导，选用英国前卫摇滚乐团Emerson Lake& Palmer（ELP）的知名曲目Lucky Man（幸运的人）作为背景音乐，通过诙谐简短的剧情传递新款帕萨特安全性能高的信息。广告的男主角开始时以非常幸福的形象出现：早晨起床后与妻子吻别，又与孩子欢快地共进早餐；但驾车出门后运气逆转，被迎面驶来的汽车撞上，所幸其驾驶的2013款帕萨特使其免于危险，而大众也趁势打出了 "Safety starts where luck ends（运气终结时，安全最重要）" 的字样，言下之意是新款帕萨特正是弥补司机行驶途中运气不佳时的极优选择。

此类句型的例子还有：

Where there is a way，there is Toyota.（Toyota，丰田汽车）

Home is where the honda is.（Honda，本田汽车）

This Is Where It Starts.（Air Jordan，飞人乔丹）

Where money lives.（Citibank，花旗银行）

Where Business Blossoms.（The Garden Hotel Guangzhou，广州花园酒店）

Where life happens.（Ikea，瑞典宜家）

Where digital dreams come true.（Samsung，三星）

Where amazing happens.（NBA，美国男篮职业联赛）

3.2.1.4 不合文法现象

最后，英语广告句型当中还有一种不合文法的现象值得留意。这一类句子初一看好像并无不妥，但其实存在词法、句法方面不规范的问题。不过，如果结合语境和其他广告信息分析的话，广告语义大多能够清晰地传递出来，一般不存在歧义。以上面那则NBA广告语 "Where amazing happens"，形容词 "amazing" 是不可以充当主语的，但是结合NBA的这则广告视频和其一贯的宣传策略，广告受众基本上能够明白这则广告语是 "NBA is the place where the amazing happens" 的简略表达。广告设计者先省略了主句，最后索性连从句中的定冠词也省略了。毕竟是广告语，简洁表达是广告语创作的金科玉律，能省则省，绝不含糊。

除了简略的目的之外，不合文法广告语的另一个原因是为了标新立异，显示创意。以美式文化象征、世界牛仔裤品牌百年常青树李维斯（Levi's）为例，其广告图片经常不走寻常路，在广告文字应用上打破常规也完全在意料之中。李维斯2009年推出了 "Button Fly" 的牛仔裤平面广告，广告由印度著名演员 Akshay Kumar代言。这辑牛仔裤平面广告效仿了好莱坞电影《蜘蛛侠》的一些场景与特效，酷劲十足。其广告语 "Button Fly" 虽然采用了双关的修辞，但给人第一印象动词 fly 的使用存在语法问题，从而达到引发思考、吸引关注的目的。当然李维斯不合文法广告语远不止指一条，更早的例子还有如："Quality never go out of style" "Live unbuttoned（501）" 等。

类似英文广告语不十分规范的例子还有如：

On the eight day，god created beer，Dublin！（Dublin，都柏林啤酒）

Think small.（Volkswagen Beetle，大众甲壳虫）

Think different.（Apple，苹果）

Let's make excellent happen.（New Balance，新百伦）

Avis is only No.2 in rent a cars. So why go with us？（Avis，艾维斯）

上述分析是英文广告存在语法不规范问题的主要原因，当然也不排除一些广告因为传统习惯、俚语或疏忽等所导致英语表达不合现代语法要求的问题，因为涉及因素较多，在此不作展开。

3.2.2　中文广告常用句型

不同的民族，不同的文化，自然有不同的语言习惯。虽然中英文广告有着共同的特点，都服务于广告的劝说功能，语言形式上讲究简洁明了，内容上讲究通俗易懂，结构上讲究层次分明，表现上讲究创意独特，但是由于中英文分属两种不同的语系，表达习惯相去甚远，所以从广告语言表达上看，中文广告有自己钟爱的句型结构。概括来说，中文广告语绝大多数都是陈述语气，句型包括完整的陈述句、短语句、祈使句等。为了叙述方便，也为了便于理解，下文除了简要说明完整的陈述句型之外，主要从中文广告短语句型的语义结构和用词数量两个方面来进行概括。

3.2.2.1　陈述句

在对短语句进行分类说明之前，这里有必要先介绍一下中文广告中完整的陈述句。和英文广告语一样，陈述句型语气客观肯定，适合广告资讯传播要求，在中文广告语中占绝大多数。但是由于广告语体简洁行文的要求，加上汉语本来就是"人治的语言"，语法要求不严，无主无谓、缺补缺宾的省略结构非常多见，因此句法结构相对完整的中文广告语不是很多见。不过，这也并非绝对，不排除一些知名的广告语用的是结构完整的陈述句，如2013年，中央电视台播出了一则描写父爱的公益广告片《打包》，让很多人泪目。广告片中，父亲年老，罹患老年痴呆之症，记性日差，乃至于连自己的儿子也不认识。一日，儿子领父亲去酒店用餐，父亲发现盘子里仅存个两饺子，急忙用手抓起放入自己口袋。儿子一愣，急问缘由。父亲喃喃道："这是留给我儿子的，我儿子最爱吃这个。"广告片最后的广告语是"他忘记了很多事情，但他从未忘记爱你"。

此外还有一些结构完整，反响不错的广告语如：

我运动，我存在。（李宁运动系列用品）

人间有冷暖，东宝最相知。（东宝空调）

新闻创造价值。（《21世纪经济报道》）

情系中国结，联通四海心。（中国联通）

鹤舞白沙，我心飞翔。（白沙香烟）

科技让你更轻松。（商务通）

我们是你的第二层肌肤。（某织袜公司）

唯一的缺点是三个月正负误差三秒。（劳力士手表）

这是一片片来自热带的阳光。（戴尔蒙特菠萝罐头）

公信就是生命力，有观点就有预见。（《外滩画报》）

一湾秋水波荡漾，两岸荔花饼正香！（湖南荔花糕饼广告）

3.2.2.2　短语句

短语句在中文广告中俯拾皆是。短语句其实是一种省略结构，和英文广告一样，这种省略结构既可以凝练表达，节省广告的篇幅和费用，也可以强调重点，突出关键词语和结构。由于中文广告中的短语句特别多，下文主要从语义结构和文字数量两个方面来进行分析。

从语义结构上看，中文广告最常见的有两种，一种是动宾结构，一种是偏正结构。首先说动宾结构，由于广告语体的劝说功能必不可少，和英文广告相类似，中文广告也多动词的使用。另外，英汉语言思维对比研究表明，英语是一种静态表达法较多或倾向于静态表达的语言，而汉语则是一种动态表达法较多或倾向于动态表达的语言。换言之，英语句子的基本意义常常用静态方式表达，而汉语的基本意思则往往用动态方式表达（杜争鸣，陈胜利，2008）。因此，此类广告词在中文广告中非常多见合乎中文受众的语言思维习惯，而且其鼓动性也往往很强。最具代表性，也非常出名的是孔府宴酒1994年在央视的广告"喝孔府宴酒，做天下文章"。本来孔府宴酒只是山东一个县城的小酒厂的产品，但这年拿下了"央视第一届标王"的称号，也凭此广告一炮而红，让这个名不见经传的小酒厂家喻户晓。广告词采用动宾结构，排比句式，"喝酒做文章"，动感十足。加上"孔府"和"天下"契合中国人的儒家精神和家天下情怀，霸气更兼豪气，让广告受众激情满满，消费冲动也很容易因此而起。类似的广告还有：

收五千年华夏瑰宝，藏十二亿神州文明。(《收藏》杂志广告)

喝汇源果汁，走健康之路。(汇源果汁)

寻遍商店，独上西城。(西城购物广场)

花最少的钱，得到最多的信息，随时恭候。(某信息咨询公司)

问苍茫大地，幸福的感觉。(幸福摩托车)

喝杯青酒，交个朋友。(贵州青酒)

喝襄樊义酒，交天下朋友。(义酒)

登世界高峰，造中华之杰。(华之杰塑料建材)

管理企业，经营自我。(《经理人》)

再现文字之美。(《书城》)

飞越无限。(摩托罗拉)

帮助他人，快乐自己。(公益广告语)

买软盘，找建南！(建南软盘)

想她、等她、拥有她！(联想天禧台式电脑)

联想天禧，多彩生活。(联想天禧台式电脑)

第二种是偏正结构，其特点是由修饰语和中心语构成，结构成分之间是修饰与被修饰关系的词组。名词前面的修饰成分是定语，一般由形容词或名词充当；动词、形容词前面的修饰成分是状语，一般由副词充当，所以偏正结构包括"定语+中心词结构"和"状语+中心词结构"。

先说"定语+中心词结构"，由于形容词是一种开放性词类，能对名词起修饰、描绘作用，而这一功能特点恰好能满足广告语言形象生动的要求，所以在汉英广告中，形容词的使用频率都很高。如1996年、1997年连续两年夺得央视标王的秦池酒，其广告语"永远的绿色，永远的秦池"就是比较典型的偏正结构。再以源于中国香港，由著名爱国人士、慈善家曾宪梓博士创立的品牌"金利来"为例，其广告口号"男人的世界"也是一个标准的偏正结构，干净利落有气势，享誉神州大地，影响力经久不衰。此类型的中文广告很多，还有如：

传奇品质，百年张裕。(张裕广告语)

李宁领带，王者气派。(李宁服饰)

天上彩虹，人间长虹。(长虹彩电)

不同的酷，相同的裤。(李维斯牛仔裤)

更多选择，更多欢笑。(麦当劳)

脏物的死敌，织物的密友。(布劳克特化学品公司)

新生活的引领者。(《城市画报》)

所有适宜刊载的新闻。(《纽约时报》)

勇往直前的伴侣。(北京吉普有限公司)

我的华联我的家。(华联商厦)

我的光彩来自你的风采。(沙宣洗发水)。

新疆的太阳向你微笑! (新疆葡萄干)

干净的盘子会唱歌。(纳爱斯洗洁精)

今天的才是新鲜的,新鲜的才是精彩的,精彩的才是有魅力的。(广东合众广告有限公司)

再说"状语+中心词结构"。状语是句子的重要修饰成分,是谓语里的另一个附加成分,它一般附加在谓语中心语前面,从情况、时间、处所、方式、条件、对象、肯定、否定、范围和程度等方面对中心词进行修饰、限制。汉语广告中经常使用各种副词,如表示程度的"很、非常、极、十分、最、顶、太、更等",表示范围的"都、全、总、共、仅、只、光、净、单等",表示时间、频率的"已经、曾经、早已、刚刚、正、将、曾、刚、才"等不一而足。很显然,副词一般只起到对动词或者形容词限定说明的作用,在中文广告里也多是为了达到提示限定或者加强语气的功效,如网易广告语"轻松上网,易如反掌",传递的就是网易的自信,能够带给消费者轻松快捷的上网体验。其他类似的例子还有:

快快乐乐出门。(儿童服装展销会)

新的炫目唇妆,钻石般晶莹璀璨。(美宝莲水晶璀璨唇膏)

像你的丝袜一样合脚。(肖特巴克制鞋公司)

像阳光照耀那么容易。(阳光复印机广告)

四季阳光牛奶,阳光般无处不在。(河北天天乳业)

永不磨损,飞亚达情侣表。(飞亚达表)

唯有胆宁片,免受开刀苦。(胆宁片)

迅速止痒,当然不求人。(皮炎平软膏)

家有君子兰,生活更悠闲。(君子兰洗衣机)

有了万家乐,家庭更快乐! (万家乐电器)

此处需要特别提到的是,上文提到英文广告里多用形容词或者副词的比较级和最高级以表达品牌强大的自信。汉语里,"最"的使用是一种强力攻势,意在突出产品服务在市场竞争中无可匹敌、难与抗衡的地位和实力,如某止喘药品广告语"全世界最多人使用的平喘药物"(黄小平,2012)。这样的广告语旨在吸引说服消费者，但也往往遭人质疑。其实，此类现象在中文广告中比较少见，原因在于广告法中的相关规定。其一是广告法第九条第三款规定不得使用"国家级""最高级""最佳"等用语。据此，凡在广告语中用到"最"字之类的字眼，有包含极限用语如国家级、世界级、最高级、最佳、最大、最具、最便宜、第一、唯一、首个、首选、顶级、全球首发、全国首家、王牌等，都可能涉嫌虚假宣传；其二是第十三条规定"广告不得贬低其他生产经营者的商品或者服务"。该规定基本明确，广告用语中使用"更"字之类的字眼时也要特别谨慎，最好不要出现"比某某更佳"之类的字眼。

其实，在词语结构选择方面，中国广告界流传着这样一种说法，名词比动词好！动词比副、介词好！形容词最不好！因为广告不是吹牛比赛，好的广告靠的是创意，而不是自吹自擂。另外，最失败的文案是主谓宾的完整句式，介副叹等虚词、的地得等语气词全上，读来拖泥带水，纠缠不清，是广告文体的一大忌讳。

从文字数量上看，中文广告里的短语句也有一些值得关注的特点。虽然国内广告业界认为字比词好，词比句好，单句比复句好，只有一个字或一个词的话最好，但绝大多数广告词都很难用一两个字词完成。受中国古诗词和人们表达、认知习惯影响，中文广告词从文字数量上多选择三、四、五、七言的表达形式，而且往往还以对句的方式呈现出来，以增加语言的表现力和感染力。

首先是"三言"结构（又称"三字格""三字结构"），中国古代很早以前就有三言诗歌表达形式，以收集了西周初年至春秋中期（公元前11世纪至前6世纪）各诸侯国三百余首诗歌的《诗经》为例，其中就能见到这种形式的诗句，如《周颂·桓》中的"绥万邦，娄丰年"，《国风·邶风·简兮》中的"山有榛，隰有苓"。当然，影响最为深远、国人几乎皆知的是"三大国学启蒙读物"之首的《三字经》（另外两本是《百家姓》《千字文》）。作为中华民族的宝贵文化遗产，《三字经》全文以三言形式讲述了中国诸多方面的常识，内容涵盖文史哲学、天文地理、人伦义理、忠孝节义等，短小精悍、琅琅上口，广为传颂，历千百年而不衰。受此影响，我们日常生活中也常见三言表达如耍花招、走后门、碰钉子、钻空子、磨洋工、敲边鼓、挖墙脚、开绿灯、闭门羹、铁饭碗、墙头草、定心丸、耳边风、天晓得、假大空、白富美、高大帅等。一些商品的商标名称也采用此类结构，如娃哈哈、特仑苏、安慕希、苏泊尔、劳力士、卡西欧、百岁山、齐云山、雪铁龙、雪佛兰等，以达到音韵和谐，利于传颂的目的。

三言广告语当然也比较多，如曾在中国大陆市场火了近20年的保健品"脑白金"，除了其1998年被广告业界不屑、但获得空前成功的洗脑广告语"今年过节不收礼，收礼只收脑白金"之外，它的另一条广告语就是三言形式构成"脑白金，送爷爷、送奶奶、送外公、送外婆、送叔叔、送阿姨、送哥哥、送姐姐、送弟弟、送妹妹"，该广告语全是大白话，貌似没有任何创意，但很有节奏感，犹如儿歌一般，也真被很多小朋友模仿传颂，于是广告词仿佛有了魔性，一夜之间便传遍了大江南北。所以虽然广告词不被看好，甚至有很多广告受众觉得语言低俗，有违广告法之嫌，但脑白金当时的宣传是成功的，至少其语言使用的某些方面有值得借鉴之处。其他三言结构的广告词还有如拒绝酒驾公益广告"一滴酒，千滴泪。"当然，三言广告词用得最好、最成功，且受到普遍认同的是万家乐热水器广告语"万家乐，乐万家"。该广告语的魅力当然不仅仅在于三言的表达形式，双关、对句、回环等修辞手法的应用也是其成功的关键，但毫无疑问，这种文字组织方式简洁明了，结构清晰，便于组织，利于传颂。

此外，2018年由足球巨星C罗代言，在6月8日上线并在足球世界杯期间热播的WEY（中国豪华SUV品牌）的广告片中，打出的广告语"从优秀，到领袖；从精彩，到喝彩；从全力，到胜利"也是典型的三言结构，简单十八个字，气势贯通，一气呵成，犹如球星带球过人、凌空抽射一样，显得干净利落有霸气。所以得到很多青年消费者的认同。其他同类广告语还有：

有汰渍，没污渍。（汰渍洗衣粉）

拿得起，放不下。（东华美钻）

龙华面，天天见。（龙华面）

天生的，强生的。（强生婴幼儿用品）

早也报，晚也报。（《劳动午报》）

扬正气，促和谐。（公益广告）

百年乐，乐百年。（广西中成药）

素易鲜，所以鲜。（素易鲜调味品）

买羽绒，到惠罗。（惠罗商城）

中国梦，丝路梦。（上海大众途观）

爱生活，爱拉芳。（拉芳洗发水）

羊羊羊，发羊财。（恒源祥毛线）

好丽友，好朋友。（好丽友食品）

怕上火，喝王老吉。（王老吉）

实事求是地讲，三言广告语虽然用词不多、便于传诵，但其实不是很多见，原因在于三个字能表述的内容实在太少，对广告创作者来说难度较高。相比较而言四、五、七言的更多见，尤其是"四言"形式。四言表达常被称为"四字格"，在中国古典诗词、文学作品中应用得非常广泛，从最古老诗歌集《诗经》中的"关关雎鸠，在河之洲。窈窕淑女，君子好逑"。到国学经典《大学》中的"物有本末，事有终始。知所先后，则近道矣"。《中庸》中的"舟车所至，人力所通，天之所覆，地之所载，日月所照，霜露所队，凡有血气者，莫不尊亲，故曰配天。"再到国学启蒙读物《千字文》中的"天地玄黄，宇宙洪荒。日月盈昃，辰宿列张。寒来暑往，秋收冬藏"。《百家姓》中的"赵钱孙李，周吴郑王；冯陈褚卫，蒋沈韩杨；朱秦尤许，何吕施张"。从这些例子可以看出，四字格的应用自古有之，而且一直颇受欢迎。再加上历经漫长岁月变迁，一些诗歌典籍中的或启迪智慧、或蕴含哲理、或发人深思、或生动有趣的凝练表达形成四字成语，经过人们的口口相传，显示出其强大的生命力和感染力。

广告业界也因为四字格如此强大的魅力而对其表现出特别的青睐，中文广告语中四字格的应用真可谓俯拾皆是，不胜枚举。先以杜康酒为例，该酒是中国历史名酒，因杜康始造而得名，历来有"贡酒""仙酒"之誉，1988年更被指定为国宴用酒。杜康酒闻名海内外，与酒泉水清冽碧透、味甜质纯、酿酒工艺先进等不无关系，但其广告词，也即魏武帝曹操《短歌行》中的"何以解忧，唯有杜康"诗句，为该酒的知名度的提升起到了至关重要的作用。曹操的《短歌行》，全诗以四言方式写就，笔调沉稳有力，先慨叹人生短暂，后表明其求贤如渴，一统天下的思想感情。而杜康酒最知名的广告语就是直接借用该诗中与之相关的诗句而成，既有明确的品牌相关性，又明确表明此酒的功能，同时最令人叫绝的是广告词源自东汉末年杰出的政治家、军事家、文学家、书法家，三国中曹魏政权奠基人曹操的诗句，从而陡然间提升了杜康酒的历史底蕴和文化内涵。

再举一个比较知名的四字格广告案例，速溶咖啡麦斯威尔年轻人一般都知道。麦斯威尔在广州的工厂于1984年投产，时称"麦氏咖啡"，1997年起正式改为现在的名字。中国消费者对它的了解部分是因为其相对香滑柔顺的口感，更多的是对其广告语"滴滴香浓，意犹未尽"的钟爱。其实，这句中文广告语是对其原英文广告语"Good to the last drop"的翻译，译者无可考，但中文译文采用四字格形式，节奏优美、含义隽永，和产品功能契合，符合译入语表达习惯，所以是上佳的广告翻译。

再稍举几例四字格广告语如下：

只溶在口，不溶在手。（M&M巧克力）

鲜得自然，自然很鲜。（太太乐鸡精）

浪琴风范，卓尔不凡。（浪琴手表）

王者风范，舍我其谁。（卡地亚豹系列钻戒）

瑞士天梭，世界穿梭。（天梭手表）

滴滴甘醇，品质流金。（皖酒王）

日照特曲，祝您幸福。（日照特曲）

悠悠岁月，醇情依旧。（古绵纯酒）

万事俱备，只欠东风。（东风汽车）

德国科技，大众首选。（大众汽车）

发质动人，气质动心。（飘柔洗发水）

牛奶香浓，丝般感受。（德芙巧克力）

北京电信，您的电信。（北京电信）

喝杯清酒，交个朋友。（贵州清酒）

青山绿水，碧玉成溪。（玉溪红塔烟草集团）

鹤舞白沙，我心飞翔。（白沙集团）

中国苏烟，尊贵经典。（江苏苏烟）

品质优良，书写润滑，美观大方。（中华牌铅笔）

热爱祖国，热爱人民，一人参军，全家光荣。（征兵宣传）

接下来，介绍一下"五言"广告词。首先五言诗指每句五个字的诗体，是古代诗歌体裁之一，在中国古诗词中的比例很高。相较三、四言诗而言，五言诗可以容纳更多的词汇，能够更灵活地抒情、叙事。此外，由于音节上奇偶相配，所以五言诗也更富于音乐美。因此五言诗逐步取代了四言诗的正统地位，成为古典诗歌的主要形式之一。由于五言诗国人都非常熟悉，此处就不举例赘述。

五言广告词也非常多，非常著名的有上文提到的 De Beers Group（戴比尔斯集团）20 世纪末在中国市场投放的广告语"钻石恒久远，一颗永流传"。无论是中国广告业界还是翻译界，大家对该广告语的评价都很高。虽然是对英文广告语"A diamond is forever"的翻译，很多人认为中文译文非常地道，犹如诗词一般，意蕴深刻、韵律和谐，所以从美的呈现上看，超越了原文，对钻石文化和消费观念在中国的扩张起到了非常积极的作用。再举数例此类广告语如下：

晚报不晚报。（《北京晚报》）

好人得好报。（《法制文萃报》）

流动的珠宝。（Lorr指甲油）

山高人为峰。（红塔集团企业）

苦苦的追求，甜甜的享受。（伊利冰激凌）

功到自然成。（南昌金圣香烟）

咏经典诗词，品绵柔好酒。（梦之蓝）

人头马一开，好事自然来。（人头马酒）

要想皮肤好，早晚用大宝。（大宝护肤品）

头屑去无踪，秀发更出众。（海飞丝洗发水）

乘红河雄风，破世纪风浪。（云南红河集团）

稳坐钓鱼台，好运自然来。（云南红云红河集团）

和五言诗类似，七言诗也是中国古代诗歌体裁的一种，诗体全篇每句七字或以七字句为主。由于历史上写作八言诗的人极少，传世之作更加罕见，因此在中国古代诗歌中，七言诗单句字数可谓最多，创作想象空间最大，形式最多样，句法和韵脚的处理最自由，是抒情、叙事最富有表现力的一种诗歌形式。因此，无论对于诗人还是读者来说，七言诗歌表达形式自古以来广受欢迎，脍炙人口的诗篇多不胜数，如李白的《将进酒》《梦游天姥吟留别》，白居易的《长恨歌》《琵琶行并序》，杜甫的《兵车行》，张若虚的《春江花月夜》。

有趣的是，自古以来，很多的文人墨客除了抒情咏志之外，有时才情大发，还可能写诗状物，替人打个广告。这其中最典型的例子包括"诗仙"李白写的《客中行》："兰陵美酒郁金香，玉碗盛来琥珀光；但使主人能醉客，不知何处是他乡。"兰陵酒、郁金香、玉碗、琥珀光经过诗人巧妙的勾勒，成就了绝美的图景。绝美的图景，优美的音律，再加上非同寻常的情感走向——本该抒写乡愁，却写出了流连忘返之情。寥寥数语，写出了诗人重友情、嗜美酒、放荡不羁的真性情。诗是真美！酒肯定也不错，但经过李白这么一宣传，山东兰陵县的"兰陵美酒"就名扬天下，经久而不衰了。

另外，据传明朝的时候，江南才子唐伯虎也曾题诗为一醋坊做过广告，使濒临倒闭的醋坊得以起死回生。醋坊是一个陈姓老板开办的，他原是山西一制醋世家的传人，酿醋手艺自然不错。可因为陈老板刚来杭州，没有老主顾，又不懂得经营，生产出来的醋少有人问津。时间久了醋要倒掉，醋坊也要关张。一日，恰巧唐伯虎路过此处，顿觉醋香扑鼻，仔细品尝，顿觉不错，有心施以援手，便立即书写诗谜一首"一人一口一星丁，竹林有寺却无僧；巧妇怀中抱娇子，二十一日酉时生。"诗后注明每句猜一字，并签自己的大名，让作坊主张贴在门外。诗谜一出，惊动四邻，过往行人无不驻足围观，争相猜测。时间一久，诗迷谜底——"上等好醋"也就揭开了，醋坊的生意也自然红火了起来。

上面讲的是七言诗及其在古时广告中的妙用，现代的七言广告词自然更多。七言广告词比较出名的案例很多，铁达时手表广告语"不在乎天长地久，只在乎曾经拥有"就是其中之一。铁达时手表（外文名Solvil et Titus）1887年由瑞士表业的显赫人物保罗·狄森（Paul Ditisheim）创立，1975年，由香港"时间廊"收购。此后，由知名广告人朱家鼎创意策划，由当时香港当红巨星梅艳芳、王杰、刘德华等人先后担任其品牌代言人，拍摄了一系列浪漫怀旧的手表广告，为该品牌在中国香港、新加坡、马来西亚等地的成功推广立下了汗马功劳。这其中，最引人关注的当属1992年由周润发和吴倩莲主演，根据史实拍摄而成的铁达时腕表广告（天长地久篇）。虽然只是短短几分钟，广告片将历史使命、家国情怀、私人情感刻画得非常清晰真切，令人震撼，也让人动容。其七言广告语"不在乎天长地久，只在乎曾经拥有"，既表明了抗日当前主人公的毅然决然、一心为国，也同时表明了铁达时手表质量像他们的爱情一样坚贞可靠，一刻成就永恒，也因此打动了很多广告受众的心，广为大家所传颂。

限于篇幅，再略举几个七言广告语如下：

农夫山泉有点甜。（农夫山泉）

千里江陵一日还。（江铃汽车）

一片冰心在玉环。（玉环冰箱冷凝器厂）

天天都是好日子。（深圳好日子香烟）

爱心妈妈的选择。（舒肤佳）

美滋美味美登高。（美登高冰激凌）

让我们做得更好。（飞利浦）

我的地盘听我的。（中国移动动感地带）

良药苦口利于病，竹盐咸口利于齿。（竹盐牙膏）

此味本应天上有，人间难得几回尝。（全聚德烤鸭店）

此音只应天上有，人间哪得几回闻。（宝石花收录机）

新飞广告做得好，不如新飞冰箱好。（新飞冰箱）

3.3 英汉广告修辞比较

上文多次提到，广告是门综合艺术，需要广告主、广告人、广告受众等多方参与，涉及音乐、绘画、电影、雕塑、摄影、文学等多种表现手法，需要考虑广告成本、策略、媒体、主题、文案、产品功能、目标群体等多方面因素，需要综合系统分析。从语言应用上看，广告要表现出强大的艺术感染力，一般需要从音、形、义三个方面来考虑。在本书第二章讲语言应用的要求里提到了广告语言的"五宜五忌"，如宜琢美忌流俗，只是简要地说明了广告语言可以从"音、形、意"三个方面来展现语言美，因为当时只是语言要求的大致说明，没有展开叙述。下面本书主要集中英汉广告中使用较多，且相对特别的修辞手段，并从音、形、义三个大类中进行比较分析。

3.3.1　英汉广告音韵修辞比较

　　英、汉语由于分属不同的语系，汉语属于汉藏语系，英语属于印欧语系，语言表达习惯存在较大差别。但总体而言，中英文广告都强调广告语节奏优美，尽可能音韵和谐，朗朗上口，方便理解、吟咏、记忆和传播。为了达到上述目的，中英文广告都会用到音韵的修辞手段，如从音节的使用上来体现节奏感，从押韵上达到音韵美。

3.3.1.1　音节

　　首先说音节，因为英汉语属于不同的语系，所以两种语言的音节也各有特点。汉语是单音语言，即俗称的方块字，而英语是拼音语言，也就是我们俗称的蟹行字。单音语言所用的字都是单音节的，但拼音语言所用的字大多数是多音节的。同样的意思用汉语和英语表达是完全不同的，所包含的音节数目也不同（白纯、赵博颖，2006）。英语的音节只有轻重之分，没有声调变化，一个音节一般不能独立表意，所以英语单词音节多寡不定，双音节、多音节词特别多。因此，英语诗歌很难做到用音数相等的词或词组来构成等时性的节奏单位，这也就是说，很难做到节奏单位就是意义单位。但是，由于英语中有分别明显并且数量充足的重音和轻音，诗人可以在一行诗中安排某种轻重音形式（抑扬格）或重轻音形式（扬抑格）来作为节奏单位。这种节奏单位常常不是一个词或词组，而是对一个词或词组分解后的多种形式的组合，它们本身并无意义。因此英语诗歌的节奏可以是整齐的，但不可能具有汉诗节奏那样的整齐均匀性（陈本益，2006）。由此可见，英语不会表现出对某种音节特别的偏爱。

而汉语则不一样，一个字只有一个音节，没有复辅音，能够形成的音节数目比较少，但具有四个声调，发音铿锵有力，可以很容易地将两个单音节汉字组合在一起，形成双音节节律，表现出强烈的双音节特征（牟章，2004）。这种特征从汉语多双声、叠韵、叠音等结构，人们偏好使用二字词语、四字成语等习惯当中便可见一斑。四字成语便是2音节+2音节的表达形式。汉语的这种特征，加上平仄和音节的协调，便有了中国古诗词中常见的格律形式，也慢慢地形成了国人追求整齐匀称、轻重和谐、节奏优美、富有韵律的语音习惯。因为在现实的应用中，音节的使用和韵脚安排从来是密不可分的，虑及篇幅及叙述的方便，中英文广告语中这方面的例子暂略，统一在下文中呈现。

3.3.1.2　押韵

再说押韵，它指的是通过相同或相近韵脚的安排来形成语音使用上的反复和回环，从而达到词句前后关联的目的。音韵这种有规律的反复呈现，能明显加强词句的乐音刺激。押韵主要包括押头、尾韵两个主要方式，头韵在英文广告词出现的频率很高，在中文广告语中却较少见到。押尾韵的方式比较普遍，在中英文广告语都能大量见到。

头韵是英语中经常用到的修辞方法，指的是一个句子中相同辅音开头的词出现两次以上的选词手法。头韵的应用广泛见于英语各类文章、书籍的标题和各类文体如小说、新闻、诗歌、演讲词、习语当中，如Christina Georgina Rossetti 的诗 "When I am dead，my dearest，Sing no sad songs for me；Plant thou no roses at my head，Nor shady cypress tree：Be the green grass above me…"美国前总统Barack Obama在德州海德堡军事基地追思会上的演讲词"This generation of soldiers，sailors，airmen，Marines，and Coast Guardsmen have volunteered in the time of certain danger. They are part of the finest fighting force that the world has ever known. They have served tour after tour of duty in distant，different，and difficult places..."

在英文广告当中，头韵的使用也非常普遍，如丰田汽车广告语 "Today，Tomorrow，Toyota"，加拿大一家经营农产品超市广告语 "Fresh from the Farm"，都仅用了三四个单词，其中全部或者几乎全部用到了相同辅音开头的单词，这使得广告语读来富有节奏，音韵优美。此外，广告创作者选择的都是非常简单的普通词汇，结构简单、语义简明，直接说明了产品的品质和来源，因此受到了较多网友的好评。用到类似头韵手法的广告语还有如：

Sea，Sun，Sand，Seclusion——and Spain！（某海滨度假酒店）

You will wonder where the yellow went，if you clean your teeth with Pepsodent.
（Pepsodent，培梭丹特牙膏）

Music makes us.（香港康乐及文化事务署）

Make wages meet family needs.（A Trade Union in HongKong，香港一工会）

Sleeping on a Sealy is like sleeping on a cloud.（Sealy，西里床垫）

Where Business Blossoms.（The Garden Hotel Guangzhou，广州花园饭店）

Hi-fi. Hi-Fun. Hi-Fashion，only from Sony.（Sony，索尼）

Workout Without Wearout.（Flamingo，火烈鸟运动鞋）

Straight talk smart deals.（East Asia Heller Ltd.，东亚兴业有限公司）

再说尾韵，和头韵的位置刚好相反，尾韵是指句内或句间两个以上词语末尾音节发音相同或相近，从而达到增强听觉美感和语言感染力的目的。因为中文诗歌当中此类例子非常多见，也非常容易理解，此处就不再举例赘述。押尾韵的广告语，在中英文广告当中都能大量见到，如Glenlivet威士忌广告语"Rash. Dash. Classie Splash"，香港公益金便服日（Dress Casual Day of The Community Chest）广告语"Show your care by what you wear"，Lexus（凌志）广告语"The relentless pursuit of perfection"，Prudential（英国保诚保险）广告语"Always listening. Always understanding"，周大生珠宝广告语"为爱而生，周大生"，丰田第八代凯美瑞广告语"突破，动人心魄"，双汇火腿肠广告语"省优、部优、葛优"，青岛电视广告语"只求今日拥有，不求天长地久"，航天牌汽车广告语"城乡路万千，路路有航天"，白云边酒广告语"往事越千年，陈酿白云边"，金种子酒广告语"喝金种子，过好日子"，江口醇广告语"名酒江口醇，滴滴都是情"。

除了尾韵之外，中英文广告语还有一种比较相似，但被很多人忽视的音韵表现方式——反复。所谓反复修辞法，是根据表达需要，让某一两个词语或结构重复出现的表达方式。反复修辞法有时能够强调，以增强语气，有时能起到反复咏叹、表达强烈情感的作用，有时还可以使语句整齐有序，回环起伏，充满音韵美。这和广告文体特色非常一致，所以在中英文广告语中这样的例子并不少见，如2016年互联网新晋品牌"鸭鸭惊"的广告语"一鸭一鸭哟"，广告词音调源自一首大家都很熟悉的儿歌，"一鸭"重复呈现，旋律活泼可爱，顿时勾起爱啃鸭脖子年轻人的儿时回忆，对品牌的推广效能自然毋庸置疑。其他还有如下文：

You can't Xerox a Xerox on a Xerox.（Xerox，施乐复印机）

Get TIME，ahead of time.（*Time*，《时代周刊》）

Every time a good time.（McDonald，麦当劳）

Your future is our future.（HSBC，汇丰银行）

Without Lenovo，without life.（Lenovo，联想）

佳能佳能，最佳性能。（佳能产品）

佳宝佳宝，味道最好。（佳宝系列凉果）

燕舞，燕舞，一曲歌来一片情。（燕舞牌录音机）

春光明媚，处处有芳草。洁齿爽口，人人用芳草。宝宝起得早，天天用芳草。（芳草牙膏）

熬呀熬呀，熬瓣酱，好东西都在酱里藏，熬呀熬呀，熬瓣酱，熬出读书好儿郎——阿香婆熬出来的好酱。（阿香婆瓣酱）

艳艳潭水绿，鲜鲜玻璃绿，纯纯宝石绿，娇娇鹦毛绿，嫩嫩青葱绿，浓浓菠菜绿，条条丝瓜绿，明明柳芽绿，清清浅水绿。（上海龙凤金银珠宝店）

不过，比较而言，中文广告中反复的修辞手法并不比叠音用得多，因为反复一般涉及一个以上词语的两次以上的重复，所以句式往往较长，从而显得繁琐，所以和广告语言的要求不十分相符。而叠音（也称叠字）则不同，一般指两个相同的音节（或汉字）的重叠应用。作为汉语语音修辞的重要手段，叠音的结构简单，常见形式有ABB、AABB、AABC、ABAC、ABCA、ABCB等，因思路很清晰，节奏音律感也较强，非常适合广告语体。上文提到的"滴滴香浓，意犹未尽"就是代表。类似的还有：

晶晶亮，透心凉。（雪碧饮品广告语）

洁士灭蚊，默默无蚊。（洁士驱蚊剂）

真情永不变，大宝天天见。（大宝SOD蜜）

上上下下的享受。（美菱电梯）

名酒江口醇，滴滴都是情。（江口醇酒）

悠悠岁月，醇情依旧。（古绵纯酒）

滴滴甘醇，品质流金。（皖酒王广告语）

滴滴梨花王，浓浓晋酒香。（梨花王酒）

北国红豆情，滴滴相思意。（红豆饮品）

潇潇洒洒特丽雅，风风光光伴一生。（特丽雅女鞋）

酸酸的，甜甜的，有营养，味道好。（娃哈哈果奶广告语）

最后，还应该提到两种英语广告中很少看到，但汉语里颇能体现创作者才情，又深受广告受众欢迎的修辞手法：回文和顶针。二者虽然都有形式上的重复，但前者是回环往复的结构，即后句的句首和句尾与前句的句首和句尾位置互换，而后者是前句结尾词开启后句，即后句的句首与前句的句尾相同。两种结构，特别是前者，易诵易记，识别效果好，可以让广告语形成特有的韵律，读来朗朗上口，便于记忆（张英岚，2007）。下面本书将分别呈现中文广告语里用到这两种修辞方法的案例。

回文案例：

万家乐，乐万家。（万家乐热水器）

长城电扇，电扇长城。（苏州电扇）

百年乐，乐百年。（广西中成药）

益友冰箱，冰箱益友。（益友冰箱）

汾酒必喝，喝必汾酒。（山西汾酒）

中国平安，平安中国。（中国平安保险）

客上天然居，居然天上客。（天然居酒家）

顶针案例：

以爱立信，以信致远。（爱立信手机）

江汉钻头，钻透地球。（江汉钻头）

百闻不如一见，一见不如一尝。（中国可乐）

时代呼唤人才，人才需要口才。（《演讲与口才》）

治风先治血，血行风自灭。（追风透骨丸）

3.3.2 英汉广告形式修辞比较

上面一节主要分析对比了英汉广告语言实现音韵美的主要手段，这一节主要从语言结构的外在表现形式来探讨英汉广告达到形美的修辞方法。在语言表现形式方面，英汉语也有各自的特点。受传统语言思维习惯影响，从英汉两种语言结构的组合关系上看，英语倾向于形合，即看重语言形式结构如词形变化、关联性词语等对语义逻辑关系的呈现，因此英语注重运用各种有形的联结手段达到语法形式与逻辑标记两方面的完整，具有较高客观组织规律。其关联词语丰富，句子组织严密，主从句结构分明，层次清晰，语义逻辑关系外显。而汉语则倾向于意合，即侧重意义内在逻辑对语句的统领。因此汉语强调内在的语义结构，更在意主观组织意识，句内及句间逻辑关系有时呈隐性特征，句子相对松散。概括来说，前者注重外在的语法结构，是具有较高客观组织规律"法制"语言，而后者强调内在的语义结构，是具有主观组织意识的"人治"的语言（杜争鸣、陈胜利，2008）。所以正如上文所述英汉语音习惯存在的差异一样，总体而言，英语一般不特别在意语言外在表达形式的齐整美观，而汉语则明显追求语言形式的整齐均衡，这点在英汉语诗歌、广告等文体当中的表现尤为突出。

受英语形合思维影响，英语大部分广告语都是统一的结构，要么是短语结构、简单句，要么是逻辑清晰的主从结构，具体例子详见前文本章第二节的内容，仅从语言表现形式上看，没有特别吸引人的地方。当然，也有例外的地方，英语从句子结构修辞角度上讲有对照（antithesis）修辞法，即把两种相反或相对的事物，或者同一事物相反或相对的两个方面放在一起互相比较。构成对比语法成分在结构上必须相同或相似，在语义上必须相反或相对，如英语名言"Not that I love Caesar less，but I love Rome more（莎士比亚《恺撒大帝》中普鲁斯特的名言）"以及Give me liberty，or give me death（美国人帕特里克·亨利1775年在殖民地弗吉尼亚州议会演讲中的最后一句）。还有平行或排比（parallelism）结构，即把内容相关、结构相同或相近、语气一致的两个或三个以上的短语、句子连接起来运用的一种修辞方法，如No one can be perfectly free till all are free；no one can be perfectly moral till all are moral；no one can be perfectly happy till all are happy。必须承认这种类型的句子虽然没有单词数量的严格要求，也根本没办法做得整齐排列，但是结构看起来清爽明了，还是有一定的平衡美。受此影响，英文广告中也存在类似的表达，如：

Light is faster，but we are safer.（Global Jet Airlines，全球喷气航空公司）

To me，the past is black and white，but the future is always color.（Hennessy，轩尼诗酒广告语）

Today，when you're out of reach，you can still be in touch.（Inmarsat，卫星电话）

When you're on the train，you're on the plane.（MTR service，港铁服务承诺）

Real food，Real people，Real place.（KFC，肯德基）

Free hotel！ Free meals！ Free transfers！ For free "stay-on the –way" in Amsterdam，you can rely in KIM.（KIM，酒店）

当然，因为排比句型结构相对复杂，信息负担明显增加，和广告文体要求存在冲突之处，所以此类广告语并不太多见。

汉语则不同，意合语言句间逻辑关系有时并不显明，句子结构相对松散，但语言形式上非常强调均衡整齐。这部分是因为受中国传统哲学中阴阳二元论影响，中国人乐于把世界万事万物分为相互对称的阴阳两半，在语言应用上讲究平行对称，有时哪怕是一句话能讲清楚的，也要分两句来展开，如"睡在山海间，住进人情里（台湾Airbnb爱彼迎旅行房屋租赁平台）""情系中国结，联通四海心（中国联通）""奥运中国心，网通传真情（网通广告语）"。此外，中国大量古诗词、楹联也能说明这一点。当然，这也和上文分析的汉语双音节特征有关，所以对偶句式几乎根植于汉语的语音系统当中，而对偶句所表现出来的整齐对应、形态美观自然也是其大受欢迎的主要原因。无论是古诗词还是广告语，无论是三、四言，还是五、七言，上文列举出例子的大部分都是以对偶句的方式表现出来的，这种修辞的魅力，以及它对中文广告文化的影响也显而易见。下面的这些广告语无不既从音律上，也从形式上让人感受到中文广告词的魅力。

> 喝金种子，过好日子。（金种子酒）
>
> 唐时宫廷酒，今日剑南春。（剑南春）
>
> 柔似儿女情，暖似父母心。（三枪内衣）
>
> 从容，是一种境界。理性，是一种成熟。（《南方周末》）
>
> 山重水复医无路，柳暗花明胃复春。（杭州胡庆余胃复舒）
>
> 众里寻他千百度，想要几度就几度。（伊莱克斯冰箱）
>
> 考试不是谈情说爱，答题切勿眉目传情。（江西一高校诚信考试宣传标语）

除了对偶句，还需要说明的是排比结构，和英文广告语类似，排比句因为相同结构的多次反复，不仅便于表达强烈的感情，而且句式也相对整齐，语言节奏感增强，所以语言的表现力一般比较理想。由于英汉语特点不同，中文广告中的排比结构从形式上看明显较英文广告中的排比结构更整齐，如康力彩电广告语"人无我有，人有我优，人优我新"，板城烧锅酒的"长辈多孝敬一点，家人多关爱一点，邻里多和睦一点，朋友多聚一点，好酒嘛，当然可以多喝一点"等。但即便如此，和英文广告中的情形一样，中文广告语中的排比结构也并不太多。另外，上文提到的回环、顶针等修辞手法除了能悦耳，当然也能达到齐整悦目的效果，因为已有释例，此处不再赘述。

3.3.3 英汉广告语义修辞比较

为了达到最佳传播效果，广告语言就要表现出非凡的创意，拾人牙慧、鹦鹉学舌肯定不行。广告语言的创意往往和一些特殊的修辞手法的应用有关，上面两个小节简要分析了英汉广告语在音韵、外形方面的修辞方式，下面主要从创新词、仿拟、双关语等几个其他文体相对少见，但在广告语体中常见的修辞方法来进行说明。需要说明的是，这几种比较特别的修辞方法虽然功能主要在于有效地传递语义信息，但不等于这些方法与音、形美没有关系。其实，和前面两个小节介绍的几种修辞方法一样，只是大致归类，目的是为了便于分析和说明，将广告语的音形义完全割裂开来了解和应用是万万不可的。

3.3.3.1　创新构词

创新构词（coinage），一般指完全生造出来的词语，如 aspirin、nylon、xerox 等，一般只看作构词法的一种，在很多语言修辞类书籍中并没有将其归为修辞手法的一种。但现实生活中，人们倾向于根据形态学规则和一般构词方法自创新词。此类创新词的应用越来越成为一类较为普遍的现象，在广告文体中尤其明显，所以值得关注。按语言的语法结构类型来分，汉语属于孤立语，英语属于屈折语。孤立语的特点是缺乏词形变化，词序严格；屈折语的特点是词形变化丰富，词与词之间的关系主要靠词形变化来表示（潘清华，2008）。英语的这一特点势必在语言应用中表现出来，在日常交际活动中，词形变化除了涉及一般意义的名词单复数、动词时体态、形容词和副词的比较级、最高级等的变化外，在特定的语境下，人们经常会构造出一些新词来，陆谷孙教授就曾经以调侃的方式列举了一些创新词如 Chinsumer（在国外疯狂购物的中国人）、animale（兽性男子）、niubility（牛逼）、stupig（笨猪）、smilence（笑而不语）、togayther（同志终成眷属）等以达到简洁表述和诙谐幽默的目的。

英语广告语中也会出现创新词，而且数量不小。这一类词语在各类英语词典中是查找不到的，但是广告受众往往根据已有常识，及其他相关广告图文信息迅速猜出其大致内容。因为创新词外形独特、构思奇妙，所以很能吸引受众注意力，也因而受到很多广告从业者的青睐。从外形特点及构建方式来看，广告中的创新词大致可以分为三类。

第一类是通过连字符构建的创新词。这一类比较常见，创新性一般，如 Coca-Colonization，是 Coca-Cola（可口可乐）和 colonization（殖民化）两个词的合成，指的是可口可乐公司全球业务的拓展其实也是一种文化殖民，指代西方（尤其是美国）产品进口的同时，也意味着西方（尤其是美国）文化价值观的入侵，可能威胁到当地文化。类似的词还有 fresh-tasting、mouth-watering、up-to-the-minute style、meat-free meal、the oh-so-good-to-be-alive feeling 等。完整广告语有 KFC（肯德基）炸鸡的"It's finger-licking good"，iPod 广告语"iPod classic is the take-everything-everywhere iPod"。

第二类是通过截短、拼接和联想等法构建的新词，如whiskas（伟嘉）猫粮广告语"Whiskas，with added catisfaction"中的catisfaction，任何词典中是查不到该词的，但是广告受众一看到猫粮广告图片中猫咪满足的神态，立马就能领会广告创作者的用意，很显然catisfaction是两个词cat+satisfaction拼接而成的，表示的自然是"伟嘉猫粮，猫更满意"，真是言简意赅，创意独到。类似的例子还有如英国Bakers狗粮广告语"Its Doggylicious"中的Doggylicious，配上搞笑的狗盗狗粮的广告片，这个创新词的应用也让人交口称赞。Timex（天美时）手表的"Give a Timex to all，to all a good Time"中，Timex是Time + Excellent拼接截断词，表述的是天美时手表做工精美，质量一流。某橙汁广告语"The orangemostest Drink in the world"中的"Orangemostest"，一目了然的 orange + most + est结构，虽然不存在这样的语法结构，但其表现出对橙汁高纯度、高浓度的自信因此而跃然纸上。某牛奶广告词"Drinka Pinta Milka Day"初一看，不知所云，但多读两遍，便能明白其意为"Drink a pint of milk a day（每天喝一品脱牛奶）"。广告词创作者故意把冠词 a 移置前词尾，形成特殊音效，既能吸引好奇心，也能达到一定的幽默效果，从而利于产品的推广。

第三类是通过单词与图形的组合搭配而成的独特的表现方式，如三菱汽车广告语"Welcome H♥me"，三菱汽车当年在台湾市场投放的这部广告片温馨感人，有爱才有家，单词Home中用爱心符号♥代替字母o的应用，很巧妙，也和广告片的主题非常契合。不过这种方式，现在越来越多见，因而也就显得不那么特别了。还有如SAMSUNG Electronics（三星电子）广告语"SAMSUNG DIGITall，everyone's invited"，设计图巧妙地将digital和all联系起来，DIGITall很显然是广告创作者的创意所在。DIGIT+all两个部分，大小写两种方式，最后一个字母l的尾勾夸张式延展成弧状涵盖所有文字，传递出的是三星电子要让生活中的一切数码起来的远大抱负。相比较而言，第一种形式的创新词出现的频率更高，但第二、三种形式更能体现创意，更受欢迎。

汉语是孤立语，难以像英语那样通过词形变化产生新的汉字，但这不等于说汉语没有构建新词的能力。由于经济、科技等各个方面的快速发展，现代汉语里的新词也层出不穷。所谓新词语，指的是先前汉语词汇中不存在，或即便存在，但内容全新的词语，所以新词一般表现在内容新、形式新等方面。有人称新词语是社会的一面镜子，能直观地反映社会的发展，社会越发展，新词语产生得就越多。国家语委语言应用研究所2007 年对汉语新词语的调查数据显示：当代汉语每年出现1000个左右的新词语，平均每天出现3个。这其中，广告行业的贡献功不可没。广告语言是当代汉语的一个重要前沿阵地，广告为吸引受众，迎合受众趋时、求新、尚奇、从众的文化心理，以及自身表达的需要而适当运用新词与时尚词语，反映当代汉语发展中新出现的语言成分与新的用法（周建民，2005）。

英语创新词主要是通过词的拼接、截断、合并等方式构成，汉语新词的创造和应用一般是想人之所未想，用人之所未用，主要体现在汉字非同寻常的搭配上。广告中汉语创新词的应用可以分为三类：一是社会热点词汇的借用，二是新词的创造，三是中文字词和特殊符号的组合。

先说社会热点词汇的借用。为了尽可能吸引受众，广告语言往往紧跟社会热点，对流行歌词、潮流大片、热播电视、重大新闻、畅销书籍中时尚流行的表达密切关注，能用到的绝不放过。于是每年都会进行网络热词评选，诸如刷脸、高铁游、移动支付、共享经济、中年油腻男、尴尬、打call、怼、佛系青年、你的良心不会痛吗等纷纷走红，有的就直接进入广告当中，如2016年3月份，唯品会签约周杰伦出任首席惊喜官，其时他就喊出"全是傲娇的品牌，只卖呆萌的价格"的广告语。该广告语就用到了年轻人爱用到的热词"傲娇""呆萌"等，非常符合年轻人的口味。此外还有如"美好的物品能治愈（淘宝一千零一夜专场）"用到了热词"治愈""鼠米电脑，我爱你，就像老鼠爱大米（方正鼠米儿童电脑）"中借用了流行网络歌曲《老鼠爱大米》中的歌词，"一不留神搭建了一座地球观光村（《环球时报》广告）"中用到了时髦表达"一不留神"。这些广告语都用到了当下人气颇高的热词，由此可见广告语对时髦流行词汇的热衷不同一般。

再说新词的创造。除了对其他领域的新词、热词保持关注之外，作为不断地创造流行、演绎时尚、引领潮流的广告，其语言往往拒绝沉闷、呆板、缺少生机，因此根据自身需要，自造新词是广告常有的现象。以德芙巧克力为例，2001年爱芬食品公司在中国十多个城市同步投放德芙巧克力广告片，广告语"牛奶香浓，丝般感受"首次巧妙地将"丝"字用到食品感受描写当中，以通感的方式来表达德芙巧克力给人带来的如丝般顺滑的口感。此次创新的应用得到了消费者广泛认可，此后公司也延续了这个用词策略，后面连续推出广告语如"尽享丝滑""纵享丝滑""此刻尽丝滑"，美妙独特的用词方式帮助消费者牢牢记住了德芙巧克力的独特品质。而且，这种用词方式还受到其他同行的借鉴。还有如"尊"字，这一表示礼敬的用词在广告语中的应用范围也在不断扩大，很多与之相关的搭配前所未见，都是广告界的首创，例子有：

引聚菁英，城市尊居生活秀。（嘉颐园房产广告）

起亚嘉华，尊行天下。（起亚嘉华汽车）

魅力不凡，荣耀尊享。（TCL空调）

尽显尊贵唯我中华。（中华香烟广告语）

全新NISSAN新蓝鸟旗舰型号，现在尊荣上市。（新蓝鸟轿车）

最后是中文字词和特殊符号的组合。这一类创新词的特点是以特殊符号，特别是英文字母和汉字混搭而成，目的是为了达到新颖奇特、中西合璧、吸引关注的效果。近年来，这类表达越来越多见，人们也慢慢地习以为常了。除了上面英语广告语中用到的心形之类的符号之外，中文广告词里经常混搭一、两个英文字母或者单词来满足人们对广告尚奇求新等心理需求。先说字母，近几年中文广告语中较常见的有"e"和"i"等，前者代表电子及电子通信，表明语义和电子相关，后者代表网络，表明概念和互联网相关；当然还有英文单词和汉语词汇组合的情形，情况就更普遍，为的当然也是能够突出创意，增强广告文字的表现力。例子有：

快e人生。（快易随移动商务终端）

联通彩e，"亮丽五月"，彩e摄影大赛火爆开场。（中国联通）

三星"e"家亲，三星显示器，500万大礼真情送。（三星显示器）

成长ing！够酷文采，炫出来！（中国移动·动感地带）

海珠商务写字楼，VIP级行政体验。（海珠商务写字楼）

我的手机很DV！最长30秒摄像功能。（三星手机）

时尚天地，美丽由此起……beauty最in的流行推荐。（屈臣氏商品广告册）

尽享每周"亲水"之旅，让肌肤NEW一下。（AQUA·EX舒润面膜）

掏出联想i856，让最High的声音即刻出现在耳边！戴上耳机来段最Cool的旋律，无论是柔美的个唱，还是劲爆的LIVE版演唱，每个细节都完美重现。（联想i856手机）

需要补充说明的是，这种创新性用词虽然新奇，大部分消费者都没有理解上的困难。但事实上，并不是所有的广告受众都能接受这样的表达方式，一些持否定态度的人认为这种做法会影响到汉语的纯洁性。早在1995年纪念文字改革和现代汉语规范化工作40周年大会上，时任国务院分管教育工作的李岚清副总理代表党中央、国务院进一步明确了语言文字规范化、信息化工作的任务，并指出语言文字规范化、标准化程度是文化发达程度的标志之一。2010年12月，新闻出版总署也下发通知，要求进一步规范出版物文字。通知要求，在汉语出版物中，禁止出现随意夹带使用英文单词或缩写字母等外国语言文字；禁止生造非中非外、含义不清的词语等违反语言规范现象。2014年《人民日报》海外版也曾刊文《字母溜进汉语，谁之过？》，批评了越来越多的中英文夹杂现象。文章认为嵌入汉语中的英文字母就像健康人身上的牛皮癣，看上去很丑！并希望钱钟书先生当年讽刺的人越来越少，在规范使用汉语的问题上，每个人都向麻木、懒惰和崇洋宣战。姑且不论中文广告中的这种用词现象是不是崇洋媚外的表现，但这确实影响到国人，特别是很多青少年的汉语表达习惯，的确应该禁止，毕竟广告创意的方式有很多，没必要以珠弹雀，因小失大。

3.3.3.2 仿拟

除了创新词，另一个颇受欢迎且能体现出语言应用方面创意的是仿拟（parody）的修辞手法。仿拟是一种模仿套用习语、名言、警句、谚语、诗句、歌词中部分词语从而使其产生新意的修辞手段。仿拟套用一般有两种方式：完全模仿套用和部分模仿套用。后者明显居多，而且换用的部分往往是说话人想要强调的部分。这种手法因为借用了知名表达而能够瞬间提高关注度，然后又能强调想要强调的点，所以无论是文学作品还是百姓平时的调侃当中，在英汉两种语言中都能找到大量例子，如 "Rome was not built in a day, nor in a year（罗马不是一天建成的，但也不是一年内建成的。暗指需要更长时间的努力）""A friend in need is a friend to be avoided（一个真的处于困难中的朋友，是为众人避而远之的）"；汉语里也能见到大量的此类表达如："平日无计可消愁，发发短信解烦忧""风萧萧兮股市寒，钞票一去兮不复还！"

英汉广告词当中仿拟的例子也比比皆是，如丹麦为了鼓励国民提高生育率，曾打出多条广告语，大部分广告语幽默风趣，其中一条是 "Do it for the sake of Denmark！ Ask not what your country can do for you, ask what your can do for your country"。广告语中用到了美国前总统肯尼迪的一句名言，前后文从语义逻辑上看非常合理，因此显得非常巧妙，如果再和其他图片文字配合起来看的话，就更有意思。再举一例，绿世界牌系列晚霜广告 "Give me Green World, or give me yesterday（要么给我绿世界晚霜，要么还我昨日的青春容颜）"，模仿套用的是美国独立战争时期著名政治家和爱国主义诗人亨利（Patric Henry）曾写下诗句 "Give me liberty, Or give me death（不自由，毋宁死）"。广告通过对该诗的巧妙仿拟，定能在消费者心中产生强烈的共鸣和奇妙的联想，激起他们购买的欲望。

其他类似广告语还有iPhone的广告语 "Touching is believing"、Lovable（内

衣）广告"Wearing is believing"，模仿的自然是习语"Seeing is believing"；Sweden（瑞典）的旅游广告语"The Garden of Sweden"，模仿的是《圣经》故事中的 The Garden of Eden（伊甸园）；Allianz Group（安联集团）广告语"Wherever you are. Whatever you do. The Allianz Group is always on your side"模仿了一句众人耳熟能详的歌词；Kowloon Motor Bus（九龙巴士）广告语"When there is KMB，there is home"模仿的是谚语"Where there is a will，there is a way"；三菱汽车的"Not all cars are created equal"套用的是美国《独立宣言》中的那句名言"All men are created equal"。

中文广告中此类的例子也不少。1993年孔府家酒曾拍过一个广告片，巧妙地把当时热播的《北京人在纽约》和孔府家酒关联起来，并让王姬为孔府家酒代言。毫无疑问，巧妙改编的歌词"千万里，千万里，我一定要回到我的家"，和王姬的那句"孔府家酒，叫人想家"一时间吸引了众多关注，也让人们立刻记住了孔府家酒这个品牌。该广告的成功就包含了对流行歌词的模仿套用。当然，除了歌词，还可以对汉语成语、名言、诗词等进行套用，如：

无屑可击。（清扬洗发水）

一穿钟情。（上海市丝绸进出口公司）

万事俱备，只欠东风。（东风汽车）

千里之行，始于松下。（松下电器）

路遥知马力，日久见人心。（香港遮打杯长途赛）

路遥知马力，日久见跃进。（跃进汽车）

千里江铃一日还。（江铃汽车）

一片冰心在玉环。（玉环冰箱冷凝器）

百闻不如一尝。（浙江省粮油食品进出口股份有限公司）

不管是黑马白马，领先的总是宝马。（宝马七系列）

车到山前必有路，有路必有丰田车。（日本丰田汽车）

良药苦口利于病，竹盐咸口利于齿。（竹盐牙膏）

此味本应天上有，人间难得几回尝。（全聚德烤鸭店）

其实除了上述对名人名言、歌词诗句、成语俗语的模仿套用之外，英汉广告语中还有一类模仿比较特别，即对业内知名广告语的借鉴模仿，这种借风驶船、迅速提高自己知名度的做法在广告界也比较多见。对于这种跟风模仿甚至抄袭的现象，广告界不像学术界那么在意，一般持相对包容的态度，毕竟好的创意并不能信手拈来，因此借鉴前人不失为一种选择。而对于被模仿者而言，也多采取睁一只眼闭一只眼的态度，毕竟被人模仿表明了自己的创意受到广泛认可，同时也表明了自己的行业高度。甚至，有些广告人、广告公司曾调侃比较享受"一直被模仿，从未被超越"的感觉。

这里先讲一个和苹果公司有关的案例。1997年在苹果公司遭遇困境时，乔布斯重回公司担任临时CEO。为挽救公司于危亡，他选中了BWA/Chiat/Day（李岱艾）广告公司为苹果策划广告宣传方案，并与当时的广告公司的首席创意官Lee Clow（李·克劳）一起最终确定"Think different"为广告口号（据传，克劳和乔布斯还专门讨论过广告语不合语法的问题，虽然规范表述应该是Think differently，但乔布斯最终拍板采用不合语法但显得有力、显得另类的表达方式）。历史证明，这句广告口号及当时的广告片成功地帮助苹果走出了困境，成为广告界的一个经典。但是，一生追求创新的乔布斯可能想象不到，他最钟爱的广告语和本书前文提到的德国甲壳虫汽车美国市场推广口号——Think small有相似之处。其实广告口号"Think different"的原创者是BWA/Chiat/Day广告公司创作团队成员Craig Tanimoto。他的解释是"IBM为他们的ThinkPad做了一则叫'Think IBM'的广告。我想，苹果与IBM不同，于是我认为'Think different'很有趣"。由此可见，20世纪最经典的广告金句之一"Think small"的影响力多么巨大，虽然有时候创作者可能对这种影响并不自知。

此外还有Nokia（诺基亚）手机21世纪初的"Will you marry me？"广告片拍得非常浪漫而有创意，其广告词"Nokia, connecting people"言简意赅，直接点明诺基亚科技的服务宗旨，因此打动了很多消费者，也受到业内的推崇。于是，没过多久，这个英文广告句式，甚至包括其中文翻译"科技，以人为本"不断被中英文广告界同行模仿借鉴。稍举几例如下：

Connect with us.（Gateway）

Connecting the world through multimedia.（Nippon Telegraph and Telephone）

Connect with what matters：I will volunteer 2002.（Volunteer Canada）

Life is nothing without connections.（Pirelli Cables & Systems）

服务，以人为本。（长江实业有限公司）

以人为本，以客为尊。（深圳出租车）

以人为本，服务为先。（华盛顿互惠银行）

上面列举的是和诺基亚手机中英文广告语类似的案例，其他采用仿拟手法模仿套用广告业内知名广告语的例子还有如：

Impossible is nothing.（Adidas，阿迪达斯）

Impossible made possible.（佳能打印机）

Anything is possible.（东芝电子）

Make it possible.（华为）

城市，让生活更美好。（上海世博会）

科技，让出行更简单。（百度地图）

科技，让你更轻松。（商务通）

3.3.3.3 双关

最后说一下双关。双关修辞法指的是利用词语同音或多义等特点，有意使一个语句在特定的语言环境中具有双重意思，言在此而意在彼，即表面上说甲，实则说乙。双关语在广告中比较常用，它存在于语音、词汇、句法等各个语言层面。汉英广告语中经常用到这个修辞方法来表现创意，提高表现力。因为汉语和英语的词汇中都存在同形异义和同音异形的现象，这就给广告中双关修辞的使用提供了可能性。巧妙的双关能使语言含蓄、幽默、生动、给人以回味和想象的余地。较为常见的双关主要分两种：谐音双关和语义双关。

谐音双关是指由发音相同或相近的词语构成的双关。最有代表性的例子是《竹枝词》当中的诗句"东边日出西边雨，道是无晴却有晴。"广告制作者比较喜欢使用谐音双关，是因为它能达到风趣、幽默的语言风格，能增强广告的说服力和感染力，从而给消费者留下深刻的印象。如上文提到的"洁士灭蚊，默默无蚊（洁士驱蚊剂）"就是一个比较好的例子，"默默无蚊"和成语"默默无闻"音同字不同，此"蚊"非彼"闻"，原来表达的是灭蚊剂的使用功效，让人看了会心一笑，的确是妙！再有一国外某助听器广告语"Trust us. Over 5000 ears of experience"用到的也是谐音双关法，ears 和 years 谐音，传递的是历史悠久、顾客众多的信心。类似的广告语还有如：

Oh，I see！（美国"OIC"眼镜公司）

趁早下"斑"，请勿"痘"留。（香港利达化妆品公司）

完美无"夏"的体现，终身无"汗"的选择！（中意空调）

一丝不"垢"，排"油"解忧。（清洁剂）

和外教网恋，不练别的只练说。（全球英语网校）

快治人口。（华素片）

习酒是喜酒，喜事喝习酒。（习酒）

给电脑一颗飞跃的"芯"。（英特尔飞跃）

新思维、心服务。（浦发银行）

语义双关是利用词语或句子的多义性在特定环境下形成的双关。这种双关比较有代表性的例子有毛泽东词《蝶恋花·答李淑一》中的"我失骄杨君失柳，杨柳轻扬直上重霄九"，诗句中的"杨""柳"二字用的是双关的手法，貌似写景，实则指的是杨开慧和柳直荀两位烈士。诗词寄托了毛泽东对夫人杨开慧烈士和亲密战友柳直荀烈士的无限深情以及对革命先烈的深切悼念和崇高敬意。语义双关在广告中的运用也非常广泛，它与谐音双关有异曲同工之妙，常使消费者在恍然大悟的惊喜中增进对商品的了解，从而激起消费欲望。如美国雷诺士烟草公司有一款 More（摩尔）女士香烟，其广告语 "I am More satisfied" 中的 More 就是一个单词，巧妙地表达了两个意思，既是形容词比较级的标记词，也是摩尔香烟的品牌名。此类例子有：

Live with focus.（Ford focus）

From Sharp Minds come Sharp products.（Sharp）

Get TIME，ahead of time.（Time）

不打不相识。（四通打字机）

一笔勾销！（攀特涂改笔）

吸烟——病从口入；吐烟——祸从口出。（中国戒烟广告）

北国红豆情，滴滴相思意。（红豆饮品）

三元电视，又中三元。（三元电视）

人类失去联想，世界将会怎样？（联想集团）

美女话西施，美酒推灵芝。（灵芝酒）

客观地讲，无论是英语还是汉语，都不下十数种修辞手法，广告中也是如此，但限于篇幅和主题，本书主要从音、形、义三个方面选取了其中最具代表性的几种。因为是英汉广告修辞手法的比较，有几个地方还是要最后说明一下。第一，张志公先生和吕叔湘先生都曾经指出"修辞就是选择"，即选择最适合需要的，以达到特定的目的语言表现手段。因为英汉语分属两个不同语言系统，具有不同的语音系统特征、构词方式、语法规则、思维习惯等，所以中英文广告在选择词语、句式时就会表现出差异，如虽然都存在双关的修辞手法，中文广告中应用明显多于英语，这跟两种语言语音系统和用词习惯相关。第二，修辞手法的应用往往体现着人类的智慧，是综合考虑多种因素后做出的选择。本书将一些修辞方式、广告案例进行分类归纳是为了叙述的方便，但如果非此即彼地判断和应用广告修辞手法便是一种僵化理解。以"洁士灭蚊，默默无蚊（洁士驱蚊剂）"为例，该广告语既用到了叠音，也用到了双关，另外其实也到了四字格、嵌入、对句、仿拟等多种修辞手法。第三，上述修辞方式能够增强广告语的表现力，吸引受众的关注，但是不可以太牵强，分寸的拿捏很重要，否则就可能适得其反，达不到预期的效果是其次，遭到抵制甚至重罚也是常有的事。

　　《解放日报》2001年曾报道了上海地铁站的一则内衣广告，其广告词"玩美女人"就受到一些广告受众的抵制。在接到群众举报后，当地工商局最终以"违反广告法和扰乱社会治安"的名义对广告企业作出罚款的决定。很明显广告词有的也是双关和仿拟的手法，本意是想幽默一把，但玩过火了。此"玩美"非彼"完美"，前者的玩多戏弄之意，再和后面的几个字一搭配，具有明显的性暗示内容，怪不得有人抵制，不玩完才怪。

中篇

英汉广告翻译

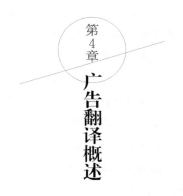

第 4 章
广告翻译概述

　　一般而言，广告语指广告中的文字部分，包括广告口号（slogans）、广告语句（catch phrases）等，是一种重表现力和传播效果的特殊语言形式。前文提到广告语言特点鲜明，多用双关、押韵、对仗、幽默等表现手法，力图从音韵节奏、语言形式，或者意境呈现方面展现出独特的魅力，从而达到强效的劝告说服目的。广告语言的这些特点注定广告翻译与其他翻译的不同。只有充分明晰广告翻译的一般属性、翻译特点和翻译标准，才能更好地从宏观上把握广告翻译的指导原则，进而具体分析有效的翻译技巧，真正让广告译文从吸引力、创造力、说服力、影响力等方面维持，甚至超越广告原文的语言魅力，以满足市场对广告翻译、广告主对广告译者的基本要求。

　　为了形成相对宏观的认识，把握广告翻译在翻译学科体系内的相应位置，在对广告翻译展开论述之前，有必要对翻译的概念和分类进行简要的介绍。就"翻译"这个概念而言，其实迄今为止，学界还没有形成统一和普遍接受的定义，这是因为古今中外，众多文人学者都曾提出自己对翻译的独到见解，角度不同，重点各异，观点自然千差万别。他们从各自或宗教经卷，或文学作品，或应用文本的翻译实践经验，从语言学、文艺学、哲学等理论视角提出自己的见解，定义种类之多，不可胜数。

　　首先即便是工具书，对翻译的解释也五花八门，如《辞海》把翻译定义为一种语言文字的意义用另一种语言文字表达出来。《牛津英语词典》将其解释为在保留意义的情况下从一种语言转变成另一种语言。《朗文当代英语词典》的解释则是一种口头或书面形式的语言向另一种语言的转化行为。相比而言，方梦之（2005）主编的《译学辞典》对翻译的解释最全面。除了将翻译定义为传递信息的语言文化活动，该辞典还对翻译的五种含义和用法进行了区分，对翻译发展的历史及价值、评价方式等进行了说明。

国内译界巨匠、文人学者对翻译的认识各有不同，各有侧重，如茅盾在1954年全国文学翻译工作会议上所作的报告《为发展文学翻译事业和提高翻译译质量而奋斗》中提出，文学的翻译是用另一种语言，把原作的艺术意境传达出来，使读者在读译文的时候能够像读原作一样得到启发、感动和美的感受。老舍认为翻译不是结结巴巴的学舌，而是漂漂亮亮的再创造。傅雷觉得翻译如临画，如伯乐相马，重神似，不重形似，得其精而忘其粗，在其内而忘其外。许渊冲（2006）认为翻译的艺术就是通过原文的形式（或表层），理解原文的内容（或深层），再用译文的形式，把原文的内容再现出来。在余光中（2002）看来，翻译是西化的合法进口，不像许多创作，在暗里非法西化，令人难防。一篇译文能称上乘，一定是译者功力高强，精通截长补短、化瘀解滞之道，所以能用无曲不达的中文去诱捕不肯就范的英文。这样的译文在中西之间折冲樽俎，能不辱中文的使命，却带回俯首就擒的英文，虽不能就成为创作，却是"西而化之"的好文章。因此翻译如婚姻，是一种两相妥协的艺术。黄忠廉（2000）给出两种翻译的定义，一个是窄式的，一个是宽式的。窄式翻译是指译者将原语文化信息转换成译语文化信息并求得风格极似的思维活动和语言活动。宽式翻译是译者将原语文化信息转换成译语文化以满足读者特定需要的思维活动和语言活动。

中国译界对翻译的见解还有很多，不一而足。虽然他们各自强调的内容不同，思考方式各异，但一般表现出两个特点：一是多通过比喻手法，或喜用意境、神似、化境之类的词语来强调感觉，重的是整体印象，细节的关照有时并不充分；二是这些感悟大多从佛经和文学翻译中获得，对其他翻译类型的论述不多。

比较而言，国外翻译研究视野更广，对翻译的定义更具多样性，如伦敦语言学派中比较系统地提出翻译理论的卡特福德（Catford J C），在其《翻译的语言学理论（*Linguistic Theory of Translation*）》一书中提出翻译是用一种等值的语言的文本材料去替换另一种语言的文本材料（The replacement of textual material in one language by equivalent textual material in another language）（1965）。他的翻译理论是语言学派的代表，在改革开放初期被引进中国。差不多同一时期，美国语言学家、翻译家、翻译理论家尤金·A·奈达（Eugene A. Nida）的理论进入中国，他给出的定义是翻译就是在译语中用最贴切又最自然的对等语再现原语的信息，首先是语义，其次是文体（Translation consists in reproducing in the receptor language the closest natural equivalent of the source language message，firstly in terms of meaning and secondly in terms of style）。到了20世纪70年代，翻译研究中德国目的功能主义学派异军突起，其代表人物克利斯蒂安诺德（Chistiane Nord）认为任何翻译都为特定的受众服务，翻译就是为达成目的在目标语境为目标受众形成一个文本（Every translation should be directed at an intended audience and to translate is to produce a text in a target setting for a target purpose and target addressees in target circumstances）（2001）。除了这几位代表人物，西方对翻译提出个人创见的还有很多，也都仁者见仁，智者见智，在此不一一列举，也不可能穷尽。相较于中国学者，西方学者善于从符号学、语言学、交际学、文艺学、哲学等学科理论发展的基础上来研究翻译，如20世纪90年代后翻译研究的文化转向、殖民翻译理论、多元系统理论、女性主义理论、意识形态与翻译的关系等纷纷进入西方翻译研究者的视角，也因而大大拓展了翻译研究的范围。

从上述翻译的定义可以看出，随着翻译研究成果不断丰富，我们已经没有必要争论这些定义孰对孰错，孰优孰劣，正如没必要去争论翻译到底是科学还是艺术，原文和译文、作者和读者谁更重要一样。改革开放40多年来，我国翻译学从备受争议不被承认的边缘渐渐走到了外国语言文学研究与教学的中心，成为一门独立的二级学科（许钧，穆雷，2009）。学界已经基本认同翻译学是一门集语言学、文学、社会学、哲学、美学、心理学、人类学等学科特点于一身的综合性学科，拥有自己相对独特的理论、原则和分析方法，形成了独立的体系。

这套体系不仅包括普适性理论体系构建、一般翻译规律探索、翻译人才培养、翻译职业管理，还对翻译有更加清晰的类别划分。如从翻译手段来看，翻译可分为口译和笔译；从翻译主体来看，翻译可分为人工翻译和机器翻译；从符号代码来看，翻译可分为语内翻译、语际翻译和符际翻译；从处理方式来看，翻译可分为全译、变译、编译等；从文体来看，翻译可分为文学翻译和非文学翻译（后者也称应用翻译、实用翻译）。文学翻译包括诗歌、小说、散文等语言艺术文本的翻译，非文学翻译包括会展翻译、合约翻译、影视翻译、新闻翻译、科技翻译、法律翻译、经贸翻译、旅游翻译、广告翻译等。

4.1 广告翻译属性

学界一般把广告翻译归为非文学翻译，这是因为广告翻译同时具有明显的现实性，甚至功利性。但是广告语言往往非常精炼，词句优美，讲究音律，具有和诗歌语言相似的特征，因此广告翻译又兼具文学翻译中诗歌翻译的特点。

文学翻译和非文学翻译各有特点，但也有共通的地方，都是为了促成人类生存、生产更加顺利、生活更加美好，二者都需要译者具有严谨的态度、缜密的思维，对源语和目标语均有较深入的了解。比较而言，前者一般包括小说、诗歌、散文等文体形式的翻译，后者包括的种类更多，几乎涉及人类学习、工作和社会交往的方方面面。文学翻译的目的在于向译入语介绍具有较强情感意义和美学价值的作品。而非文学翻译或应用文体翻译都有现实的，甚至功利的目的，要求译文达到预期的功能。目的和功能是应用文体翻译的依据和依归。应用文本的原文及其译文是独立的具有不同价值的文本，目的和功能不一定相同。作者通过源语文本提供信息，译者则将源语的语言和文化信息有条件地传递给目的语的接受者。至于译者对源语文本信息的选择、翻译策略的运用以及译文的表现形式，则决定于翻译委托人和译本接受者的需要和愿望（方梦之，2003）。

文学翻译和非文学翻译的区别还在于，前者艺术的成分多一些，后者科学的成分多一些；前者需要多一些灵感，后者需要多一些勤奋；前者的责任小一些（出现错误可能仅会招致批评），后者的责任大一些（出现错误可能导致生命财产损失）。总体看来，文学翻译的灵活性大一些，非文学翻译的灵活性小一些（李长栓，2009）。这种区分有其合理性，但属粗线条的特点归纳，如果要论及各种应用文体翻译，没有特别的分析比较是行不通的。以广告翻译为例，因为广告翻译兼具文学翻译和非文学翻译的特性，所以显得较为特殊，译者既要顾及责任，满足广告翻译功能的满足，又要表现出相当的灵活性，否则缺乏创意和表现力的广告译文不可能达到预期的目的。

前文提到广告有广义与狭义、商业广告与非商业广告之分。商业广告以推广产品、理念、服务为目标，以谋取利润为终极目的。非商业广告以传播信息、倡导理念为目标，不以商业利益为终极目的。无论是何种广告，都旨在引起受众关注，增加认同感，激起消费欲望或者引起行为自觉。因此，广告翻译作为非文学翻译的一种，承担着特定的目的和功能，译者在进行翻译实践活动时必须牢记在心。

以太平人寿保险有限公司（The Tai Ping Life Insurance Co., Ltd）的英文广告语——Hand in hand, future in your hand为例，该英文广告结构简单、用词浅易、音韵和谐、言简意赅。怎么翻译？顺着字面直译为"手牵着手，将来紧握你手中"吗？作为文学翻译练习的话，译文结构和原文基本一致，选词恰当，符合译入语表达习惯，语义呈现忠实于原文，貌似译得不错。然而，这是广告翻译，是非文学翻译，有其应用文体规范需要遵循，如何翻译不仅需要考虑原文本的语义，还有其他一些因素如该广告的目的功能、广告主的期待、广告受众的评价、广告语言的一般特点等都必须充分考虑。

要译好该广告，首先必须对广告主——太平人寿保险有限公司有较为清晰的了解。该公司隶属于中国太平保险集团公司，1929年始创于上海，1956年移师海外，2001年重返中国内地市场，业务范围包括寿险、产险、养老保险、再保险、电子商务、资产管理和不动产投资等多个领域，是中国第一家跨国金融保险集团公司。公司以太极图形为商标，取生生不息之意，在其发展史上曾先后使用"太平保险，保险太平""盛世中国，四海太平"等广告语。2015年推出全新品牌形象——"太平吉象（寓意太平吉祥、富贵如意）"并配广告语："太平吉象，太平吉祥""保险就是保太平"等。

从上述对中国太平保险集团公司的简要介绍可以看出以下几个特点。第一，公司立足保险业务，广告宣传重在推广企业形象，介绍产品特点。第二，中文广告用语明显受汉语成语和古汉语格律诗影响，多用四字格、七字格表达形式，以汉语常见的二元结构进行呈现，显得非常平顺地道。第三，选词吉利，如盛世、太平、吉祥等，符合中国受众遇事喜欢求福向吉的普遍心理。第四，最值得关注的是太平保险集团公司倾向在广告语中嵌入公司名称来进行品牌宣传，如"太平保险，保险太平"等，当然这种双关的修辞手法在广告创作中比较常见。

通过以上分析可以看出，将太平人寿保险有限公司广告语——Hand in hand, future in your hand按字面意思直译为"手牵着手，将来紧握你手中"明显存在欠缺。网上可见的另一条译文"伴你同行，齐握未来"虽然结构显得更加工整，"伴"和"齐"字也能拉近太平人寿和受众的心理距离，但从广告主题呈现等方面来看，宣传效果未能尽如人意。

笔者觉得不如译为"携手太平享太平"。首先，虽然初看译文和原文语义不完全一致，其实内涵是高度一致的，因为原文所说的future，就太平人寿而言，就是许诺太平的人生，就消费者而言就是享受有保障的太平生活。因此，从语义的表现而言，译文和原文达到了一定程度上的神似。第二，译文选择的是七言表现形式，符合汉语常见表达习惯，节奏和谐。而且，因为"太平"二字的重复出现，该广告语读来朗朗上口，非常有利于口耳相传，广为传播。第三，双关手法的巧妙使用也使该译文增色不少。七个字的广告语，两次使用"太平"，前者是嵌入的品牌名称，后者是内涵积极的词语，照应到了广告语体的功能，而且还和太平保险集团以往广告用语的特征相符。

4.2 广告翻译特点

广告翻译属非文学翻译、应用翻译范畴。一般认为，应用文体讲求实用性，语言特点是用词正式、表达准确、格式规范、针对性强、直截了当、条理清楚，如商务信函、法律文书、外贸函电等都不可能含糊其辞，否则就会引起不必要的麻烦甚至纠纷。与此相对应，应用翻译一般强调实用性、专业性、客观性、准确性。相对于文学翻译而言，应用翻译更强调对原文的忠实，很多时候这种忠实不仅表现在内容上，还体现在形式上。也因此，很多译者倾向于认为应用翻译少有乐趣，枯燥乏味。

然而数年的英汉广告翻译教学经验，以及学生们的反馈告诉笔者，广告翻译虽属应用翻译范畴，一些地方和其他应用翻译是基本一致的，如实用性，但必须承认的是它和其他应用翻译类型有很大的差别。如果对这些差别、对广告翻译的特点了解不够到位的话，势必难以做好广告翻译工作。

第一，广告翻译虽属非文学翻译，但兼具文学性。由于非常多的广告语用词精炼、结构优美，充满文学艺术魅力，因此广告翻译又具有文学翻译的特点。上乘的广告语一般具有诗歌的某些特点：立意新颖、语言精练、音调铿锵、形象生动。广告语的翻译往往要作较大的变通，以广告语来译广告语，切忌死译（方梦之，2003）。

加拿大多伦多市有一经营农副产品为主的商店，商店门楼及橱窗上均写有 Fresh from the farm 的广告标语。广告用词都为单音节词，浅显易懂，店内产品的品质及来源一目了然，能很快激起人们进店了解甚至消费的欲望。此外，该广告词用到了英文中使用非常广泛的头韵的修辞手法，短短四个单词的广告语，有三个词以相同的辅音开头，读起来非常顺口，令人印象深刻。应该承认，这条广告语虽然不是名家的大手笔，但无论是从结构选词，还是从功能关照的角度上说，都是上佳的广告创作。

那么如何翻译该广告语？简简单单四个词的广告语 fresh from the farm，其实并不好翻译。仅从字面语义着手，直译为"新鲜来自农场"肯定差点感觉。

广告原文创作者明显花了心思，用到了英语中常用的头韵修辞手法，充满音律美；加上采用的是形容词短语，结构简洁，语义清晰，重点突出。广告原文如此有讲究，翻译自然不能随便将就，一定要有"语不惊人死不休"的决心，或者"两句三年得，一吟双泪流"的执着。如果只停留在一般意义上，从规范、忠实、通顺等层面进行思考的话，自然拿不出理想的译文。

　　笔者广告翻译教学课堂上先后有几个学生提出来的译文比较有意思，值得拿出来和大家分享。一则译文是"来自农场，自然新鲜"。译文采取的是中文广告常用的四字格形式，"自"字的重复运用达到照应原文押头韵的效果。前因后果的呈现方式，逻辑清晰合理，语义也和原文基本一致，译得不错。另一则译文是"原汁原味，源自农场"。这个译文明显更胜一筹，除了上面所说的优点之外，该译文八个字，三个字同音，在本不讲究头韵修辞的汉语语境下，能有这样译文选择，实属难得。其实，这里面还用到了谐音双关的手法。语义上看，成语"原汁原味"表达了店内瓜果蔬菜没有进行过任何加工处理的意思，同时也是汉语中大众所喜闻乐见的成语，含义积极，利于产品的推广。还有一则译文是"原汁原味原生态"。应该说这则译文和上面第二则译文各有千秋，难分伯仲。二者翻译方法上比较相似，都注意了音韵的使用。但相比而言，第二则对句结构更自由，语义上更忠实于原文。第三则虽然略去了"农场"这个信息，但七言表达更紧凑，节奏和形式上和原文神似，而且"原生态"一词很合国人胃口，所以很有感觉，也能得到一些受众的青睐。

　　第二，广告翻译具有相当的灵活性，不苛求表面上的忠实和形式上的对应。这个"表面上"指的既是文字运用的形式，也指文字的字面含义。广告文案没有十分严格的格式要求，虽然前文提到完整的广告文案一般包括广告标题（headline）、广告口号（slogan）、广告正文（body copy）、广告附文（supplementary items）等内容，但由于广告媒体形式多样，受众获取信息方式存在差别。在实践当中，为了突出核心内容，一些内容便显得无关紧要，甚至可有可无。或者说因为网络信息化时代的发展，读图时代的到来，广告创作愈来愈显得天马行空，无拘无束起来。广告翻译也因此少了形式上的桎梏。

　　更重要的是，源语和目标语之间的语言差异，修辞和思维习惯、宗教与文化风俗等方面的不同都会影响到广告受众对信息的加工。加之广告词往往短小精悍，如果完全按照广告原文的结构和表达习惯来翻译的话，原文的意境和美很可能会大打折扣，甚至会产生歧义，也因此很难达到广告主所期待的效果。有人就提倡用许渊冲先生的"三美论"来指导广告翻译实践，尽可能使广告译文音美、形美和意美，以达到愉悦受众，实现广告功能的目的。从广告语言诗学特征来看，这也是不无道理的。

下面举两个例子来说明这一点，第一个是数年前宝马汽车的广告。

广告原文：

标题：**Thankyouthankyouthankyouthankyou**

正文：**Certified fun.**

Certified leasing and financing.

Certified 6-year/100,000-mile warranty.

Certified by BMW

Certified only at an authorized BMW center

广告译文：

标题：感谢感谢感谢感谢感谢您

正文：保证有趣

保证租用和筹资

保证6年/100000英里的保证书

宝马保证

仅限宝马授权中心

宝马汽车公司的这条广告语像时下很多的广告语一样，不受一般广告文案要求的束缚，文字不多，没有什么正副标题和广告口号的区分，正文也非常简洁明了，但齐头排列的平行结构，寥寥几行文字就把宝马公司的对自己品牌的自信表达得淋漓尽致。译文基本和原文保持一致，内容和形式上都没有作大的调整。

第二个例子转引自香港理工大学博士生导师李克兴（2010）教授的《广告翻译理论与实践》，相比较而言，更有意思。

广告原文：

I saw a city with its head in the future and its soul in the past；

I saw ancient operas performed on the modern streets；

I saw a dozen races co-exist as one；

I didn't see an unsafe street;

Was it a dream I saw?

—— Singapore！ So easy to enjoy，so hard to forget.

这是一则刊载在香港媒体上的新加坡旅游推广广告，虽然是平面广告文案，但明显"不守规矩"，版面设计形如古时冠盖，别出心裁，强大的视觉冲击力能够非常迅速地捕捉受众的注意力，然后成功达到推广新加坡的目的。广告文案很有特色，那么怎么翻译呢？当然，从内容和形式上尽可能忠实原文不是不可能，如下文：

广告译文1：

我看到一个城市，她有过去与未来的结合；

我看到古老的歌剧在摩登的街头上演；

我看到不同的种族融洽共存为一；

我看不到一条不安全的街道；

只疑身在梦中？

—— 新加坡！逍遥其中，流连忘返。

广告译文2：

有一座城市，工业立足高科技，民间传统不忘记；

有一座城市，海边花园建高楼，摩登街头演古戏；

有一座城市，十余民族一方土，情同手足睦相处；

有一座城市，大街小巷无盗贼，夜不闭户心不惧；

是天方夜谭，痴人说梦？

啊，新加坡——如此享受，铭心刻骨。

上面两则李教授所给的译文有着明显的区别。译文1首先从形式上和原文保持了一致，冠盖外形的保持可以说难能可贵，内容上也基本忠实于原文，原文对新加坡城市特点的描述都清楚地表达出来了。因此译者应该是费了心思，译文质量也是值得肯定的。但是，李教授认为译文不够新奇，没有用到广告常用的修辞手段，显得过于平铺直叙了。而第二则译文则不同，虽然貌似形式和内容上不忠实于原文，但句子通俗了很多。加之大量七字句和尾韵的使用，使得该译文读来如诗歌一般，富于节奏，朗朗上口，从而非常有利于人们传诵。对于一些添加的信息，如"工业立足高科技"、"海边花园建高楼"、"天方夜谭"等明显有无中生有之嫌。但李教授认为，这些添加可以称得上是画龙点睛之笔，因为这些语句带出了广告原作者因某种原因而未写入广告词的关键资讯，毕竟新加坡是一个以高科技立国、以高科技闻名于世的国家；毕竟新加坡是滨海花园城市，高楼林立，鳞次栉比。此外，虽然译文的呈现形式和原文差别很大，但是这种整齐的排列、排比的句式、诗歌的风格同样也能给读者带来强大的视觉冲击力。总而言之，译文2形式虽然不像原文那样奇特，但如汉语诗歌一样排列整齐，因此也同样能够吸引受众。而且更重要的是，译文主旨和原文一致，内容符合广告主意图，修辞方式也是汉语广告中经常用到并为读者所喜爱，因此这个译文是有创造性的译文，是完全可以接受的上佳广告译作。

不过笔者看来，译文2固乃有其可圈可点之处，但美中不足之处在于略显繁杂，这与前文提到的广告词宜简忌繁是相违背的，毕竟从广告成本和受众关注力等方面来看，这都不够理想。下面是笔者一个学生的译文，虽然存在一些信息的删减，但核心内容依然保留，主旨和原文是一致的。值得肯定的是译文3用词精炼。而且采用汉语古体诗七言绝句的形式，读来朗朗上口，利于传播。还有，译者将平铺直叙的"我看到不同种族共存为一"和"我看不到一条不安全的街道"表述进行归纳，提炼为汉语中常见的"各族居安"是非常合理的。"为一"的概念也比较模糊，在这里显然指的是和谐相处。设问句"难道我看到的是梦境吗？"表述的是一种惊讶，一种对眼前繁华美好的赞叹。译文3处理为"繁华若梦君所见"也是经过深思熟虑的，首先繁华若梦是汉语诗歌散文中常见的成语，而"君所见"使广告受众一下子有了代入感，瞬间拉近了广告产品和消费者之间的关系。因此，综合评价，译文3也有其独到之处和值得借鉴的地方。

广告译文3：

未来与历史相连
古雅与摩登并肩
各族居安多融洽
繁华若梦君所见
——新加坡，触手可及，永世难忘

第三，广告翻译还具有匿名性。方梦之教授认为应用翻译具有匿名性、指称性、客观性、信息性、暂时性和说教性。匿名性的确是广告翻译的又一突出特点，在详细展开之前，笔者先就方梦之教授提到的其他几个特点做一个简单的分析。

不同于诸如科技翻译之类的应用翻译，广告翻译特别是常见广告口号翻译中没有很多专有名词、行业术语、理论数据、技术图表等需要处理，所以指称性、客观性方面的特征并不明显。广告虽然也是一种资讯传播模式，但广告语大多用词简练、含义隽永，其目的在于感召或者鼓舞，不似新闻之类的文体以信息传播为要旨，因此广告翻译的信息性也不突出。

还有瞬时性，有些广告的确因为着眼于短期内品牌的提升，或者产品的快速销售，会制作硬卖广告，不关注和强调广告的持续性和持久的生命力，因而呈现瞬时性特点，然而大公司往往有长期的广告策略、一流的广告团队、精准的广告定位、科学的营销理念，广告的制作和翻译一定是着眼于长远利益。上文有提到美国艾维斯汽车租赁公司，其"老二"广告定位策略和广告口号"We try harder（我们更努力）"从20世纪60年代一直沿用至今，长达半个世纪之久，因此瞬时性也不应该是广告翻译的主要特点。

至于说教性，这也应该只是部分存在于广告翻译之中。毫无疑问，很多广告，尤其是公益广告，是具有明确的教育意义的。可是同时不能否认的是同样有很多广告鼓励各种消费，主张及时行乐。还有些广告为了达到夺人眼球的目的，打法律的擦边球，为了所谓的创意，一味媚俗，无所不用其极，甚至不惜突破道德底线；毁人三观的广告层出不穷，每年因此而被报道的事件大量见诸海内外报端。虽然各行各业都有违规现象，但让广告及广告翻译承担起说教责任恐怕非常困难，至少说教性算不上广告的主要特征。

广告翻译的匿名性首先和广告创作的特点密切相关。广告不同于文学作品，文学创作中，除了作者有意为之，一般都会署名，所以古今中外，名家译作都能为人传颂，长留在人们的记忆里。而广告创作则不同，广告创作人员一般是幕后英雄，他们严格按照广告主的要求进行设计、修改、加工、打磨等，直至广告主满意。他们当然也会留上名字或标识，但那都是广告主的，不能和他们自己有什么关系，他们的名字（更多的是他们公司）一般只出现在和广告主签订的合作协议书中。稍加留心就不难发现，无论是何种广告形式，受众看到或者听到的都是广告主的名字，广告创作者具体是谁，往往不得而知。当然大牌的广告公司，著名的广告人可能有时偶尔会被提及，因而被人记住，但那往往也只是为了增进传播效果。这也就是为什么对于耳熟能详的广告语如："Nokia，Connecting people（Nokia）""Waiting only makes it sweeter（Haagen-Dazs）""Impossible is nothing(Adidas)""万家乐，乐万家（万家乐热水器）""喝了娃哈哈，吃饭就是香（娃哈哈牛奶）""唐时宫廷酒，今日剑南春（剑南春）"，"车到山前必有路，有路必有丰田车（丰田汽车）""牛奶香浓，丝般感受（德芙巧克力）"等，人们往往只知道广告的品牌，根本不知道广告创作者是谁的原因所在。做幕后英雄是广告创作者的无奈，职业使然，当然自己的广告词能被人记住和传颂也能给广告人最大的心理慰藉。

广告翻译也一样需要译者隐身。除了上述广告创作本身的要求之外，作为应用文体翻译而言，其目的性和功利性决定了广告翻译从业人员必须默默奉献。他们很难像文学译者那样通过努力成名成家，也不可能像口译从业人员那样可能因工作出色而一举成名。他们的付出往往在与广告主签订的协议书中得到确认，劳动价值由广告主给付的酬劳来体现，工作完成，货款两清，交易结束，从此互不相欠，而广告译文的成功从此只和广告主有关。因此广告翻译从业人员需要对该职业有真正的热爱，并具备较高的职业操守，否则很难有一流的译作，也不可能有一如既往的坚守。正如很少有人知道一流广告作品的创作者一样，上佳广告译者也同样难以进入公众的视野，其实除了同行，人们一般也并不关心。对译者的忽视是一种广告行业特征，但这种忽视并不妨碍经典广告翻译地大量出现。在中国广告翻译界，堪称经典的广告译文层出不穷，信手拈来，便可见一斑。下面所列几条都是广告业界知名的译作。

原文：Making the sky the best place on earth.（Air France）

译文：晴空万里，创写意天地。（法国航空公司）

原文：Connecting people .（Nokia 8250）

译文：科技，以人为本。（诺基亚8250）

原文：Impossible is nothing.（Adidas）

译文：一切皆有可能。（阿迪达斯）

原文：Have a coke and a smile.（Coca Cola）

译文：一杯可乐，一个微笑。（可口可乐）

原文：There is No Finish Line.（Nike）

译文：永无止境。（耐克）

原文：Waiting only makes it sweeter.（Haagen-Dazs）

译文：等待只为更甜蜜。（哈根达斯）

上述广告译文为广大中国消费者所熟知，但和很多经典广告译文一样，译者的身份无人知晓。有时，有的译文实在如神来之笔，业界后来者不仅会连连称奇，也偶尔会刨根问底，追根溯源，但往往难以得到满意的答案，这自然也跟广告行业规范和译者自身的职业操守有关。下文提到的经典广告语"A diamond is forever"，其中文译文就让无数广告翻译从业人员为之折服，也被应用翻译界奉为经典、翻译教科书作为范例来进行研究和分析。但研究归研究，很多教科书并未提及译者的姓名。有好事者努力去了解译文到底出自何人之手，"百度知道"等搜索引擎里高频率的提问记录就是明证，结果多是"不可考证"，即便有所发现，也模棱两可。多年过去，始终没有人来个"现身说法"。相信译者自然不会站出来，因为他有职业道德，做广告翻译和做人一样，讲究品格。其翻译能力一流，译品自然不低。

4.3 广告翻译标准

一件事怎么做，做得如何，一般都需要一把尺子来衡量，方能做到心中有数。翻译做得如何，也有评判标准，广告翻译亦是如此。这里有必要先大致梳理一下中西方翻译评价的标准，然后再具体来论广告翻译如何评价才更合理。

在中国翻译界，在论及翻译标准的时候，自20世纪30年代开始，谈得最多的两个词是"忠实"和"通顺"。开始是梁实秋、赵景深和鲁迅之间关于翻译原则的一场论战，后来译界慢慢基本达成共识，认为忠实与通顺是一个矛盾统一体的两个方面，二者相辅相成，不可割裂。忠实是矛盾的主要方面，在翻译中要首先解决好。通顺是矛盾的次要方面，是第二位的，但在实践中决不可只顾忠实而忽视了通顺，二者必须"统筹兼顾"。"忠实"和"通顺"也慢慢成为评判翻译好坏的基本标准。

除了上面所说的基本标准，在中国翻译史上，先后有多位前行者就翻译标准提出过自己的论断和更高的要求。这其中比较著名的有严复的"信、达、雅"，傅雷的"神似"，钱钟书的"化境"，林语堂的"忠实、通顺、美好"，刘重德的"信、达、切"和许渊冲的"三美（音美、形美、意美）"等。

在以上翻译标准当中，毫无疑问要数严复的"信、达、雅"影响最广，给译界的启发也最大，甚至到如今也没有失去生命力。但必须指出的是，译界在基本认同"信、达、雅"翻译标准对文学翻译的借鉴意义的同时，很多翻译研究者认为该标准对非文学翻译的指导意义不大，因为很多应用文体本身强调的是准确、规范和严谨，并不追求雅致。

　　傅雷以翻译法国文学作品而享誉译坛。他在《高老头·重译本序》中提出"以效果而论，翻译应当像临画一样，所求的不再形似而在神似"。"神似"即要传达原文的意蕴和韵味，"把原文的意义、神韵把握住"。他认为理想的译文仿佛是原作者的中文写作，必须为纯粹之中文。任何作品，不精读四、五遍决不动笔，是为译事基本法门。要将原作（连同思想、感情、气氛、情调等等）化为我有，方能谈到移译。

　　钱钟书是著名的散文家、小说家，虽然译作不多，但非常善译。他在《林纾的翻译》一文提出"化境"说。他认为"译本对原作应该忠实得以至于读起来不像译本，因为作品在原文里决不会读起来像翻译出的东西"。把作品从一国文字转变成另一国文字，既能不因语文习惯的差异而露出生硬牵强的痕迹，又能完全保存原作的风味，那就算得入于"化境"。

　　当代翻译理论家刘重德博采众长，推陈出新。他把严复的"信、达、雅"和泰特勒的翻译三原则（翻译应该是原著思想内容的完整再现，风格和手法应该和原著属于同一性质，翻译应该具备原著所有的通顺）综合起来，并根据他个人的翻译体会，提出了"信、达、切"的翻译标准，信即保全原文意义，达即译文通顺易懂，切即切合原文风格。很明显，刘重德的"信、达、切"和严复的"信、达、雅"仅一字之隔，但这个"切"字的提出却非同一般。它既体现出刘先生对翻译实践更全面审慎的思考，也代表着中国新时代翻译理论的发展。仔细思考，该标准体现出文学翻译过程中译者应该遵守的行为规范，一起以原文本为本，不能有太多的自主性，不能添油加醋，其实也是另一个层面的"信"。

　　"书销中外百余本，诗译英法唯一人"的许渊冲，学问确实了得，译作颇丰，尤以诗歌翻译见长。在其《毛主席诗词四十二首》英法文格律体译文的序言中，他首次提出了诗词翻译的"三美"："译诗不但要传达原诗的意美，还要尽可能传达它的音美和形美。"他认为"意美是最重要的，音美是次要的，形美是更次要的。传达了原诗意美而没有传达音美和形美的翻译，虽然不是译得好的诗，还不失为译得好的散文；如果只有音美和形美而没有意美，那就根本算不上是好翻译了（曾丽芬、张华德，2007）"。"三美"说提出后，受到译界好评，很多人将它作为衡量诗歌翻译的标准。

　　以上一些中国翻译大家之言论及的都是评价翻译质量好坏的标准，对中国译学的发展影响深远，可称得上泽被后人。综合分析的话，有两个特点，其一是上述关于翻译标准的论述基本上都是围绕文学翻译问题展开的，若以这些翻译理论来谈非文学翻译，其指导意义自然会打些折扣，有时甚至会误导人。其二是"信、达、雅""神似""化境"等说法，听起来概括性强，感觉犹如中国水墨丹青世界，朦朦胧胧，妙不可言。中国写意山水画，讲求"以形写神"，追求一种"妙在似与不似之间"的感觉。这种感觉有时的确很美，但水墨山水画讲究笔墨神韵，不拘泥于物体外表的肖似，抒发的是作者的主观情趣。用这种主观感觉的东西作为标准来评判翻译质量，有时确实不好准确把握。

相比较而言，中国画主要表现"气韵""境界"是"表现"的艺术，而西洋画是"再现"的艺术。与此相类似，西方关于翻译标准的论述也更加具体。在西方译界，就翻译标准而言，提得较多的是"等值""等效""对等"等理论。在中国译界提得最多的是对等（equivalence），从一定程度上说，"对等"涵盖了"等值"和"等效"。"对等"一直是西方译界关注的问题，讨论得也最多。从理论研究视角来分，西方对"翻译对等"的研究一般从语言学、文艺学、交际学等角度来展开。

语言学视角的翻译对等研究始于20世纪50年代，翻译研究学者根据语言学的研究成果，首先提出"等值翻译"理论。如1953年，前苏联学者费道罗夫在《翻译理论概要》一书中提出："翻译的等值就是表达原文思想的完全准确，和作用上、修辞上与原完全一致。"后来，前苏联的巴尔胡达罗夫1975年在《语言与翻译》中，强调全文语义最大限度的传达和话语功能的对应是等值翻译的核心，即从音位、词素、词、词组、句子、话语六个层次看，具有"必要和足够层次的翻译即为等值翻译"。此外，其他以美国雅各布森、英国卡特福德等语言学家为代表的学者，强调翻译是一门科学，翻译过程中原文的语言和译文的语言具有客观性，可以从语言的各个不同层面如音位、字形、语法、词汇等来探寻翻译活动的普遍规律，从而尽可能实现翻译的"等值"。

翻译的文艺学理论与语言学理论不同，语言学理论强调翻译是一门科学，而文艺学理论则强调翻译是一门艺术。翻译家弗洛利在其《翻译的艺术》中提到："只有译者和作者双方思想感情融为一体时，译文和原文才能风格一致，进入化境。"前苏联的加切齐拉泽在《文艺翻译与文学交流》中认为，文艺翻译是文艺创作的组成部分，它所追求的是艺术对等，译者应该再现原作的艺术现实，达到艺术效果和灵感层次上的认同。

交际学派关注的是"等效"，或称"同等效果"。英国翻译理论家彼得·纽马克（Peter Newmark）（2001）在《翻译问题探讨（Approaches to Translation）》一书中提出的有关语义翻译和交际翻译的概念，对广告翻译有借鉴意义。纽马克认为，语义翻译重视原语文化和内容的传真，而交际翻译则强调目的语文化读者的接受能力和实际的交际效果。语义翻译中译者首先要忠于作者，以作者为中心，解读作者的思想过程，而交际翻译首先尊重读者，以读者为中心，解读读者的意图。语义翻译强调保持原文的内容，重视语义与结构，译文通常比较复杂、拗口；交际翻译则强调译文的效果，为让读者读懂，允许对原文加以增删整合，所产生的译文通常通俗易懂、自然通顺。这个领域的研究可溯源到英国翻译理论家泰特勒1790年在《翻译原理简论》一书中提到的"好的翻译是把原作的优点完全移注到另一种语言中去，使得译文所属国家的人们能够清晰地领悟、强烈地感受，正像使用原作语言的人们所领悟、所感受的一样"。

近年来，中国译界最为关注的是被誉为"当代翻译理论之父"的美国语言学家、翻译家、翻译理论家尤金·奈达。20世纪60年代，他根据自己《圣经》翻译实践经验，提出"动态对等（dynamic equivalence）"理论，即译文对译文接受者所起的作用，跟原文对原文接受者所起的作用大体对等。为达到动态对等，译者要从各种译法中挑选最接近原文效果的译法。《翻译理论与实践》（1982）一书表明，奈达1969年将"动态对等"改为"功能对等（functional equivalence）"，认为判断译文的优劣不能停留在对应的词义、语法结构和修辞手段的对比上，重要的是接触译文的人有哪种程度的正确理解；因此"功能对等"最根本的是必须比较原文读者和译文读者是怎样理解原文和译文的。二者并无本质区别，为了避免误导人，后者能够凸显翻译的交际功能，消除误解。他认为，如果原文中的信息无关紧要，就没必要翻译出来，而如果信息重要的话，按原文的方式把它译得模糊不清也没有好处，除非原作者故意为之。奈达强调，"翻译是用最恰当、自然和对等的语言从语义到文体再现原文的信息。"

应该承认，西方的翻译理论，尤其是基于语言学发展的研究理论，相对于中国译论而言更加清晰、明确，更容易把握。然而，不管是"等值""等效"还是"对等"，不管是语言学派，文艺学派，还是交际学派也都存在视角盲区。语言学派忽略了译者翻译活动时的主观能动性，忽略了翻译的艺术性特点。文艺学强调了译者的能动性和创造性，但忽略了语言因素在翻译中的重要地位，忽略了作为信息载体——语言有其内在规律可循这一重要前提。交际学派忽略了原文与译文间可能的文体差异、风格差异及不同的翻译要求、受众期待等因素。现在，越来越多的译者认识到翻译是一项系统工程，牵涉到诸多的学科领域。在翻译过程中，由于语言、文化、思维差异客观存在，译文难以和原文达到绝对等值，译者除了从语言和文化等角度出发充分获取语义上的等值外，还要从美学、文体等方面去了解翻译的特定要求。

德国功能学派创始人凯瑟林娜·赖斯（Reiss, Katharina）根据德国心理学家布勒的语言功能理论，认为文本可以分为信息文本、表情文本、呼吁文本和视听文本4种类型。不同类型的文本应该有不同的翻译评价标准和翻译策略。以呼吁文本为例，此类文本不仅仅以语言形式传递特定信息，而且通常还表现出独特的视角、明确的目标。对于呼吁文本而言，源语中同样效果在目标语中的保持是至关重要的。这意味着相对于其他形式文本而言，译者需要更多地脱离原文的内容和形式（2004）。因此，译者在翻译呼吁性文本时，具有相当的灵活性，不过源语文本内在的吸引力必须尽力保持。但这样一来，因为语言间的各种差异性，要在翻译中保持原文本所有的元素是几乎办不到的。

根据赖斯的划分标准，广告文本属呼吁文本，有其明确的呼唤关注、劝导消费的功能和要求，广告译文也必须达到同样的目的，也即上文提到的功利性。因此，广告翻译成功与否、评判标准不取决于其他，只取决于市场是否认可，是否能通过广告把有关产品（包括理念、服务）推销出去。与此相一致，广告翻译可以在原文的基础上，在原广告资讯框架内，必要时甚至可以离开这些框架，进行重新创作。上流的广告，首先必须是具有创造性或创意的广告（李克兴，2010）。虽然广告翻译也非常看重译文的忠实和通顺，但用纯学术的观点来评判广告翻译的优劣难免进入误区，真正衡量广告翻译好坏的标尺，应该看广大广告受众即消费者的认可度、市场的接纳度。广告翻译中不特别强调原文的重要性，译文受众的反应可以和原文受众的反应基本一致，也可以更积极。

换言之，在广告翻译中，不用担心译文超越原文，不用担心"功高盖主"，这点和广告文体创作的目的性，即市场导向性完全一致。因此国内的"信、达、雅""忠实、通顺、美好""信、达、切"等翻译标准，国外的"等值""等效""对等"等理论都不可照搬来评价和指导广告翻译。如果明晰了这个原则，并以此为指导的话，英语广告翻译译者就能更多地从广告受众的消费习惯、广告投放区居民的偏好、目标语即汉语的角度上进行思考，这样做出来的翻译才可能达到原广告文本的效果，甚至还有可能超越原文本，也最终能得到市场的认可。

下面用一个著名的广告及翻译案例来说明这一点。"A diamond is forever"这句广告词可能很多中国大众不是很了解，但是其译文知名度却甚高，尤其是青年男女应该人尽皆知了。介绍译文之前，先简要叙述一下广告原文的相关背景知识。这条20世纪堪称经典的广告语是纽约著名广告公司NW Ayer于1940年为国际钻石推广中心DTC（Diamond Trading Company，1934年成立，总部位于英国伦敦Charterhouse Street）创作的。在中国的钻饰销售商中，DTC并不是一个耳熟能详的名字。实际上，它也并非一个面对终端消费者的销售商，而是全球最大的钻坯供应商，同时也是全球最大的钻石开采与销售企业戴比尔斯集团（De Beers Group，1888年由塞西尔·罗德斯创办，现公司总部在南非约翰内斯堡，一条龙主宰了全球4成的钻石开采和贸易）旗下的专业分销及推广机构。在伦敦，DTC最重要的角色是分销钻坯，其客户被称为"看货商"。来自全球的93个看货商每年都会前往伦敦和约翰内斯堡参加每年10次的看货会。其中来自中国的看货商包括周大福和周生生等少数几家首饰制造商。要知道，美国人对钻石的兴趣比欧洲人晚得多，钻石并不是普通消费品，而且在普通人心目中，它和爱情婚姻没啥关系，因为钻石并不是传统的求婚必备品，加之20世纪40年代的美国，经济并不景气。DTC凭借广告语"A diamond is forever"成功地将"钻石等于忠贞不渝的爱情"巧妙地植入美国民众心里，再配合其他明星宣传等营销手段，令钻石销售额出现奇迹性地增长。

"A diamond is forever"，一个简单句，是常见的英文广告句型结构，简简单单，但也明明白白，很受西方受众青睐。直译的话，"一颗钻石是永恒的"。再简洁一点的话，"钻石是永恒的""钻石永恒"。无论从结构还是语义上看都忠实于原文，但译文对于中国受众而言，总感觉太过平淡，很难激起广告受众的消费激情，甚至连多看一眼的心思也未必有。如果规规矩矩，缩手缩脚的话，真很难拿出让人心动的译文。

结果香港大才子黄霑（也有人说是朱家鼎，更有人说是译者无从考证，这也印证了前面提到的广告翻译的匿名性）才情大发，译文"钻石恒久远 一颗永流传"一出，瞬间好评如潮。很显然，译文非常地道，虽然存在信息的添加，但是译文的选词、结构、节奏、音韵都非常符合汉语受众的审美要求。从精神内涵上说，也忠实于原文。1990年，DTC就是携该广告语成功将其产品推介到中国市场，并在短短10年间迅速使中国消费者广泛地接受了钻石文化。这一句经典的广告语也从此改变了中国人婚庆以佩戴黄金、翡翠饰品为主的传统，进而形成了中国年轻人"无钻不婚"的全新理念。如今的中国钻石消费现已超越日本，成为仅次于美国的全球第二大钻石消费国，据国际钻石行业专家预测，至2020年中国将替代美国成为世界第一大钻石消费大国。而这一切不能不说与"钻石恒久远，一颗永流传"这句广告语在中国的推广有着某种密切的关联。

由于翻译的多样性，译者偏好不同、读者个体差异、时代背景影响、审美情趣的变化、翻译功能的区别、翻译环境的变化等势必导致翻译标准的多元化。辜正坤（1998）提出应该以一种宽容的态度承认若干个标准共时性存在，并认识到它们是各自具有特定功能而又互相补充的标准系统。在整个翻译标准系统中，绝对标准一元化和具体标准多元化是既对立又统一的。翻译的标准系统构成方式是：绝对标准（原作）——最高标准（抽象标准、最佳近似度）——具体标准（分类）。绝对标准是最高标准的标准，最高标准是具体标准的标准。同时，翻译标准系统内部存在着可变主标准和可变次标准的辩证运动。就广告翻译而言，广告主肯定、受众认可、市场评价良好的译文才是优秀的译文，因此市场评价应作为广告翻译的具体评价标准。当然这个标准也应该和绝对标准、最高标准一起综合考虑。

第5章
广告翻译指导原则

人类任何大型系统性活动都需要指导性纲领，要有合理的指导原则，否则就容易导致混乱。早在18世纪末，泰特勒就提出"翻译三原则（three principles of translation）"：译作应完全复写出原作的思想；译作的风格和手法应和原作属于同一性质；译作应具备原作所具有的通顺。该翻译三原则非常著名，标志着西方译学研究从此走上了从理论推证理论的道路，也很大程度上影响着后来的翻译理论与实践。

就应用文体翻译研究而言，德国的功能学派更引人关注。创始人赖斯以翻译为导向的文本类型理论对于我们分析不同类型的文本特征，并确定相应的翻译原则和策略具有重要指导意义（刘迎春、王海燕，2012）。功能学派认为翻译文本可以分为信息文本、表情文本、呼吁文本和视听文本等四种类型，不同文本类型应该有不同的翻译原则和策略。就呼吁文本而言，保持文本中内在的吸引力非常关键，因此语言的外在表现形式、无关紧要的因素完全可以忽略。这对属呼吁文本的广告翻译而言，具有非常积极的指导意义。

在中国，随着市场化经济的蓬勃发展，非文学翻译活动日益频繁，非文学翻译研究也取得长足的进步。鉴于非文学翻译和文学翻译之间差异的客观存在，以及非文学翻译发展的客观需要，很多中国学者开始尝试从理论层面提出应用翻译原则，如林克难教授的"看、易、写"翻译原则，杨清平教授的"目的指导下的功能原则与规范原则"等。这其中影响力较大，理论成果较新的是翻译理论家和教育家方梦之教授前几年提出的应用翻译三原则："达旨、循规、喻人"。达旨——达到目的，传达要旨；循规——遵循译入语规范；喻人——使人明白畅晓。三者各有侧重，互为因果（方梦之，2007）。方教授是在充分研究中西方传统译论基础上提出上述翻译原则的，相比较以往的论述，这三个原则更突出应用翻译的交际目的，更关注译文读者的反应，这是非常合理而且应该的，否则的话，应用翻译就失去了价值和现实意义。

学者黄忠廉对应用翻译研究的论述颇多，在21世纪初提出的变译理论和德国的功能目的论有相通之处，也特别强调文体的特殊性和译文读者的特殊需求。在黄忠廉（2002）看来，变译是译者据特定条件下特定读者的特殊需求，采用增、减、编、述、缩、并、改等变通手段摄取原作有关内容的翻译活动。后来修订为"译者根据特定条件下特定读者的特殊需求采用变通手段摄取原作有关内容的思维活动和语际活动（黄忠廉，2004）"。

很明显，无论是中、西方译论，就应用翻译而言，任何形式的文体翻译，都有其需要达到的特定目的，读者的也有其特定需求，不可不察，不可不一一区别对待。因此，虽然从宏观上应该遵循上述翻译原则，但广告翻译因为其自身的特点，也应该有一套更具体，更适用的指导原则。根据广告文案的创作要求，广告语言的一般特点，广告翻译的特殊性，及自己数年广告翻译教学经验，笔者觉得可以从创意求新、功能求同、译文求顺三个方面来归纳广告翻译的指导原则。

5.1　创意求新原则

创意求新是广告翻译的第一指导原则。广告创作第一看重的是创意，人云亦云的广告词很难引起足够的关注，这自然是广告主所不愿意看到的。广告翻译作为一种翻译活动，理论上应该以原文为本，译者只需要忠实于原文的形式和内容即可，是不需要特别的创意和主观能动性的发挥。但在真正的广告翻译实践中，恰恰与之相反，大量经典的广告翻译都表现出译者新颖独特的创意，读来令人耳目一新。因此可以说，没有任何创意的，跟在原文后面亦步亦趋的广告译文很难有旺盛的生命力，是很快会被市场淘汰的。

广告翻译活动需要译者的积极创意，而且创意还应力求新颖。这可从广告翻译为什么需要创意、如何创意、创意需要注意的问题等三个方面来进行说明。

首先，广告翻译需要创意。翻译决不是一种机械性的工作，而是一种创造性的工作。一个好的翻译不但要精通两种语言，还要了解与这两种不同语言密不可分的两种不同的文化（爱泼斯坦、林戊荪、沈苏儒，2000）。黄忠廉（2013）也认为在当今中西方文化交流异常活跃的情况下，如果例外越来越多，与其总是局限于语表层面争论译文是否"忠实"，是否"等值"，倒不如分析研究特定译文形成的动因，以及译者采用的翻译策略和翻译方法，在客观而充分地观察、描述、解释这些现象后，就应突破传统全译观念的禁锢，上升为理论，为翻译研究确立新的视点。黄教授说的突破观念禁锢，确定新的观点，倡导的就是译者积极性、能动性和创造性的发挥。

广告翻译还需要对广告创作有一定的了解，前文提到广告创作离不开创意，创意既表现在广告整体设计的匠心独具上，也表现在语言的巧妙运用上，独特的语言创意往往能有效打动广告受众。翻译时，由于两种语言差异必然存在，广告原文独特的创意按照原文表现方式直译出来的话，势必达不到同样的效果，甚至非常有可能出现歧义。毕竟英、汉两种语言都有各自的词汇特征、句法特点和表达方式，经常出现的情况是，原文的内容很难在译文中找到形式和内容都非常相近的表达。在这种时候，译者可以甚至必须不拘泥于原文形式，在译入语中寻求能够表达这一内容的最佳表达方式。这里讲的不拘泥于原文形式说的是译者的灵活性，在广告翻译中灵活性显得更加重要，那种词句貌似不对应，意义表面不一致，但译文地道流畅，精神和原文契合，感觉和原文神似，甚至超越原文的译文表现出的往往就是语言运用上的独特创意。学者唐艳芳认为作为应用文体翻译，广告翻译要求译文达到预期的功能，即满足产品市场推广的需要，因而广告翻译带有一定的功利性。广告的功利性特点决定了其翻译原则与一般标准之间存在着较大的分歧，甚至还会与之背道而驰（2003）。

大量的英汉对比研究表明，英汉语之间存在巨大语言和思维差异，如英语句子结构相对紧凑，多一元表述结构，复杂信息合起来说，主从结构分明，关联词语丰富，逻辑层次清晰；汉语句子相对松散，多二元表述，一句话往往分成两句说，长句偏少，关联词语的使用频率不及英语高。如此鲜明的对比说明，在讲究尽可能捕捉受众注意力、减轻受众阅读负担的广告文体中，一味顺应原文表达结构的语言运用是绝对行不通的。很显然，愚忠则死，变通则活。在充分感知原文语义，了解原文功能和广告主需求之后，译者可以发挥自己的主观能动性，找到最贴合原文语义、最符合译文读者阅读习惯的语言结构。

下面以香港国泰航空公司两则著名的广告语为例来说明创意变通的必要性。

为使读者清楚了解广告语内涵，该公司相关背景有必要先做个简要说明。国泰航空成立于1946年，创始人为美国籍的 Roy C Farrell 及澳洲籍的 Sydney H de Kantzow。最初，他们均以澳华出入口公司的名义在上海发展，后来迁往香港，并注册为国泰航空公司（Cathay Pacific Airways Limited）。初时以两架改装自C-47运输机的DC-3营运航班，开办往返马尼拉、曼谷、新加坡及上海的客运及货运包机航班。国泰航空公司是香港第一家提供民航服务的航空公司，太古集团成员，寰宇一家创始成员之一。1958年，国泰收购香港航空，真正雄霸香港航空业并进军东北亚市场。1994年国泰航空以2亿港元收购主营空运业务的华民航空75%的股权。同年，国泰航空全面更换企业形象，并把机身原本的绿白相间条纹设计改成展翅标志。同期，国泰公司斥巨资推出换新装广告，英文广告词为"The heart of Aisa"，广告译文"亚洲脉搏亚洲心"。

2001年9月，美国发生"9·11"事件。恐袭事件对全球的航空客运业务造成重创，国泰航空也难逃厄运。两年之后的2003年初，国泰又因香港及邻近地区爆发非典型肺炎（SARS）疫情的影响，乘客锐减，有超过一半航班被迫取消，国泰航空进入非常艰难的时期。好在SARS疫情慢慢得到控制，人们出行的意愿慢慢释放，公司业务也在逐渐提升。于是，为了刺激受众消费意愿，促进航空客运市场的快速回暖，国泰航空一反先前恢弘大气、自信满满的广告风格，在2003至2005年间，推出两位多年未曾谋面的老人终得相见、相拥而泣的温情广告，广告口号为"Now you're really flying"，译文"飞跃人生，非凡感受"。

对比国泰航空这两则经典广告的原文和译文，不难发现都是非常地道的语言。先说原文，英文非常简洁，第一则是名词短语结构，是为"Cathay Pacific, the airline that is the heart of Asia"的省略结构，定位清晰，要点突出，广告词透出公司很自信，强调了公司亚洲业务繁忙，地位特殊；第二则是英文广告典型的简单句结构，客观陈述，明确消费行为，给予消费者自信。

再说译文，中文译文乍一看存在信息添加和冗余的嫌疑。第一条添加了"脉搏"这个原文所没有的信息，"亚洲"二字重复出现。第二条则添加了更多的信息，如"人生""非凡感受"等。但是细细品味，两则译文都非常巧妙。第一条首先从含义上说和原文完全一致，心脏是供血器官，通过脉搏和全身相连，所谓血脉相连是也。译文添加了"脉搏"二字之后，原文"心脏"所表达的内涵就更加明朗。因此从语义上说，这个添加很形象地把国泰航空在亚洲运输业的地位和其繁忙的运输网络描绘了出来，因此是忠于原文，甚至又超越原文的地方。此外，译文虽然没有原文简洁，但是"亚洲脉搏亚洲心"是非常受华语区受众所喜爱的表达方式，即前文提到的"反复""七言"的修辞手法。七言结构，两次用到"亚洲"，令节奏感得到加强，利于传颂。再说第二则译文，和第一则译文一样，也非常地道，采用的是汉语常用的二元结构，四字成语，对句呈现，显得整齐，富于美感。另外，语义内涵也和原文一致，原文双关的语义在译文中得到了更清晰的呈现，飞机出行的意义得到了充分的肯定。同时，特别值得一提的是译文采用了英语中常见，但汉语中比较少用到的头韵结构，读来别有韵味。综合而言，以上二则译文都很灵活，没有选择简单的直译，表现出译者语言运用方面非凡的创意，堪称经典。

除了语言差异，语言表现出的思维习惯也值得关注。不同的民族，不同的语言，表现出不同的思维方式，在翻译活动中也须对此给予足够的重视。英汉对比研究已充分表明，东方重综合思维，所以汉语多意合表达，多用具体的意象表达抽象的思想。组词造句完全依据语义逻辑和动作发生的时间先后来决定词语和分句的排列顺序，因此短句多，多为流水句，句子的语义重心往往后置。西方重分析，注重形合，分析型的思维方式偏好使用抽象词汇，长句较多，句子语义重心往往前置。英语注重运用各种有形的联结手段达到语法形式与逻辑形式两个方面的完整。汉语表现形式受意念引导，关联词语的使用偏少，逻辑层次关系呈隐含特征。

上文有提到万宝路（Marlboro）香烟，"Come to Where the flavor is. Come to Marlboro Country"是"万宝路故乡"系列广告的广告词，无论是原文还是译文在广告界都有很高的知名度。根据前文中英文广告词修辞法的比较，广告原文采用了英文广告语中用得不多的反复和平行结构，表现音韵美和平衡美。重点关注前半句的话，不难发现原文虽然用了尽可能简洁的省略结构，但介词宾语从句的引导词"where"明显呈现出英文严谨的思维方式，主从结构层次清楚，思路清晰。而中文译文"光临风韵之境——万宝路世界"则高度概括，一个"境"字也有很高的表现力。

此外，还有如下图印度儿童福利与收养促进会（The Indian Association for Promotion of Adoption and Child Welfare）的公益广告，其广告语"Adopt，you will receive more than you can ever get"也同样表现出英语注重形合，逻辑外显的语用特征。广告原文把本应该是表条件的从句那浓缩为一个单词"Adopt"，再将其单独摆放在句首这个突出位置，和后句形成鲜明对比，强调收养孤儿的重要性。后句跟进阐明该善举在施的同时，必定有前所未有的收获。笔者教学中学生们的翻译大多不能够深入，如"收养孩子，收获无穷"，虽然表述合理，结构对称，音韵优美，但总觉得理解停留在表面。根据汉语思维方式，语义重点通常后置特点，译文让人感觉收养孩子的目的在于图报。因此语言运用的创意不够，不足以动人。

但是，有一个学生的译文"让这些天使有家可归，让你的快乐无处不在"则更胜一筹。该译文把握了原广告的意旨和功能，既巧妙地使用含义相对具体且温馨的"家"取代了含义太过生硬的"收养"，又把抚养孩子真正的收获——幸福快乐（广告图也含蓄巧妙地反映出了这一点）清晰而又美好地呈现在受众面前。能不叫人动容？此外，两个"让"字引出的排比结构，"天使"和"你"对应，四字格"有家可归"的"无处不在"的对应，且都为汉语中常见的表达模式。整个译文意蕴丰富，节奏和谐，应该算得上难得的译作。

只考虑语言、思维差异对翻译的影响还不够，中西方文化差异给翻译带来的影响也要特别注意。广告语言用词精炼准确，各种修辞手法使用较多，因此广告翻译更要注意。前文有比较中西方广告文化，差异特别明显。一般而言，物质形态方面的文化信息较易处理，宗教、伦理、习俗等方面的文化概念、因为差异导致的文化缺省、文化负载词、文化陷阱的处理就比较难，必须特别谨慎对待。

以文化陷阱为例，翻译稍有不慎，就会闹笑话。肯德基广告语有条广告"At KFC，we do chicken right！"曾引起很多人热议，网上还出现过一些搞笑的译文，如：在肯德基，①我们做鸡是对的！②我们就是做鸡的！③我们只做正确的鸡！④我们有做鸡的权利！⑤我们只做右边的鸡！⑥我们做鸡做得很正确！⑦我们只做右撇子鸡！⑧我们只做鸡的右半边！⑨我们有鸡的权利！当然，这些译文恶搞的用意明显。但不可否认的是，这则稍微懂一点英语的人都能明白的广告，却并不好翻译出来。笔者曾经在自己多个班级做过尝试，很多学生是不敢贸然翻译的，脱口而出的译文往往和上面的译文有类似之处，然后全班同学马上捧腹大笑。

那么翻译难点何在？这里存在两个难点，第一是对文字的理解，第二是中英文化的差异。要准确理解并翻译好这个句子，第一步当然是对原文的准确把握。很显然，原文中的right不可以理解为修饰chicken的形容词，而应该是修饰谓语动词的副词。同时，应该清楚谓语动词do是代动词，含义多样，具有模糊性。在以炸鸡闻名的快餐店里，"do"指的自然是"炸"，而非"做"。合在一起，整句的意思应该是"在肯德基，我们炸鸡在行"。

对于不了解广告翻译技巧的学生而言，能得出上面的译文已经不错了。但是对于广告翻译而言，还应该继续打磨。从文化差异上看，肯德基广告语翻译的第二个难点来自英汉语中 chicken 的不同内涵。因为"鸡"在汉语中人尽皆知的多重语义和习惯搭配，人们觉得上述网络译文可笑也就在情理之中了。不了解文化差异会闹出笑话，了解了之后怎么做？这就需要译者发挥创造性思维了。在清楚了解原文语义之后，译者需要做的首先是避开文化陷阱和歧义词汇，然后尽可能选择译文里最贴近的表达、最常见的搭配、受众最习惯的结构，必要时完全可以调整原文的结构和表达顺序。只有这样才能显示出译者创造性，译文才能显示出独特的语言创意。

继续以肯德基的广告语"At KFC，we do chicken right！"为例，尽管网上有人觉得可以译作"在肯德基，我们专业炸鸡肉！"，语义也忠实于原文，译文也没有不妥之处。但相比较而言，官方译文"烹鸡美味，尽在肯德基"更受人欢迎。仔细比较可以发现，虽然表面上译文和原文不十分对应，语序也颠倒了，甚至还出现了省略。但是译文内涵和原文高度一致，表达方式符合中文受众的表达习惯。而且还用到了四字格、仿拟（仿宋韩世忠词《临江仙·冬看山林萧疏净》中的"单方只一味，尽在不言中"）等修辞手法。必须承认，译者对中英文化理解透彻，词句选择巧妙合理，充分表现出语言应用上创造力。顺便补充一句，笔者一学生在该译文基础上的改进意见"美味炸鸡，尽在肯德基"也不错，既注意到"炸鸡"一词对品牌商品加工特色的关照，也考虑到了广告词押尾韵的音律美。

以上分析的是广告翻译活动中译者创意发挥的必要性，那么译者如何创意呢？上文提到美国著名广告人威廉·伯恩巴克广告创意的 ROI 标准，ROI 三个字母分别代表"Relevance"（关联性）、"Originality"（原创性）和"Impact"（震撼性）。关联性指的是广告的创意必须和商品、目标受众密切相关。原创性要求广告的创作必须匠心独具。震撼性指广告要能打动，甚至震撼到人，不能平淡无奇。广告翻译从业人员完全可以借鉴广告创意 ROI 标准以激发自己的灵感，产生独特创意，形成有表现力和震撼力的译文。

在广告翻译活动中，关联性除了指译文要和广告商品、目标受众相关以外，还应该和广告原文相关，译者可以有一定的自主性，但译者能动性的发挥要以原文为本，不可以随心所欲，天马行空。原创性主要强调的是译文语言结构和词句选用等与众不同，不落俗套。震撼性主要指译文具有强烈的感染力，能够较容易吸引人、打动人、激励人。

一般来说，译文的相关性不难达到，译者只要对广告定位、功能、目标受众有比较准确的了解，对广告原文语言有比较准确的理解，对译文语言有较熟练的掌握，译文基本能够做到和广告原文相关。关键是后面两点比较难以做到，翻译主要是语言的运用，要使广告译文具有原创性和震撼性，译者一定要在语言选择上下功夫。从广义修辞的角度上说，选择即修辞，因此广告翻译从业人员要注意修辞能力培养。当然，我们可以从大处着眼、小处着手，先悟透广告原文含义和意旨，然后从具体的广告常用修辞手法如排比、押韵、双关、仿拟等方面开始练习。

以全球领先的快递公司 TNT（Thomas Nationwide Transport）为例来说明广告翻译创意的要领。TNT 集团和 FedEx、DHL、UPS 并称世界四大快递公司，是全球领先的快递邮政服务供应商，为企业和个人客户提供全方位的快递和邮政服务。它 1946 年创始于澳大利亚悉尼，创始人 Ken Thomas 以一台卡车开始运输。TNT、考拉、袋鼠曾被并称为澳大利亚的骄傲。1996 年 TNT 被荷兰皇家电信和邮政集团 KPN 兼并，并将邮政、快递相关业务归并于 TPG（TNT POST GROUP）旗下。2005 年 1 月，TPG 把旗下品牌重新统一为 TNT。目前 TNT 总部位于荷兰阿姆斯特丹的 Hoofddrop，在全球 200 多个国家拥有近 2376 个运营中心、超过 26610 辆货车与 40 架飞机，以及欧洲最大空陆联运快递网络，实现了门到门的递送服务。

TNT 公司有一则广告图，图片是一位即将临盆的母亲坐在 TNT 快递员的摩托车上，情况万分危急。毫无疑问，广告设计巧妙，非常有视觉冲击力。幽默而又略带夸张地向广告受众表明了 TNT 快递业务服务范围宽、质量上乘、值得信赖的特点。广告语简洁到了极致，就一个词"Anytime"，干净利落，既让人感受到 TNT 雷厉风行的作风，也让人感到公司一言九鼎，言必行、行必果的自信。

Anytime 是个非常普通的英文单词，几乎刚开始学英语的人都认识，但是如果就按照字面意思将 TNT 的这个广告语翻译为"任何时候"的话，相信广告主不会满意，广告受众也会不知所云。在汉语结构中，"任何时候"一般只用作时间状语结构，话语主题并没有清晰呈现出来，所以受众会有进一步获取信息的期待。虽然有广告图片信息相佐，译文"任何时候"还是不足以完整表现原文信息，而且还不符合广告语体特征，没有足够的表现力。

网上能找到该广告语的一个译文——"随时随地，准时无误"。客观评价的话，译文做得不错，因为首先它符合广告语体特征，用音巧妙，语言流畅，四字一句，八字一对的结构合理；第二它符合广告产品特征，译文清晰地传达了快递公司投送服务的关键特点；第三，虽然译文文字较原文多，但这样处理利于译文受众理解，更关键的是其意旨和原文高度一致。

不过，笔者课堂上有学生认为译文还可以更简洁，如"随时随递"，译文也得到学生们的一致认同。很显然，"随时随递"较"随时随地，准时无误"更简洁，和原文简洁的风格如出一辙。另外，该译文最大的亮点是采用了仿拟的修辞手法，很有创意地将汉语成语"随时随地"微调为"随时随递"。尤其难得的是"递"和"地"完全同音，并且"递"字准确地抓住了广告需要表达的主题。应该说，该译文达到了上文提到的广告翻译创意ROI标准，具有相关性、原创性和震撼性，而且简洁地道，完全符合汉语受众的表达习惯。从广告语言的呈现和产品功能的表达上看，译文丝毫不逊于原文，甚至一定程度上超越了原文。

最后，翻译创意发挥时需要注意一些问题。广告翻译创意不同于广告创作，广告创作是创意的艺术，创作者很多时候可以无拘无束、天马行空，充分发挥自己的想象力和创造力。而广告翻译的创意受到一些因素的制约，要注意以下两点。

第一，广告翻译容许合理的创意，但翻译不等于创作，创意不等于随意。这就从本质上规定了广告翻译必须要有所本，必须忠实于原文。本节提到广告翻译的创意主要表现在语言表现形式选择方面的灵活性，译文内容，或者说译文精神内涵必须和原文是高度一致的。

第二，广告翻译的广告特性保持不变。广告翻译是从源语到目标语的语言文化转换活动，译者必须清楚无论采取什么样的翻译策略，翻译文本的文体特征必须了然于胸，广告的语言特征、文体功能、目标受众的语言习惯等都必须了解和遵守。

5.2　功能求同原则

广告翻译第二个应该遵循的原则是功能求同，即译文和原文应该承担相同的功能。这和上文提到的广告翻译的特点是完全一致的。这一点可以从宏观和微观两个方面来看。

宏观上，无论是原文还是译文，译者面对的文本都是广告，因此从特征上看都是广告文体，都有其必须承担的广告宣传功能，这一点译者自始至终都必须清楚明白。微观上，任何一条广告都有其独特的地方，其市场定位、目标受众、语言特色、期望目标等都不一样，因此每条广告又有各自特定的功能。在广告翻译活动中，这两种功能都应该充分关注到。

但在具体实践中，宏观的广告功能较微观的功能更容易实现一致，后者相对于前者更容易被忽略。下面笔者用一个例子来说明。有一款葡萄酒的广告原文为"REMY MARTIN XO：Exclusively Fine Champagne Cognac"，在20世纪后期的香港，其译文几乎人尽皆知，在大陆广告界也享有很高的知名度。在讨论其译文之前，这里先对广告原文的语义做一个简要的分析。

首先，必须清楚"REMY MARTIN XO：Exclusively Fine Champagne Cognac"是一款白兰地的广告语（和香槟酒没有关系）。白兰地是英文Brandy的译音，一般而言，白兰地专指以葡萄为原料，通过发酵再蒸馏制成的酒，被誉为"葡萄酒的灵魂"。其他水果为原料，通过同样的方法制成的酒，常在白兰地酒前面加上水果原料的名称以相互区别，如樱桃白兰地（Cherry Brandy）、苹果白兰地（Apple Brandy）。

众所周知，白兰地最著名的产地当属法国。但是当人们提到极品白兰地的时候，想到的就只有干邑了。而广告语中的Cognac就是法国白兰地的著名产区"干邑"——法国南部的一个地区，位于夏朗德省（Charente）境内。干邑地区的土壤、气候、雨水等自然条件特别利于葡萄的生长，加之其悠久的历史和独特的加工酿造工艺，干邑白兰地酒体呈琥珀色，清亮透明，口味讲究，特点明显，酒精度43°，享有盛誉，被称为"白兰地之王"。

第二，很多人认为文中的Champagne（香槟）指的是香槟酒，其实和香槟酒没有任何关系。它指的是干邑白兰地的一个产区。法国白兰地按产地又可分为干邑（Cognac）和雅文邑（Armagnac），其中干邑按产区又可分为GRANDE CHAMPAGNE（大香槟区）、PETITE CHAMPAGNE（小香槟区）、BORDERIES（波鲁特利区）、FIN BOIS（芳波亚区）、BON BOIS（邦波亚区）、BOIS ORDINAIRES（波亚•奥地那瑞斯区）。

人们常说的"香槟"还有另外两个意思。其一指地名，法国东北部马恩（Marne）省及其下辖的奥布（Aube）和埃纳（Aisne）地区现统称香槟省。由此可见，"香槟"一词使用较广，一定要仔细区分，马虎不得。其二指香槟酒，也是用得最广的一种，指含有二氧化碳的起泡沫的白葡萄酒，因原产于法国香槟省（Champagne）而得名。香槟酒具有浓郁清香、酒度低的特点，常用于宴会等场合。根据规定，除法国香槟地区之外，其他用类似方法酿制的葡萄酒要么称气泡葡萄酒，要么称气泡酒，是不可以称作"香槟"的。

第三，依据1909年5月1日法国政府颁布的法令：只有在干邑地区（包括夏朗德省及附近的7个区）生产的白兰地才能称为干邑，并受国家监督和保护。干邑白兰地的名品很多，远销世界各地，常见的有人头马（Remy

Martin）、马爹利（Martell）、轩尼诗（Hennessy）、拿破仑（Courvoisier）、普利内（Polignae）、百事吉 V.S.O.P（Bisquit）等。

为了区分白兰地的品级，通常会采用一些数字或字母来标示，如★3年陈、★★4年陈、★★★5年陈、V.O. 10～12年陈、V.S.O. 12～20年陈、V.S.O.P. 20～30年陈、F.O.V. 30～50年陈、X.O. 50年陈、X. 70年陈。此外，还有一些字母标注也用来说明白兰地的品质，如E——Especial特别的、O——Old老陈、P——Pale米加焦糖色、S——Superior优越、X——Extra格外、特高档、C——Cognal干邑、F——Fine精美。不过，这些标记的含义不都是很严格，不仅代表的酒龄没有严格的确定，相同的标记在不同的地区和厂家所代表的意义也不尽相同。

综上所述，广告原文的意思基本可以确定为"50年的人头马是特别优良的白兰地"。如果不了解清楚广告商品和广告文字信息，按字面意思翻译就可能是"人头马独有品质香槟柯纳克"，那就是胡译，让人摸不着头脑。"50年的人头马是特别优良的白兰地"意思表达基本到位，但那只能算得上一句客观陈述，在科技翻译里或者可行，作为广告口号的翻译是肯定行不通的，因为无论是宏观还是微观的广告职能都没有关照到。

20世纪90年代初，香港著名词人黄霑应人头马之邀，将广告译为"人头马一开，好事自然来"，立马获得广告主首肯。广告投放市场之后也不出所料，人头马白兰地销量大增，中文广告语遂成经典，广泛被人传颂。很明显，黄霑并没有被广告原文字面意义所限。宏观方面，他关注到了译文的广告职能，因此修辞造句结构工整、韵律和谐、含义积极，而且用的是大白话，浅显易懂，适合人们记忆和传颂。微观方面，广告原文重点讲白兰地优良的品质，旨在吸引受众关注并消费这款葡萄酒。黄先生抓住了这个目标，同时根据中国消费者，尤其是香港、广东一带人们普遍求吉向好的心态，选准"一开""好事……来"等关键词，使得译文即便从字面上看和原文相去甚远，但功能上一致，甚至更优（更有利于广告商品的传播和销售）。同时，必须说明的是，黄先生应该也认识到有些东西对原文读者而言不言而喻，对译文读者而言如隔重山，想用同样的文字在目标语中传递同样的内涵，达到同样的传播效果，不做变通几乎是不可能的。

5.3　译文求顺原则

广告翻译的最后一个原则是"译文求顺"，此处的"顺"有双重含义，第一为"通顺"，和严复所提的"达"有近似之意；第二为"归顺"，归化顺应译文语言文化习惯，也即"归化"为先。第一层含义比较容易理解，因为一般的翻译都讲求通顺，遑论广告翻译。如果广告译文颠三倒四、思路混乱，那能吸引谁的注意，又能提升谁的消费欲求呢？毫无疑问，本身不通顺的译文连广告主那一关都过不了的，消费者是不大可能遭遇到这样的广告译文。

这里需要特别说明的是第二层含义，译文求顺、"归化"为先的策略。一般认为，"归化"和"异化"是一组相对的概念，是译者对处理源语语言文化时所表现出截然相反的两种翻译态度和策略。归化（domestication）指翻译活动中，译者向读者靠拢，把译文读者和译入语文化摆在优先位置，译者必须像本国作者那样表达，用译入语常见的表达习惯、文化风俗、价值观念等来替换源语中的相关内容，常见的情形是，原文的比喻、意象、固有观念等被译入语中有类似内涵但字面含义截然不同的词汇替代，这样一来译文可读性和欣赏性增强，对于译入语读者而言阅读更轻松，但是原文中文化信息不能有效地输入到译文里。

异化（foreignization）与之恰恰相反，译者向作者靠拢，把原文和源语文化摆在优先位置。译者在翻译时会尽可能保留源语的表达方式、文化观念等，因此译文读者往往能更多更真实地通过译文了解原文风貌，表达习惯、思维方式、异国情调等，当然异化译文的阅读对读者而言常常是一种挑战，因为自己惯常的习惯不断会被打破，思路经常受到干扰。

上面归化、异化两种翻译策略是美国著名翻译理论学家劳伦斯·韦努蒂（Lawrence Venuti）于1995年在《译者的隐身》中提出来的。按韦努蒂（Venuti）的说法，归化法是"把原作者带入译入语文化"，而异化法则是"接受外语文本的语言及文化差异，把读者带入外国情景（Venuti，1995）"。由此可见，直译和意译主要是局限于语言层面的价值取向，异化和归化则是立足于文化大语境下的价值取向，两者之间的差异是显而易见的，不能混为一谈。其实赖斯也提出过归化的策略。根据赖斯的观点，对于呼吁文本而言，翻译应该采取归化方式（adaptive method）以给译文读者带来同样的影响（Reiss，Katharina）。对比可以发现，赖斯的归化和韦努蒂的归化所指不同，前者强调的是语言表达层面的顺应，后者强调的是宏观文化认知层面的顺应。

一般而言，如果为快速获取资讯内容，归化的译文更受欢迎。而如果为了推介异域文化，后者则更加准确。以英语习语"Laugh off one's head"为例，归化译文是"笑掉大牙"，异化译文是"笑掉脑袋"。再如"Birds of a feather flock together"，归化译文是"物以类聚，人以群分"；异化译文是"羽毛相同，鸟飞与共"。还有"Neither fish nor fowls"，归化译文是"非驴非马"；异化译文是"非鱼非禽"。还有"When the cat is away，the mice will play"，归化译文是"山中无老虎猴子称大王"，异化译文是"猫儿不在，老鼠作怪"。

客观上讲，归化和异化两种翻译方式对立统一、相辅相成，各有其适用范围和价值，难分出孰优孰劣，其实绝对的归化和绝对的异化也都是不存在的。根据时间的发展，需求的变化，文本类型的区别，归化抑或是异化，又或者二者的杂合都会被关注和用到。译者及翻译研究者应该的态度是"具体问题具体分析"，不断细化其应用范围和适用规范，拓宽理论视野，促进理论繁荣和翻译事业的进步。

本书将"归化为先"视作广告翻译的一个重要原则是基于以下原因。首先，广告语言的特点之一是语言浅易，避免晦涩难懂。这主要是因为广告受众面一般较广，受教育程度参差不齐。语言艰深难懂的话，受众会很容易拒绝进一步了解广告内容。中国广告业界就有一种代表性观点，即中国市场的语境只属于汉语和汉语中的方言和俚语，所以好的文案一定尊重母语，挟洋自重的文案一定是文案中的汉奸。与此同时，广告内容难懂、文字拗口、不符合受众文字阅读习惯的话，受众了解广告内容的时间自然会拉长，而这也是广告传播的一大忌讳。不被人关注还事小，更严重的是遭人抵制，甚至惹上官司，给广告主带来极大的负面影响。广告界因忽视广告受众文化心理习俗而受牵连的案例屡见不鲜。

2004年底，耐克公司拍摄了一则名为"恐惧斗室"的广告，虽然广告创意十足，但因遭遇文化陷阱，广告播出不久就被中国国家广电总局禁播，耐克公司官方也因此道歉。这则广告由美国广告代理机构 Wieden+Kennedy 驻东京办事处负责制作，美国篮球明星勒布朗·詹姆斯（LeBron James）主演，目标受众为亚洲和美国青少年消费群体。广告中，詹姆斯连闯五关，势不可挡。广告一开始，詹姆斯走在通往球场的通道内，忽然强光将他带入到一栋古建筑内。建筑的第一层是一个擂台，擂台入口两侧有一对石狮把守，一名着紫色道袍的白眉老道从天而降，挡住詹姆斯的去路。面对对手，詹姆斯非常敏捷，干净利落，飞身扣篮，轻取第一关。然后是第二层，敦煌飞天形象和漫天飞舞的钞票代表着"诱惑"，阻挡詹姆斯前进的步伐。而詹姆斯飞身扣碎篮板，金钱和美女也随之土崩瓦解。第三层的挑战来自手舞双节棍的武士，他们集体向詹姆斯挑衅，但詹姆斯毫不畏惧，一记漂亮的远投，把众武士惊得目瞪口呆。第四层两条中国巨龙面目狰狞、吞云吐雾，詹姆斯运球灵活，果断上篮，同样轻松过关。最后一层是建筑露天平台上的篮球场，最后这一关，挑战詹姆斯的是他自己，表示敢于"自我怀疑"。旁边建筑物楼顶上的中国结形象、中式栏杆、飞檐、宝塔和上海东方明珠背景清晰可辨，詹姆斯用穿透对手身体的扣篮和飞起的一脚，结束了这次对战，宣告了詹姆斯突破了所有障碍，也同时表明耐克品牌勇往直前的相同品质。

应该说，这则广告非常有创意，市场定位非常清晰。日本动画、美国嘻哈、中国元素（中国龙、飞天、功夫、中国结等），以及 NBA 巨星，都是耐克青少年目标消费群体所喜闻乐见的。根据耐克公司的统计，该广告在耐克网站播放后的一个月内，有超过265万人次通过网络观看该广告。从某种程度上说，应该是比较成功的。但是很多中国受众却不这样认为，他们发现广告里所有的中国元素都被一一击溃，包括中国图腾形象——龙。另外，广告还把飞天形象和美元放在一起，侮辱了国人，玷污了中国文化。广告播出一个多月后，国家广电总局正式向各省、自治区、直辖市广播影视局（厅）和中央电视台下发了《关于立即停止播放"恐惧斗室"广告片的通知》。国家广电总局的网站发文称，该广告违反了"广播电视广告应当维护国家尊严和利益，尊重祖国传统文化"的相关规定。在广告停播之后，耐克公司通过其在中国的公关代理发表致歉声明中称："耐克公司对'恐惧斗室'广告在部分消费者中所引起的顾虑深表歉意。耐克公司无意表达对中国文化的任何不尊重。"

索尼爱立信手机曾经推出一条广告语"Taking you forward"。广告原文是比较常见的英文广告句型，采用的是动词分词短语结构，词语选择以单音节词为主，日常用词，浅显易懂，感召性强。然而，在广告界，广告原文的知名度远没有其译名——"以爱立信，以信致远"高。译文采用归化的手法，既放弃了原文的表述结构，也放弃了原文表层意义"带你向前"中任何一个词语的使用。译文"以爱立信，以信致远"很有创意地做到了：结构工整——采用广告译文受众所乐见的四字格形式，四字一句，八字一对，整齐呼应；修辞巧妙——译文运用了双关、顶真，以及中国楹联中常用的"嵌字"手法，将品牌名称——"爱立信"巧妙地嵌入广告语中；音韵优美——工整的结构，"以""信"的叠音复现，使得广告译文富于节奏感；意蕴深远——"爱""信"是汉语儒家文化中的核心概念，"远"字正好契合原文"forward"的语义。译文表达出"爱立信"品牌的关爱和诚信是其前行的根本，也必定能够越走越远。从深层次分析的话，译文和原文是保持一致的。而且，很多广告业内人士认为译文较原文更有创意，广告传播效果更优。

　　此外，必须承认的是，在广告翻译实践中，绝大多数翻译，尤其是经典译例都是归化的翻译，因为译者和广告主都非常清楚广告受众的偏好就是他们选择的方向，除了产品本身的卖点，广告文案的设计，广告媒介的选择等要素之外，受众的语言表述方式，风俗传统习惯等都必须完全顺应译文受众。那种逆译入语语言文化习惯的广告文字好比向译入语受众宣战，是冒天下之大不韪的行为，是注定会被市场摒弃的。

第6章
广告翻译技巧

翻译理论家吉里·列维中指出，翻译活动为一系列的步骤（move），每一个步骤都会涉及一次选择，翻译的过程是译者不断进行选择的过程（Hermans，1999）。这一过程既包括关于翻译策略等宏观层面的选择，比如对归化或是异化翻译策略的选择，也包括微观层面的各种翻译技巧的选择。

上文分析的"创意求新、功能求同、译文求顺"是广告翻译指导三原则，视野相对宏观，要求比较全面，可以看作是广告翻译应该遵循的总体方针。但客观上，这些原则是一般化的要求，不够具体，对于广告翻译实践活动而言，缺乏一定的针对性和可操作性。同时，要真正完善广告翻译理论体系构建，真正有效地促进广告翻译能力的提升，还要深入广告翻译研究，其中对微观翻译技巧的讨论必不可少。一般而言，讨论最多的广告翻译技巧有直译、意译、增译、缩译、编译、不译等几种。下面对这几种技巧的一般内容，及其在广告翻译中适用情形、注意事项进行分别论述。

6.1 直译（literal translation）

学界对直译的定义历来存在争议。一般认为，译文形式与内容都与原文一致谓之"直译"。对原文的文字词从句比、亦步亦趋的译文为"直译"的译文，产生这样译文的翻译方法被称为"直译法"。这种处理方法强调对原文从内容到形式上的忠实，优点在于能够吸收外来语言的新元素，在反映异国客观事物方面，比意译更能避免主观因素的干扰。但因为这种译法难以顾及译文读者的语言习惯和思维方式，所以对于普通读者而言，译文有时读来显得晦涩难懂。

在广告翻译活动中，直译的处理方法主要适用于广告文本语义明确易懂，语法结构简单明了，无头尾韵、对偶句、双关等特殊修辞手法，表层语义和深层语义基本一致，按字面意思转换无文化冲突产生的情形。因此直译的特点可以最大可能地保留原广告文本的语言结构和风格特色。但是因为现在广告用词越来越少，也越来越精，因此用词少，结构简单，但不注重修辞手法的广告语也越来越少见。加之英汉语言文化之间存在较大差异，译者创意思维必然参与等多方面的原因，所以直译的处理方法虽然可行，但广告翻译实践中直译的例子不是特别多，有代表性的译例也相对较少。

最有代表性的例子来自德国西门子股份公司的广告语。该公司创立于1847年，1872年就进入中国，是全球电子电气工程领域的领先企业。公司的电子电气产品出众的品质、真正的可靠性能及公司领先的技术成就让人印象深刻，但是其广告语"We're Siemens. We can do that"和中文译文"我们是西门子，我们能办到"也让很多消费者难以忘怀。英语原文用了一个平行结构，由两个简单句构成，用词非常口语化，表达的是西门子强大的品牌自信。译文明显采用直译方法，用的完全是相同的结构，中英文选词也几乎一一对应，品牌的自信也同样表露无遗。综合而言，是广告翻译实践中直译方式处理的代表。

再以有着近150年历史的雀巢咖啡为例。20世纪80年代，雀巢推出"Nest：The taste is great"的广告口号，并进军中国大陆市场。该口号的翻译——"雀巢咖啡：味道好极了"算是直译比较典型的案例。短短30年间，雀巢的产品已经从咖啡、奶粉、拓展到冰激凌和饮用水等领域。应该说雀巢业务在中国的蒸蒸日上，雀巢品牌在中国的家喻户晓，与该广告口号的翻译"雀巢咖啡：味道好极了"深入人心不无关系。

类似的广告翻译还有Samsung（三星）的广告语：Challenge the Limits。由于原广告文本意义较明确，语法结构简单，根据字面意思很容易得出"挑战极限"的译文。译文和原文一样言简意赅，既充分表达出三星公司积极开拓的进取精神，也自信地展示了其产品的技术品质。

从直译角度思考并获好评英汉广告互译的例子还有一些，如：

原文：We lead. Others copy.（Ricoh）

译文：我们领先，他人仿效。（理光复印机）

原文：Winning the hearts of the world.（Air France）

译文：赢取天下心。（法国航空公司广告）

原文：Light is faster, but we are safer.（Global Jet Airlines）

译文：光的速度更快，但我们更安全。（全球喷气航空公司）

原文：Obey your thirst.（Sprite）

译文：服从你的渴望。（雪碧）

原文：Take time to indulge.（Nestlé）

译文：尽情享受吧！（雀巢冰激凌）

原文：Enjoy Coca-Cola.（Coca.Cola）

译文：请喝可口可乐。（可口可乐）

原文：Just do it.（Nike）

译文：只管去做。（耐克运动鞋）

原文：The new digital era.（SONY DVD players）

译文：数码新时代。（索尼影碟机）

原文：The relentless pursuit of perfection.（Lexus）

译文：不懈追求完美。（凌志轿车）

原文：Life is a journey. Enjoy the ride.（NISSAN）

译文：生活就是一次旅行，祝您旅途愉快。（日产）

原文：Future for my future.（Chevrolet）

译文：未来，为我而来。（雪佛兰）

原文：Our wheels are always turning.（五十铃汽车）

译文：我们的车轮常转不停。（五十铃汽车）

原文：The biggest thing to happen to iPhone since iPhone.（iPhone5）

译文：迄今为止改变最大的 iPhone.（iPhone5）

原文：Take TOSHIBA, take the world.（TOSHIBA）

译文：拥有东芝，拥有世界。（东芝电子）

原文：She works while you rest.（A washing machine）

译文：她工作，你休息。（某洗衣机）

原文：Let's make thing better.（Phillips）

译文：让我们做得更好。（飞利浦电子）

原文：Feel the new space.（Samsung）

译文：感受新境界。（三星电子）

原文：You're more powerful than you think.（iPhone5s）

译文：你比你想象的更强大。（iPhone5s）

原文：Small talk.（ipod shuffle）

译文：细语。（ipod shuffle）

原文：The power of dream.（HONDA）

译文：梦想的力量。（本田）

原文：A Kodak moment.（Kodak）

译文：就在柯达一刻。（柯达胶卷）

原文：Focus on life.（Olympus）

译文：聚焦生活。（奥林巴斯）

原文：The choice of a new generation.（Pepsi -Cola）

译文：新一代的选择。（百事可乐）

原文：This BUD's for you.（Budweiser）

译文：百威啤酒只为您。（百威啤酒）

原文：Life is a sport，drink it up.（Gatorade）

译文：生活就是一场运动，喝下它。（Gatorade 饮料）

原文：Life is harsh，your tequila shouldn't be.（Tequila）

译文：生活是苦涩的，而您的tequila 酒却不是。（Tequila 酒）

原文：Good teeth，good health.（Colgate）

译文：牙齿好，身体就好。（高露洁牙膏）

原文：Where life happens.（Ikea）

译文：生活开始的地方。（瑞典宜家）

原文：Our lifelong commitment to you.（John-Lewis）

译文：我们对你一生的承诺。（约翰—路易斯百货商店）

原文：LUX，super rich shine.（LUX）

译文：超级富有光泽。（力士）

原文：The journey is life itself.（Louis Vuitton）

译文：生命本身就是一场旅行。（路易·威登）

原文：Where there is a LV，there is a home.（Louis Vuitton）

译文：LV 在哪里，家就在哪里。（路易·威登）

原文：A world of smiles. The city of happiness.（杭州宣传标语）

译文：微笑之城，幸福之都。

原文：There's life after sex.（防止艾滋病公益广告）

译文：在性之外还有生活。（防止艾滋病公益广告）

原文：Every woman alive wants Chanel No.5.（Chanel No.5）

译文：每一个女人活着都渴望有一款香奈儿五号。（香奈儿5号）

原文：It all starts with an Absolut Blank.（Absolut Vodka- Blank）

译文：一切源自绝对空白。（绝对伏特加"绝对空白"系列）

原文：To me，the past is black and white，but the future is always color.（Hennessy）

译文：对我而言，过去平淡无奇；而未来，却是绚烂缤纷。（轩尼诗酒）

原文：只溶在口，不溶在手。（M&M's）

译文：Melts in your mouth，not in your hands.（M&M 's巧克力）

原文：牛奶香浓，丝般感受。（德芙）

译文：Milky flavor，silky feel.（Dove）

原文：记录在形，感受在心。（Nikon）

译文：Capture more，feel more.（尼康）

原文：挑战极限，征服世界。（路虎）

译文：Challenge the extreme，conquer the world.（Landrover）

原文：爱生活，就是爱拉芳。（拉芳）

译文：To love life is to love Lafang.（Lafang）

原文：唯有时间才能诠释爱。

译文：Only time explains true love

原文：爱她，就带她去哈根达斯（哈根达斯）

译文：If you love her，take her to Haagen-Dazs.（Haagen-Dazs）

原文：信念·创造·拥有。（凯迪拉克）

译文：Life liberty pursuit

最后，需要补充说明的是，从内容到形式上完全忠实于原文的绝对意义上的直译几乎不可能，在广告翻译中更难找到。比较常见的情形是，语言表现风格、形式基本和原文一致，但内容表现上，译者为了使译文表达不至于太突兀，会改变个别词性，调整个别词义，微调句子结构。不过总体而言，译文基本上还是和原文保持一致，因此也算直译的译文。

以美国第二大运动鞋品牌，拥有"慢跑鞋之王"美誉的New Balance为例，其广告词"Let's make excellent happen"表明了公司品牌的执着追求，即经历一百多年风雨不倒，依然致力于制鞋工艺的革新，努力开发符合人体工学的各类鞋款，追求极度舒适，让每一个消费者都能因此获得新奇的感受，成为出色跑者，创造奇迹。根据字面语义进行直译的话，译文"让我们让精彩发生"

明显给人行文啰嗦、不够简洁的感觉。究其原因，"让"的不当重复是其一，"我们"二字一般省略却没有省略是其二。"excellent"译作"优秀"虽然没有问题，但在汉语广告词中出现的频率较低，语言的表现力和震撼力不如"奇迹"。另外，"奇迹"二字和"excellent"的内涵有相关之处，更和广告品牌的宣传目标高度一致。因此，译文"让奇迹发生（新百伦）"虽然没有和原文亦步亦趋，但内容和形式基本忠实原文，属直译的处理方式。

上文介绍的只是New Balance广告语直译的译文。当然，也可以用其他方式来翻译该广告语，如"足以足下生辉"。译文用到了双关和套用成语等修辞手法，是非常地道的汉语表述方式。特别是"足下生辉"四个字的应用，紧紧扣住了产品的功能。很显然，这不是直译的译文，而是译者经过加工的意译的译文。那什么是意译呢？

6.2 意译（Free translation）

和"直译"相反，以传达原文的内涵意旨为主的译文为"意译"的译文，与之相应的翻译方法就被称为"意译法"。在翻译活动中，意译通常指以传达原文意义为主要目标，不拘泥于原文结构形式与修辞手法的翻译方法。意译的处理方式容许译者有一定的自由，但该自由必须受到原文基本资讯的约束。因为该类型的翻译手法显得较为自由、灵活，翻译过程中译入语读者的语言和思维习惯得到了充分的考虑和照顾，所以站在译文读者的角度来看，译文可读性强，显得非常地道，但相对而言，译文对原文的忠实程度就略有欠缺，有时可能还会有较大出入。正如刘宓庆先生所说"审美价值往往具有民族性和历史继承性，这时的审美价值在原语读者心中唤起的感应通常无法转换到译语读者的心中"（刘宓庆，2005），这些无法转换的东西是翻译的缺憾，但如果译者能够灵活变通，有些缺憾往往又能以另一种形式得到保全。

为了叙述的方便，也为了厘清一些概念，这里有必要介绍一下另一组概念："归化"和"异化"。美国翻译理论家劳伦斯·韦努蒂在其 The Translator's Invisibility 一书中，将一种方法称作"异化法"（foreignizing method），将另一种方法称作"归化法"（domesticating method）（Venuti，1995）。"直译"与异化、"意译"与归化之间有着一定的亲缘关系，但这两组概念的侧重点有所不同。"直译"与"意译"的参照点重在原文的语言特点，而"异化法"和"归化法"是以译者向原作者靠拢还是向译文读者靠拢来划定的。向原作者靠拢的译文为异化的译文，相应的翻译策略为异化的翻译策略；相反，向译文读者靠拢的译文为归化的译文，而相应的翻译策略为归化的翻译策略。异化和归化更加具有原则性，牵扯的范围也比"直译""意译"的范围要广，它们从单纯的语言层面的讨论中摆脱出来，在文化大语境下透视翻译问题。"直译""意译"只局限于语言层面的探讨，而异化和归化则不仅涉及语言问题，而且还牵扯到语言风格、价值观念、宗教信仰、诗学传统等诸多方面的问题。

在广告英汉翻译活动中，意译的处理方法主要适用于英语广告文本语义明确，但字对字翻译难以完美传达广告原文的信息，或者原广告文本的信息直译时会导致歧义，甚至文化冲突。在广告翻译活动中，意译的方法也颇受一些译者欢迎，因为该法指引下的翻译往往非常符合译入语广告受众的思维和言语习惯，读来易懂，从而方便广告口号的深入人心和迅速传播。

Ricoh（理光复印机）有一条知名度很高的广告语："We lead. Others copy"。作为日本著名的办公设备及光学机器制造商、世界五百强企业，理光复印机广告语明白无误地展现了公司强大的行业自信。广告原文结构简单、语义清晰。如果按照上一节提到的"直译"的方法来做的话，当然可行，但直译为"我们领着别人抄"，纯属恶搞，万万不可。直译为"我们领先，他人仿效"则完全没问题，无论是从语义还是从结构上看，和原文都是一致。不过，网上有人认为理光的这句广告语也可以译作"一直被模仿，从未被超越"。略作对比可以发现，后者虽然没有把原文中"领先"等概念清楚地表达出来，但是译文的语义明显涵盖这一点。另外，添加的"一直""从未"等词和原文本来的自信，及公司发展历史完全契合，不仅合理，而且比前者更有气势。因此，译文虽然从表面的结构和字面的意思上看，和原文不完全一致，忠实度略差一些，但译者充分尊重了译文读者的语言文化习惯，表现出了更高的灵活性。

这里需要说明的是，"一直被模仿，从未被超越"口号几乎家喻户晓，甚至成了人们日常生活中调侃的常用句式，如："一直被追赶，从未被反超""一直有梦想，从未去努力"等。但是到底哪个品牌最早用到这个广告口号，难以考证。网上较多观点支持该广告语出自可口可乐公司1942年推出的广告口号"The only thing like Coca-Cola is Coca-Cola itself"。当时正是二战期间，各国物资缺乏，正宗的可口可乐很难买到，德国境内冒牌可乐 Afri-Cola 充斥市场。发现该问题后，可口可乐公司就在欧洲市场推出该广告口号，提醒人们消费真可乐，拒绝假可乐。该广告语如果直译为"像可口可乐的唯有可口可乐"的话，就显得太过平淡。意译"一直被模仿，从未被超越"从容自信，表明正品的高度难以企及，冒牌货看到的永远是背影，同行能做的永远是追随。因此意译的文字和原文的要旨是一致的，如果用它作中国市场的可口可乐推广口号，任何时候都是可以的。当然，不得不提的是，这句知名度很高的广告译文和前文提到的很多广告语一样，找不到译者，查不到来处，再一次印证了广告翻译的匿名性。

上面说的是可口可乐的广告案例，与其有100多年恩怨情仇的百事可乐也非常重视广告宣传。1999年，百事可乐公司推出广告口号"Ask for more！（Pepsi- cola）"。如果从直译的角度来考虑的话，它的翻译可以是"想要/渴求更多"，但这样的直译没有被百事可乐公司采纳。公司最后选定的是意译"渴望无限"。虽然more的字面意思是"更多"，但何谓"更多"呢？多到更多的时候不就是无限吗？因此，译者在翻译这句广告词时，跳脱了该词字面意思的束缚，充分挖掘了其背后的意思，加之充分考虑了广告语言特色和中国消费者的语言偏好，如"渴望"和百事可乐一关联，语义内涵就丰富起来，双关的修辞手法能很快吸引广大消费者的注意，为百事可乐同时期的销售立下了汗马功劳。

另一个经典的意译译例和曾经一度辉煌的诺基亚（Nokia）公司有关。成立于1865年的诺基亚公司曾经一度是世界上最大通信设备供应商，移动通信的全球领跑者。该公司1985才在北京设立诺基亚北京代表处，正式进入中国市场，14年后诺基亚的中国用户突破两亿。诺基亚的壮大与其公司的核心价值观"Nokia，Connecting People"紧密关联。在很多诺基亚手机的广告画面中能看到这句口号，它的中文翻译"诺基亚，科技以人为本"也曾吸引了很多人的关注，初一看广告译文和原文相去甚远，但仔细比较，很多人都为译者的仔细用心所折服。该广告的字面意思是"诺基亚是连接人们的纽带"，但它不足以精确传递诺基亚的核心价值观，即诺基亚崇尚科技领先，但科技的发展要充分满足人的需求。在诺基亚公司，人——消费者始终是产品研发的出发点和落脚点，这样就使诺基亚的科技给人一股融融暖意。

其他意译的例子还有：

原文：Time always follows me.（Rossini Watch）

译文：时间因我存在。（罗西尼表）

原文：Every time a good time.（McDonald）

译文：秒秒钟欢聚欢笑。（麦当劳）

原文：Bye Bye Bye.（RADAR）

译文：蚊子杀杀杀。（雷达牌驱虫剂）

原文：Come to where the flavor is. Come to Marlboro Country.（Marlboro）

译文：光临风韵之境——万宝路世界。（万宝路香烟）

原文：A Kodak Moment.（Kodak）

译文：就在柯达一刻。（柯达相纸）

原文：Time your Time.（LG）

译文：左右时间。（LG液晶电视）

原文：On time，every time.（UPS）

译文：准时的典范。（UPS快递）

原文：Have a Break，Have a Kit-Kat.（Kit-Kat）

译文：轻松一刻，奇巧时刻。（奇巧夹心巧克力）

原文：Things go better with Coca-Cola.（Coca-cola）

译文：饮可口可乐，万事如意。（可口可乐）

原文：Wings.（Motorola）

译文：飞跃无限。（摩托罗拉）

原文：What can be imagined，can be realized.（HKT）

译文：只要有梦想，万事可成真。（香港电讯）

原文：Time is what you make of it.（Swatch）

译文：天长地久。（斯沃奇手表）

原文：Make yourself heard.（Ericsson）

译文：理解就是沟通。（爱立信）

原文：Engineered to move the human spirit.（Mercedes-Benz）

译文：人类精神的动力。（梅赛德斯-奔驰）

原文：Start Ahead.（Rejoice）

译文：成功之路，从头开始。（飘柔）

原文：For the Road Ahead.（Honda）

译文：康庄大道。（本田）

原文：The Relentless Pursuit of Perfection.（Lexus）

译文：追求完美，永无止境。（凌志汽车）

原文：Communication unlimited.（Motorola）

译文：沟通无极限。（摩托罗拉）

原文：Feast your eyes.（Pond's Cucumber Eye Treatment）

译文：滋润心灵的窗户。（庞氏眼贴片）

原文：Behind that healthy smile，there's a Crest kid.（Crest toothpaste）

译文：健康笑容来自佳洁士。（佳洁士牙膏）

原文：Can't beat the real thing.（Coca cola）

译文：挡不住的诱惑。（可口可乐）

原文：The world smiles with Reader's Digest.（Reader's Digest）

译文：《读者文摘》给全世界带来欢笑。（《读者文摘》）

原文：From Sharp minds, come sharp products.（Sharp）

译文：来自智慧的结晶。（夏普产品）

原文：Ideas for life.（Sony）

译文：为生活着想。（松下电子）

原文：Ipod here, there and everywhere.（iPod）

译文：一路与你同行。（iPod）

原文：Color, color, and then some more color.（iPhone 5c）

译文：就是那么缤纷多彩。（iPhone 5c）

原文：You're more powerful than you think.（iPhone5s）

译文：比你想象的更加强大.（iPhone5s）

原文：Day in. Day out. Everyday.（Tiffany）

译文：相伴每一天。（蒂芙尼）

原文：Sometimes beauty is more than skin deep.（Volvo）

译文：外表固然美，内在更为优。（沃尔沃汽车广告）

原文：Speed and power have always been desirable, but rarely this controllable.（Ford）

译文：速度动力鞭长可及，收发易如反掌。（福特汽车）

原文：Above and beyond.（Land Rover）

译文：路虎，超乎想象。（路虎汽车）

原文：Make wages meet family needs.（A Trade Union of Hongkong）

译文：工资回报，以家为本。（香港一工会）

原文：Use your heart. Free your mind.（Shiseido）

译文：心之所至，豁然自在。（资生堂）

原文：Waiting only makes it sweeter.（Haagen-Dazs）

译文：等待只为更甜蜜。（哈根达斯）

原文：The longer lasting pleasure.（Haagen-Dazs）

译文：无尽悠享。（哈根达斯）

原文：At the heart of image.（Nikon）

译文：影像从心。（尼康）

原文：Smart device, simple world.（HUAWEI）

译文：世界任你掌控。（华为）

原文：Make it possible.（HUAWEI）

译文：以行践言。（华为）

原文：Delighting You Always.（Canon）

译文：感动常在。（佳能）

原文：Making it possible with Canon.（Canon）

译文：佳能让一切成为可能。（佳能）

原文：Thinner，lighter，more powerful（iPad Air）

译文：轻出分量。（苹果平板电脑iPad Air 系列）

原文：The standard of the world.（Cadillac）

译文：敢为天下先。（凯迪拉克）

原文：The power to do more.（Dell）

译文：激发无限。（戴尔）

原文：Game on. And on. And on.（Apple）

译文：玩无止境。（苹果）

原文：Bigger than bigger .（Apple）

译文：岂止于大。（苹果）

原文：Where Business Blossoms.（The Garden Hotel Guangzhou）

译文：非凡之聚，商务之最。（广州花园酒店）

原文：Where digital dreams come true.（Samsung）

译文：成就数字梦想。（三星）

原文：Home is where the honda is.（Honda）

译文：本田就是一个家。（本田汽车）

原文：We give you the support as you move ahead in life.（Zurich Insurance Group Ltd.）

译文：将来预计不到，今日就准备好。（香港苏黎世保险集团）

原文：In search of excellence.（Buick）

译文：志在千里。（别克轿车）

原文：Gold is cold. Diamonds are dead. A Limousine is a car. Don't Pretend. Feel what's real. C'est Ca Que J'adore.（This is what I love）

译文：此时，黄金显得冰冷，钻石缺乏了生机，豪华轿车也不够吸引，不要造作，感受真实的奢华，唯有，迪奥真我香水。

原文：不同的裤，相同的酷。（李维斯）

译文：Different styles，common cool.（Levi's）

原文：不怕你跟着我，就怕你跟丢了。（沃尔沃）

译文：Follow me，if you can！（VOLVO）

原文：没有到不了的地方，只有没到过的地方。（雪佛兰）

译文：Follow your step，however difficult！（Chevrolet）

原文：世界首创，中国一绝。（海南椰子汁）

译文：A world special with an enjoyment beyond words.（Hainan Coconut Juice）

原文：至尊超薄，极致快感。（杜蕾斯）

译文：You feel nothing between you.（Durex）

说到意译，还必须提到"创译"。李克兴教授曾于 1998 年在香港《翻译季刊》上发表论文《论广告翻译的基本原则》，提出了广告的创造性翻译，全面否定把"忠实"作为广告翻译的原则（李克兴，1998）。创译（Creative Translation）指翻译活动类同一种再创造。经创译法处理的译文，如果从字词对应上看，基本上找不到原广告文本的影子，但往往如神来之笔，不仅完全符合译入语的表达规范，而且意境深远，耐人寻味，因而很受译入语广告受众的欢迎。在广告翻译活动中，比较而言，英译汉较汉译英有更多精彩的译例，体现出译者非凡的创意。究其原因，辜正坤教授有过类似的论述："汉语言文字先天地就在艺术表达上更富于表现性，更具美感性。因此，一首较平常的英语诗译成汉语后，往往要比原作更富于文采（辜正坤，2003）"。上文提到过国际钻石推广中心的DTC凭借广告语"A diamond is forever"，其译文"钻石恒久远，一颗永流传"称得上是创译的代表。

一般来讲，创译的译文备受青睐，这主要和广告文体的特殊性紧密相关。由于广告所承载的主要功能是尽可能广泛地推销产品（包括理念、服务），因此非常强调创意，即独具匠心地传递产品信息，以期快速吸引受众的注意力，给人留下深刻印象，并最终产生消费行为。因为广告文本创作时强调创意，所以在对广告文本进行翻译时追求创意就不难理解了。广告翻译中对创意的追求往往体现对原广告文本形式的颠覆，以广告译入语受众所喜闻乐见的形式，巧妙地传递原广告的核心内容。

需要特别指出的是，创译并非真正意义上的创造，不是完全地重起炉灶。创译的创造不是天马行空，必须要有所本，这指的是创译活动在某种程度上还必须受到原广告文本的约束，核心内容应该和原文本保持一致。因此，创译过程中，译者所表现出的创造性主要体现在语言表达灵活性上。一般而言，创译出的广告词往往使用了一种或以上的修辞手法，初看仿佛和原广告文本相去甚远，仔细品读，和原文本极其神似。对译入语受众而言，译文显得非常地道，读来往往朗朗上口，也能契合广告文本"易读、易懂、易记、易传播"的要求。

以IBM一句广告语"No business too small，no problem too big"为例，其官方译文"没有不做的小生意，没有解决不了的大问题"有信息的添加和变通，清楚表明了公司的服务宗旨和行业自信，通俗易懂，便于译文受众快速了解原文资讯，是意译的处理方式，为众多消费者所了解。但是，这个不错的译文可不可以再锤炼呢？笔者认为存在改进的空间。至少原文用到了对照修辞法，且前后两个部分字数相等，结构非常齐整，英文广告词中比较少见，中文这方面的要求更高，相对也更容易做到。所以如果充分考虑受众的阅读习惯，采用前文提到的中文常用句式结构和修辞方式的话，译文也可以为"揽四海顾客，解天下难题"。相比较而言，第二个译文无论是从动词"揽""解"及动宾结构选择，还是从"四海""天下"及儒家文化的体现，还有对联式结构的应用等都显得非常地道。语义方面，"没有不做的小生意"指的就是顾客不论大小，一律欢迎，而"揽四海顾客"只是把大小概念换成了中文广告词中常用来表达泛指的地域概念，表达的也是一视同仁、开放欢迎的经营理念。同理，"解天下难题"和"没有解决不了的大问题"的内涵也一致。笔者课堂上学生们的观点是，改进译文是归化的处理方式，更加灵活，更有气势，体现出了译者的选词炼句方面的创造性。

瑞典爱立信公司的广告语也是创译的经典，它的广告语是"Taking you forward"，其"以爱立信，以信致远"也堪称经典。广告翻译界及众多消费者之所以广泛认同这句广告语，主要是因为译文不仅内藏公司名称，而且辞工句整，意蕴深刻，极富中国古典诗词的韵味，令人叫绝。要论语言文字的感染力，它绝对不逊色于原文，认为译文已经超越了原文的也大有人在。

再以Patek Philippe（百达翡丽表）广告为例。百达翡丽是一家创建于1839年的瑞士钟表品牌，位列世界十大名表之首。作为世界众多品牌表中唯一一家全部机芯获"日内瓦优质印记"（Geneva Seal）的品牌，百达翡丽精良的手表工艺享誉全球。其广告语"You never own a Patek Philippe，You merely look after it for the next generation"，仿佛不经意间表达了对质量的承诺，即每块百达翡丽表都是传家宝，不是哪一个人的专享。直译的话，译文"没人能拥有百达翡丽，只不过为下一代保管而已"中规中矩，基本表达了原文的意思，但感觉太过平白，而且字数较多，和广告语言的要求不符。而译文"百达百世，翡丽传家"则显得非常地道。首先这种四字结构，对句呈现的方式在中文广告句型中非常多见，容易为译文受众所接受。更重要的是，该译文还采用了"嵌字"的修辞手法，像一些诗歌和对联一样，将品牌名称"百达""翡丽"分别嵌入到前后两个分句当中，非常巧妙。再有，百世传家的概念和原文思想一致，也符合汉文化中好东西要代代相传的观念。另外，两个"百"字复现，四字格等表达方式也使译文极富音韵美。虽然有人可能认为存在两个反面的问题，其一原文很多信息如"不能拥有，只能保管"被忽略，其二译文中"百世"的概念和原文不完全一致。但仔细分析的话，这些问题是不存在的。其一，中文中的传家概念自然涵盖了原文的那些语义，多说无益。其二，"百世"这种夸张的说法中英文广告中都很常见，是中文广告受众所喜闻乐见的表达形式，这里其实也和原文的主旨、功能一致。所以综合来看，改进的译文既充分吃透了原文，又充分考虑了译文可能的表达习惯，言简意赅，音韵和美，表现出了非凡的创意。

综合上述案例可以看出，创译比一般意译的译文表现出更高的灵活性，译文更显符合译入语习惯，无论是字、词、结构的选择，还是文化思维的呈现都以译入语受众的偏好为重，表现出明显归化的翻译特征。一般而言，要产生较好的创译，除了对原广告文本内涵的准确理解，对译入语超强的把握之外，译者往往还需要灵感，用一种或以上的修辞手法，匠心独具地再现原广告文本的神韵。

下面的译例大多能表现出译者不俗的创意，其中大部分在业界广为传颂，少部分是笔者及学生的译文：

原文：Get TIME，ahead of time.（Time《时代周刊》）

译文：《时代周刊》，领先时代。（《时代周刊》）

原文：Now you're really flying.（Cathay Pacific Airways Ltd）

译文：飞跃人生，非凡感受。（国泰航空有限公司）

原文：Good to the last drop！（Maxwell House）

译文：滴滴香浓，意犹未尽。（麦氏咖啡）

原文：Spray more，get more. The AXE effect.（AXE）

译文：一喷见实效，再喷见奇功。（AXE男士香水）

原文：My Moment. My Dove.（Dove）

译文：浓情时刻，尽在德芙。（德芙）

原文：Everyday New Face.（LANEIGE）

译文：永恒之恋，相伴一生。（LANEIGE兰芝护肤品）

原文：Intelligence everywhere.（Motorola）

译文：智慧演绎，无处不在。（摩托罗拉手机）

原文：You are unique. You are magnifique.（LancÔme）

译文：璀璨动人，如你珍贵。（法国兰蔻）

原文：Fashion passes. Style remains.（Chanel）

译文：时尚易逝，风格永存。（香奈儿）

原文：Lose ounces, save pounds.（某减肥产品）

译文：失去几盎司，省下好几镑。（某减肥产品）

原文：We make fund investment easy.（Dao Heng Bank）

译文：基金投资，倍感轻松。（道亨银行）

原文：Where money lives.（Citibank）

译文：让财富充满活力。（花旗银行）

原文：There Are Some Things Money Can't Buy. For Everything Else, There's MasterCard.（MasterCard）

译文：世间情无价，万事皆可达。（万事达卡）

原文：First Love.（Louis Vuitton）

译文：一见倾心。（路易·威登）

原文：Tide's in, dirt's out.（Tide）

译文：汰渍到，污垢逃。（汰渍洗衣粉）

原文：With a single copy of The Globe in hand, You can enjoy a wide view of the world.（Globe magazine）

译文：一册在手，纵览全球。（《环球》杂志）

原文：Born to run.（Benz）

译文：天生奔驰。（奔驰汽车）

原文：Born to be appeal.（Benz）

译文：魅力与生俱来。（奔驰汽车）

原文：Why get a car when you can get a Land Rover.（Land Rover）

译文：拥有路虎，夫复何求。（路虎汽车）

原文：Trust us for life.（American International Assurance）

译文：财务稳健，信守一生。（美国友邦保险公司）

原文：Make home for ideas.（IKEA）

译文：无处不宜家。（宜家）

原文：It never happened before because it all happened before.（Benz s500）

译文：厚积薄发，铸就经典。（奔驰s500）

原文：All girls prefer dry guys, because you never know when. LYNX 24-7 works 24hours a day.（LYNX）

原文：女生都爱顽皮男，故事总在上演，时机无法料想。凌仕让你魅力不减，精彩不断。（凌仕）

原文：World in hand，Soul in Cyber.（Microsoft）

译文：掌中乾坤，梦之灵魂。（微软）

原文：China Railways High-Speed，a moving Great Wall in the world！（CRH）

译文：中国高铁，世界奇迹！（中国高铁）

原文：每一秒，都即刻尽性。（杜蕾斯）

译文：Durex makes love durable.（Durex）

原文：精彩创新，完美品质。（华硕）

译文：Inspiring Innovation. Persistent Perfection.（ASUS）

对比分析意译和创译相关说明和译例的话，不难发现，创译和意译其实存在明显相似之处，即二者都容许译者相当的主动性，译文都显得比较灵活，区别只在程度之上。正如笔者班上学生的观点，创译和意译之间很难找到明确的分界线，有的广告译文既可以看作是意译的译文，也可以看作是创译的译文。确实如此，创译的译文也以传达原文的内涵意旨为主，是经过消化加工的翻译形为，和意译的特征总体一致，归为意译一类更为合理，也更容易理解，所以本书没有将其单列阐述。

6.3　增译（Supplementary translation）

增译法指在翻译时按照语义、修辞或句法的需要，增补一些词以忠实通顺地表达原文思想内容的方法，因此增译也表现出译者一定的主动性。增词的处理方式往往是因为直译无法使译文读者完整获知原文内容的情况下使用的，这种情况一般来自语言结构和文化习俗两个方面。

在广告翻译活动中，增译也是经常用到的一种翻译方法。上文提到的诺基亚等广告语翻译其实也都用到了这个方法。增译法一般包括两种情况：一种是由于语言间文化空缺的存在，译者必须对原广告文本中某些关键词的词义进行挖掘或扩充，将原文的深层意思加以发挥，或使其隐含意思凸显。另一种情况是由于广告语言的特殊性，译者必须迎合广告受众的语言习惯，来进行译文词句结构的选择。

根据笔者的广告翻译实践和课堂教学经验，英汉广告互译活动中，英译汉增译的情形要明显多于汉译英增译的情形。这主要是由于两种语言的表述习惯不同，一般认为汉语是意合的语言，语言表达靠语义统领，逻辑关系不强调外显，因此多重复用词，排比结构，强调对仗工整、音韵和谐。英语则是形合的语言，关联词丰富、逻辑结构外显，主从关系明晰，一般不重复。因此，英汉广告翻译活动中，译者在充分理解原文语义的基础上，可从押韵、对仗、对偶句等中国人喜闻乐见的形式着手去思考，必要的时候进行文字的合理添加。

More（摩尔）女士香烟品牌1975年由雷诺公司创建，其超薄的包装、时尚的外观、纤细的卷烟，无形间能衬托出女性优雅的气质，加上其不寻常的清凉香味，使More烟赢得了大量的女性烟民。在More香烟市场推广的过程中，有一则广告，无论是其原文还是译文都曾吸引了很多人的关注。广告原文是"I am More satisfied"，细心的读者马上能够发现原文用的是英文广告中用的较广的简单句式，全句四个词，结构简单明了。当然广告词最大的亮点是More一词双关手法的应用。很显然，More在这里既可以看作是形容词比较级的标记词，也可以看作是这款香烟的名字，而且首字母大写也明确了这个意图。这样一来，原文的意蕴就变得更加丰满，更值得玩味了。或许是因为广告原文比较有意思，国内很多广告翻译爱好者尝试翻译过这则广告词，如"摩尔香烟，再来一支""再来一支，还吸摩尔""多多益善，我要多多"等，所有译文都采用了中文广告词常用的结构，特别是前两则译文还尽量注意双关含义的表现，各有其可圈可点之处。笔者觉得广告原文重点不在于强调量，而在于摩尔香烟本身给女性消费者带来的快乐，所以可以译为"手中摩尔，心中莞尔"。译文中"莞尔"一词尽显这款香烟给女性消费者带来的不可言说的美妙与满足，符合该品牌女性消费群体的定位，和广告原文内涵一致，加上两个字如"中""尔"的复现使得译文音律优美，应该也值得肯定。当然为了形成中文常见的表达结构，达到音律和谐的目的，译文有信息的增补，如手中、心中等，"手中"写景，"心中"写情，情景交融，更有画面感，这点比原文更突出，但广告翻译中也完全许可。

类似的例子还有如Longines（浪琴）表广告语，作为拥有近两百年历史的瑞士名表，浪琴曾推出过"时间教我，认真爱你""圈住时间，感谢有你"等广告语，但最出名的还是下面这句广告语"Elegance is an attitude"和它的中文翻译。网上流传最广的有两个译文，分别"优雅是一种态度"和"优雅态度，真我性格"。前面一个是直译的译文，无论是从形式还是内容上看都忠实于原文，没有问题，也受到一些读者的喜爱。但是，比较而言，第二个译文受到了更多的青睐，究其原因无外乎其表现方式更符合国人的胃口，这点和广告语言应该顺应目标受众语言文化习惯的原则一致。但是，这种顺应明显导致了译文信息的增加，对句的后半句完全是译者添加进去的内容，当然这种添加是综合考虑产品功能、原文内涵、译文结构之后做出的，因而是合理的。

上面的两个例子主要是从汉语表述习惯出发进行的增补，下面再举一个从词义挖掘角度来增补的译例。英特尔公司是全球最大的半导体芯片制造商，具有50年产品创新和市场领导的历史。1991年，英特尔公司发动代号为"Intel Inside"的"多厂商合作"计划和宣传策略，特别是1993年英特尔研发出Pentium之后，更是打出了"Intel Pentium：Intel Inside"的广告口号。口号非常有创意，音韵节奏优美，排列整齐，简短有力，仅仅四个单词就有三个是专有名词，而且有一个还重复了一次。要把这个简短的口号翻译成中文非常困难，如果仅忠实原文的话，译文是"英特尔奔腾：里边有个英特尔"。这样一来不仅原文音韵的和美感荡然无存，而且还容易产生歧义。毕竟很多消费者并不清楚Intel的大致内容，刚开始在市场上推出时尤其如此，因此必须要给予恰当的说明。后来，英特尔公司选定译文"英特尔奔腾：给电脑一颗奔腾的'芯'"。简单的增补使语义明朗，译文一出，受到业内一致好评。这种翻译处理方法是典型的增译法，译者通过对原文词义的挖掘扩充，并辅以双关等修辞手法使得译文既语义完整、功能突出，同时又颇具幽默感，使人过目难忘，从而提高了产品的知名度。

其他类似的增译例子还有：

原文：Anytime.（TNT）

译文：随时随地，准时无误。（TNT国际快递）

原文：Urgent！（DHL）

译文：无论几急，DHL准时送及！（敦豪速递公司）

原文：Not all cars are created equal.（Mitsubishi Motors）

译文：并非所有的汽车都有相同的品质。（三菱汽车）

原文：Live well，snack well.（Snack well）

译文：美好生活离不开香脆的饼干。（斯耐克威尔饼干）

原文：Beyond your imagination.（Korean Air）

译文：意想不到的天空。（大韩航空）

原文：Your future is our future.（HSBC）

译文：与您并肩，迈向明天。（汇丰银行）

原文：Straight talk smart deals.（East Asia Heller Ltd.）

译文：直言实干，称心方案。（东亚兴业有限公司）

原文：Intel Inside.（Intel Pentium）

译文：给电脑一颗奔腾的"芯"。（英特尔奔腾）

原文：Intelligence everywhere.（Motorola）

译文：智慧演绎，无处不在。（摩托罗拉手机）

原文：The only thing that's changed is everything.（iphone6s）

译文：唯一的不同，就是处处都不同。（苹果6s）

原文：No business too small, no problem too big.（IBM）

译文：没有不做的小生意，没有解决不了的大问题。（IBM公司）

原文：It's finger-licking good.（KFC）

译文：吮指回味，其乐无穷。（肯德基）

原文：Always have fun.（M&M's）

译文：妙趣挡不住。（玛氏巧克力）

原文：Fight boring.（IKEA）

译文：向"糟糕的品位"宣战。（宜家）

原文：Unlock the possibilities！（Tiffany）

译文：开启无限可能。（蒂芙尼珠宝）

原文：Think small.（Volkswagen）

译文：想想还是小的好。（大众）

原文：Be inspired .（Siemens）

译文：灵感点亮生活。（西门子）

原文：Even angels will fall.（Lynx）

译文：天使坠落人间。（lynx男士香水 天使坠落篇）

原文：Be good, be bad, just be yourself.（CK）

译文：是好还是坏，只要做你自己就好。（CK卡尔文克莱恩中性淡香水）

原文：Live unbuttoned.（501 Levi's）

译文：真我不受限。（李维斯501）

原文：My digital story.（Olympus）

译文：记录我的心情故事。（奥林巴斯）

原文：Fresh-up with Seven-up.（Seven-up）

译文：提神醒脑，喝七喜。（七喜）

原文：Generation Next.（Pepsi）

译文：你是百事新一代。（百事可乐）

原文：Don't be too square.（SWATCH）

译文：时尚随性，个性彰显（斯沃琪手表）

原文：Prepare to want one.（Hyundai）

译文：众望所归，翘首以待。（现代汽车）

原文：Whatever makes you happy.（credit Suisse）

译文：为您设想周全，让您称心如意。（瑞士信贷银行）

原文：Time is a luxury.（Concord）

译文：时光宝贵，君皇表现。（君皇表）

原文：Our challenge is life.（Aventis）

译文：让生命延长，健康相伴。（安万制药）

原文：Life needs beauty.（Menard）

译文：美丽肌肤，美好生活。（美伊娜多）

原文：You can make just as much noise with a picture.（Nokia 9910）

译文：千言万语说不尽，一图无声胜有声。（诺基亚9910）

原文：Make believe.（Sony）

译文：品质值得信赖。（索尼）

6.4　缩译（Condensed translation）

　　缩译和增译是一组相对的概念。缩译即缩减省略翻译，指的是译文中有些词不必翻译出来，因为其词义在译文中是不言而喻的。在各类文本当中经常存在这样的情况，由于各民族表达习惯的差异，源语文本中的某些信息直接翻译到目标语当中的话，显得繁复啰嗦，不如进行精简处理。但要注意的是，缩减的只是一些可有可无或者有违译入语接受者语言文化习惯的词语，原文的思想内涵一定不能删减。在广告翻译活动中，缩译一般表现为对一些相对冗余的信息进行删减加工。相对于增译而言，缩译处理的案例相对较少些。

　　本书第1章讲到过7-Up（七喜）饮料，20世纪60年代，该公司采取"非可乐（Uncola）"的营销策略，把自己放在两大可乐饮品的对立面上，瞬间拉高自己的定位，非常巧妙，使公司的业绩得以大幅度提升，是为十分成功的广告案例。其广告词"There's no cola like The Uncola"也非常有意思，采用的是广告语中比较少用的"There be"句型，但"cola"的复现，尤其是创新词"Uncola"的使用，为该广告词赢得很多赞誉。该英文广告词比较知名，但是网上很少有人提到它的中文翻译。英文广告词中"There be"句型用得不多，将其直接翻译成汉语如"没有哪一款可乐像这款'非可乐'"也不够妥当，意思是这个意思，就是缺少广告词的精炼和创意。细思广告原文的语义，无非将自己的定位拔高，表明自己比两款人尽皆知的可乐跟好喝，更有特色。再结合中文的表述习惯，删减一些可以删减的用词，笔者觉得可以译为"非可乐，更可乐"，译文关照到了原文的"可乐"复现与比较，结构更简单，三言表达形式，显得非常地道。

再以Allianz Group（安联集团）的广告口号为例"Wherever you are. Whatever you do. The Allianz Group is always on your side.",该广告套用了一句非常优美的英文歌词，给原广告文本受众一种非常亲近的感受。但是，如果将这句广告语直译过来的话，就成了"无论你在哪里，无论你做什么，安联集团，永远陪伴在你身边。"这样的译文读来显得重复啰嗦，而且也不符号广告语言的特色。因此，该集团对其在中国的广告语进行了减肥，缩减后的译文为"安联集团，永远站在你身边。"

网络上一组有关节水的公益广告，广告构思独特，每张图片都有鲜明的对比，一面是干净整齐的盥洗台，另一面则是剥落墙面形成的瘦弱的人或动植物图形，图形中还有弯曲的水管，非常直观地把节约用水和拯救人与动植物生命的利害关系呈现在受众面前，非常有视觉冲击力，发人深思。这里重点说广告词"Think about what you could save when you save water"，英文广告词采用了常见的省略结构，但是短短十个词的句子，从句中套从句，一共包含两个从句，逻辑非常严密，思路非常清晰，是典型的英语思维和表述结构。如果顺着原文的结构和思路直译的话，译文"当你节约用水时，想想你可以拯救什么"语义基本清楚，但重点不明，而且不够简洁，公益广告的号召性也不强。很显然，翻译需要变通，既要充分理解原文的意思、广告的目的，也要考虑汉语常用表达方式。上文的英汉比较已经说明，英文的逻辑标记词等在中文广告词中并不被重视，一些词的重复也可以简略。根据这些差异，笔者授课的一些学生提出了一些不错的译文如"节约用水，孕育生命""节水一滴，生生不息"等。

上文提到，根据英汉对比和大量的译例分析，广告英译汉时多增译。与之相反，缩译则多见于汉译英的情形。本书前文介绍过铁达时手表，其广告片（天长地久篇）讲述了抗日当前主人公毅然决然，舍小家，为大家，投身沙场、奋勇杀敌的真实故事，让无数人动容。七言广告语"不在乎天长地久，只在乎曾经拥有"表明了铁达时手表像主人公的爱情一样坚贞可靠，一刻成就永恒，被认为是广告金句，广为大家所传颂。而要翻译这条广告语却不那么简单，笔者授课的很多学生的译文都类似"Don't care how long it lasts. Just care owning it once""Do not mind lasting forever. Just care about once having"。这些译文存在共同的特点，即只看到了原文的形，没有吃透原文的义。广告原文虽然是对句呈现，但是有语义轻重之分的，原文的"不在乎"只是一种不得已，"只在乎"才是语义的重点。广告片中，男女主人公刚举行完结婚典礼，女主人公就要目送夫君奔赴沙场。日寇来势汹汹，前途凶多吉少，他们不奢望将来的天长地久，曾经一起的美好时光足以成就珍贵记忆，而这段时光将由铁达时见证。因此，从这个角度上看，仅仅停留在对原文字面的理解和形式的忠实的话，译出的文字就非常别扭，没有逻辑，语义混乱，不合英文的表述习惯。比较而言，译文"Time passes，memory endures"省略了一些冗余和可能导致歧义的用词，结构明了，思路清晰，深层语义忠实原文，显得更加地道。

继续以铁达时手表为例。随着社会的变迁及消费者个性的变化，铁达时也与时并进，其品牌宣传策略也有了微调。进入21世纪，铁达时一改以往"天长地久"的宣传主题，转而以"时间由我"为主题进行宣传，但是围绕的仍然还是亘古不变的"情"字，传递的依然是年轻消费者所追求的"爱与浪漫"。2010年，由杨佑宁等人主演的广告片让很多观众感触良多，广告词"唯有时间，让爱，更了解爱"也让很多消费者印象深刻。中文广告词紧扣"时间"和"爱"这两个核心，不断加深消费者铁达时手表能见证爱情的认知。此外，四二四的用词结构、"爱"的重复出现，让广告词节奏起伏，耐人寻味。但是英文翻译却没必要遵循原文的风格，毕竟英汉语言差异太大，否则就会四不像。其实，该广告语的译文其实很简单，即"Time is love"。抓住了原文的核心，了解译入语的常见表述结构，广告翻译有时其实并不难。

其他从缩译角度思考并取得成功的英汉广告翻译的例子还有：

原文：We care to provide service above and beyond the call of duty.（UPS）

译文：殷勤有加，风雨不改。（UPS快递）

原文：Your key to a better life and a better world.（Buick）

译文：通往美好生活的秘诀。（别克）

原文：Sharp lines，Mercedes-Benz GLK--interpretation of tough qualities of medium-sized luxury SUV class.（Mercedes-Benz GLK）

译文：凌厉线条，诠释硬朗本色。（奔驰GLK级豪华中型SUV）

原文：Born for the road，the road to the foot of the new Mercedes-Benz M Class.（Mercedes-Benz M Class SUV）

译文：为路而生，道路就在脚下。（奔驰新款M级越野车）

原文：From Sharp minds，come sharp products.（Sharp）

译文：来自智慧的结晶。（夏普）

原文：There's never been a better Time.（Raymond Weil）

译文：无限好时光。（雷蒙威手表）

原文：When you're sipping Lipton，you're sipping something special.（Lipton）

译文：饮立顿红茶，品独到风味。（立顿红茶）

原文：Give your favorite drink your personal touch.（Starbucks）

译文：心爱饮品，个性品味。（星巴克）

原文：Join Worldenglish，Enjoy English world.（新世界国际英语）

译文：国际英语，欢乐无限。

原文：Just do it.（Nike）

译文：只管去做。（耐克运动鞋）

原文：I wear nothing but a few drops of Chanel NO.5.（Chanel NO.5）

译文：我只穿香奈儿五号入睡。（香奈儿5号）

原文：Luxury must be comfortable，otherwise it is not luxury.（Chanel）

译文：奢华必舒适。（香奈儿）

原文：穿上"双星"鞋，潇洒走世界。（"双星"鞋）

译文：Double Star takes you afar.（Double Star）

原文：发现新德芙，愉悦心惊喜.（德芙）

译文：New Dove，new life.（Dove）

原文：每一次倾听，都有价值。（中央台经济之声）

译文：Every time a worthy time.（CNR-China Business Radio）

原文：活力来自营养，活力来自年轻，活力来自激情。（夏士莲）

译文：Energy is from nutrition，youth and passion.（Hazeline）

原文：天地间，你就是奇迹。（兰蔻）

译文：Miracle，so magic！（LANCOME）

6.5 套译（Loan translation）

套译法一般指借用译入语中的俗语、谚语、习语、诗词、名言等来表达源语内容相近的结构，以期达到传神达意的目的。这种译文能够让人快速产生似曾相识的感觉，迅速拉近译文读者和译文之间的距离，从而有利于资讯的推广。

套译法一般有两种，一种是用目标语和源语相对应的句型互译。不同语言间存在内容和形式比较接近的句型结构，翻译时一般可以套用。如英汉语的"as soon as"和"一…就…"，那么"As soon as he found his mother，the little boy burst into tears"可以译为"一看到他妈妈，这个小男孩就大哭起来。"另一种是同义习语的互译。这是因为翻译活动中，有时在译入语可以找到内容、形式、修辞色彩和源语大致相符的习语，因此可以采用套译法。在广告翻译中，第二种套译方式比较多见，尤其是套用目标语中相对固定、大众喜爱且耳熟能详的表达方式如格言、谚语、名句、诗词及流行语等，巧妙地传达原文思想。

这种方法能体现出译者对译入语的掌控力，和对译文读者阅读习惯的关照。和意译一样，套译法让译者在翻译处理原文时有一定的自由。但和意译不同的是，译者在套译的时候，必须要以目标语中已有的惯用表述为蓝本，完全或者部分地进行套用。套译的方法因为其表述不仅非常符合译入语受众的表达习惯，而且还能让人既有似曾相识又有耳目一新的感觉，所以在广告翻译中受人推崇，使用较多。

较早使用套译策略的典型译例是丰田汽车的广告语"Where there is a way, there is a Toyota"，广告原文本身也采用了仿拟的修辞手法，明显套用的是英文常用谚语"Where there is a will, there is a way"，巧妙地把汽车品牌名称嵌入到其中。该广告语的译文"车到山前必有路，有路必有丰田车"可谓人人皆知，采用的就是套译法。广告原文借用了谚语，译文套用了译入语受众熟知的一句古诗词，虽然译文存在信息的添加，但主旨内容和原文高度一致。该译文一出，立即受到大众认可，也一下子拉近了该品牌汽车和中国消费者距离，从而极大地促进了品牌形象在中国的推广。

第二个套译案例与苹果公司有关。上文提到1997年在苹果公司遭遇困境时，乔布斯重回公司，为挽救公司于危亡，除了其他技术上的努力，他还亲自圈定了"Think Different"的广告宣传主题，表明苹果品牌就像史上众多特立独行，但名垂青史的人物一样立志创新。上文有分析，该广告语有明显借鉴"Think small""Think IBM"等知名广告语的痕迹。该广告一推出就引起了市场强烈的反响。在中国市场推广方面，苹果公司也有独到之处，其中文翻译"不同凡'想'"就令很多消费者拍案叫绝，堪称套译的经典。因为译文不仅完美地诠释了原广告文本的内涵，而且从音、形上也与汉语成语"不同凡响"结合得天衣无缝。

世界产量排名第二、出口最多的啤酒出口商——喜力啤酒公司1963年创建于荷兰，其产生的啤酒口感平顺甘醇，是当之无愧的最具国际化的第一品牌。Heineken（喜力）啤酒在注重生产工艺提升的同时，也不忘市场的开拓，经常推出不同的广告营销策略。喜力曾经拍过一部幽默搞笑的广告片，人类火星探测器着陆火星后，竟然自己开启喜力啤酒庆祝这一伟大时刻，让人忍俊不禁。同一主题"Meet you there"，不同类型的广告片几乎同步在全球发布，号召大家走出家门，聚会交流，共享美好生活，短时间吸引了很多人的关注。广告口号"Meet you there"采用了广告英语中常用的动词短语结构，具有强烈的感召性。同时该短语生活中使用的频率也较高，一些歌词中也经常用到。对于这样的广告语，怎么翻译呢？笔者在授课班级组织过几次讨论，最终形成的译文有"不见不散""喜力，喜相逢"。两则译文都采用了套译的方法，都很有创意，尤其是后面一个，无论是从紧扣广告主题，还是从俗语应用，品名嵌入，及音韵的使用上看，都非常巧妙。

另一个笔者学生用套译手法翻译的精彩译例是有关 Whiskas（伟嘉）猫粮的。伟嘉猫粮上文有介绍过，是有着几十年历史的英国老牌猫粮品牌。该公司曾经拍摄过一部幽默的广告片，片中猫咪因为有伟嘉猫粮可以享用，对眼皮底下跳舞狂欢的老鼠也不理不睬。广告片最后由广告语"There's nothing cats would rather eat"收尾，一气呵成。如果直译的话，就会出现前文提到的各种不恰当。笔者多次组织讨论都没有形成合适的译文。一次，一个学生灵光一现，提出的译文"最爱伟嘉，乐不思鼠"立即博得全班同学的喝彩。对于这种非常巧妙且贴合的成语套用，配上当时的猫粮广告片，真是惟妙惟肖。

汉译英也可以用到这个方法，而且效果也非常好。比较知名的译例是桂林旅游推广语"桂林山水甲天下"。自古以来，桂林是旅游胜地，这一来和其本身山水秀美、风景旖旎有关；二来也和这句诗文不无关系。相传，学界曾一直对该语出处争执不休。直到1983年，桂林一拓碑师傅在独秀峰拓印碑文时发现一块从未被人所知的石碑，上面一句诗文"桂林山水甲天下，玉璧罗青意可参"结束了人们百年来的争论。据诗碑前言记载，该诗为南宋庆元、嘉泰年间担任过广西提点刑狱并代理静江知府的四明（今浙江宁波）人王正功所作。因此，该诗句流传已有800多年的时间，可谓流传久已。由于"桂林山水甲天下"名满华夏，很多旅游公司就经常用其作为桂林旅游宣传标语。有人根据自己的理解之后翻译为"The scenery of Guilin is world renowned"，或者"Guilin's waters and mountains captivate the world"。应该说，从语义的表达上看，倒也和原文一致。但显得四平八稳，没有广告语言要求的生机和震撼力。相比较而言，网上的一则套译"East or west, Guilin landscape is best"非常有创意，巧妙地套用了那句英文谚语"East or west, home is best"，不仅清楚传递了桂林山水天下第一的语义，还更让广告受众有种亲切的感觉，瞬间拉近其与桂林的距离。

再举一个中译英的例子。位于浙江嘉兴桐乡的乌镇，是中国十大魅力名镇，属典型的中国江南水乡，粉墙黛瓦、楼台亭阁、石桥流溪，无不透露出江南古镇的传奇与曼妙。近年来，前往乌镇的游客络绎不绝。乌镇吸引游客的原因除了和其自身的景观和历史有关之外，2010年刘若英乌镇形象代言的广告片也极具穿越时空的诱惑力，尤其是那句广告词"来过，便不曾离开"让很多受众瞬间就有了前往乌镇的冲动。广告语"来过，便不曾离开"是典型的汉语无主结构，非常诗意的语言，"来过"的字面语义和"离开"的比喻义对比呈现，把游客"一次偶遇，一生难忘"的情感表达出来了。中文受众对这样的表达能够很快领会，但是直译成英文的话，这种内涵根本无法表达出来。对于此类广告语的翻译，非变通翻译方式不能达到传神的效果。笔者曾在课堂发起过多次讨论，有一次一个学生才思敏捷，将恺撒（Gaius Julius Caesar）大帝的一句名言"I came. I saw. I conquered"巧妙地借鉴过来，形成了该广告词的译文"I come. I see. I never leave"。当时译文一出，语惊四座，大家报以热烈的掌声，因为译文无论从内涵、音韵还是表现力上都可和原文相媲美。

其他套译的例子还有：

原文：Think before you act. Read before you think.（Canadian Airlines）

译文：加航信舒适，北美若比邻。（加拿大航空）

原文：Tasting is believing.（ZJCOF）

译文：百闻不如一尝。（浙江省粮油食品进出口股份有限公司）

原文：The 1999 BMW 7 Series and its closest rival：a side-by-side comparison.（BMW 7 Series）

译文：不管是黑马白马，领先的总是宝马。（宝马七系列）

原文：Slim Express.（A Modern Beauty Salon）

译文：大家归瘦。（一现代美体沙龙）

原文：Walk on the blue side.（Nokia 8250）

译文：型出于蓝。（诺基亚8250）

原文：The choice is yours. The honor is ours.（A market）

译文：任君选择，深感荣幸。（某商场）

原文：It happens at the Hilton.（Hilton）

译文：有求必应。（希尔顿酒店）

原文：What can be imagined，can be realized.（Hong Kong Telecom）

译文：只要有梦想，万事可成真。（香港电讯）

原文：Touching is believing.（iPhone）

译文：耳听为虚，手触为实。（iPhone手机）

原文：The most amazing yet.（iPhone 4s）

译文：出色的iPhone，如今更出色。（iPhone 4s手机）

原文：She wants to put her tongue in your mouth.（A HK language training center）

译文：口口相传。（香港某语言培训机构）

原文：The Garden of Sweden.（Tourism promotion of Sweden）

译文：上有伊甸，下有瑞典。（瑞典国家旅游推广）

原文：Not all cars are created equal.（Mitsubishi）

译文：人生而平等，车却不然。（三菱汽车的）

原文：A Mars a day keeps you work，rest and play.（Mars）

译文：一天一块玛斯巧克力，让您工作像工作，娱乐像娱乐。（玛斯巧克力）

原文：All roads lead to Holiday Inn.（Holiday Inn）

译文：酒店当然"假日"好，条条大道通"假日"。（假日酒店）

原文：Where there is a man，there is a Marlboro.（Marlboro）

译文：哪里有男士，哪里就有万宝路。（万宝路）

原文：Think Music，Think Tom Lee.（Tom Lee）

译文：通利，一见钟琴。（通利琴行）

原文：King of beers.（Budweiser）

译文：王者风范。（百威）

原文：Human touch.（Toyota）

译文：人性之至，车随心动。（丰田）

原文：To protect others，first protect yourself.（BMW宝马）

译文：防范至上。（BMW宝马）

原文：Poetry in motion，dancing close to me.（TOYOTA）

译文：动态的诗，向我舞近。（丰田汽车）

原文：Live with focus.（Ford Focus）

译文：生活有"焦点"，才是真感受！（福特福克斯汽车）

原文：Use original parts.（BWM）

译文：配件不用原装，宝马变成宝驴。（宝马配件广告）

原文：Designed to be safe.（Bridgestone）

译文：安全"到家"，保驾护航。（普利司通轮胎）。

原文：The computer is personal again.（HP）

译文：掌控个性世界。（惠普电脑）

原文：Don't just buy it，MasterPass it.（MasterPass）

译文：万事通，支付便捷更轻松。（万事通卡）

原文：Taking you forward.（Ericsson）

译文：以爱立信，以信致远。（爱立信）

原文：Worth doing，worth Dulux.（Dulux）

译文：墙上多乐士，墙下多乐"事"。（多乐士油漆）

原文：Let's make things better.（Philips）

译文：让我们做得更好。（飞利浦）

原文：Sense and simplicity.（Philips）

译文：精于心，简于形。（飞利浦）

原文：衣食住行，有龙则灵。（建行龙卡）

译文：Your everyday life is very busy，Our Long Card can make it easy.（CCB Long Card）

原文：漫漫人生路，真爱永相随.（Cartier Solitaire 1895）

译文：To live，to love，till the last second.（卡地亚 Solitaire 1895 系列）

原文：每天喝一点，健康多一点。（宁夏红健康果酒）

译文：A bit a day keeps the doctor away.（NINGXIAHONG）

原文：香奈儿，美丽由此开始。

译文：Chanel，where beauty begins.

6.6　不译（Non-translation）

"不译"，顾名思义，指不经过任何翻译处理，直接把原文的词语或结构移植到目标语当中的处理方式。这种不作翻译处理的翻译方法在广告翻译及其他文体的翻译当中都偶尔会出现。在广告翻译中，"不译"的应用主要多见于以下两种情形。

第一种为名称不译，主要指广告中公司或产品名称不译的情形。由于科技日新月异，经济迅猛发展，新公司不断涌现，新产品也层出不穷，于是各种外来产品的推广广告也纷至沓来。加之中国国民教育水平整体提升，人们英语认知能力稳步提高，与之相伴随的是大众对国外文化和商品好奇心的逐步增强。在这种背景下，越来越多的外国新公司、新品牌在进入中国市场时选择名称不译的推广策略，而且效果也确实不错。这其中最具代表性的是"苹果公司（Apple Inc.）"。苹果公司锐意进取，注重新品研发，数码电子科技全球领先。仅近十数年间，其开发出的产品众多，如iCloud、iPad、iPhone，iPod、iMac、iOS、MacBook等，很多产品还有不同的产品系列如 iPod touch、iPod classic、iPod nano、iPad Air 2、iPad mini 3 等，这些为数众多的产品大多没有中文译名，但在中国市场的受欢迎度也似乎没有受到影响，甚至还更显时尚。不难想象的是，为了名称统一和用词简洁考虑，这些产品名称在英文广告汉译时常采取不译的方法，略举数例如下：

　　原文：iPhone reinvent the phone.（iPhone）

　　译文：iPhone 重新发明了电话。（iPhone）

　　原文：Iphone4. In so many ways，it's a first.（iphone4）

　　译文：Iphone4，一路领先。（iphone4）

　　原文：Ipod here，there and everywhere.（ipod）

　　译文：Ipod，一路与你同行。（ipod）

　　和苹果相类似的例子还有很多如华为 nova3、三星 Note9、保时捷 Boxster，宝马 mini countryman 等。近些年，无论是在报刊、广播、电视等传统媒体，还是在数字化新媒体上，不译的品牌名称愈来愈常见，我国港澳台自不必说，大陆受众也慢慢地习以为常了。当然，也存在一种情况，对于一些知名度还不太高的新产品，由于短时间内没有合适的音译名称，随便处理又难如人意，甚至会造成误解，一些译者会暂时地选择不译手法，在广告翻译活动中保留原产品的外文名称，这样处理相对胡译、乱译来说更加保险。

　　关于产品名称的不译处理，还需要补充的是，有时原产品或公司名称中有缩略语现象，如果对缩略语进行完整翻译的话，会给人十分累赘的感觉，这与广告文本的特定要求背道而驰。这一类的例子较多，如美国国际商业机器公司或万国商业机器公司，简称 IBM（International Business Machines Corporation），因为翻译过来名字一大串，反而更复杂，不如沿用这种省略语名称。所以 IBM 的品名经过不译处理在中国继续使用，名字的简易加上其本身质量的保证，IBM 早已成为中国家喻户晓信息技术和业务解决方案公司品牌。此外 LV 箱包、人头马 XO、SUV、M＆M 巧克力等也都属此类。

　　第二种是短语或短句结构不译，此类情形常见于比较精炼而且易懂的广告口号当中。由于语言和文化差异，译者要么一时难以从目标语中找到恰当的表述，要么为了达到特定的目的，如幽默或者制造异域风情，于是索性不进行翻译。以法国矿泉水佩里埃（Perrier）为例，其广告语 "Order it in bottles or in cans. Perrier…with added je ne sais quoi" 英文中夹杂法文 "je ne sais quoi（意为 I do not know what）"。如果译为 "佩里埃矿泉水，瓶装罐装，好喝不装，je ne sais quoi"，也基本能达到原文的效果。

　　这里需要再补充两点：首先这类口号必须短小而且通俗易懂；其次，大部分广告译文受众对原广告文本语言有一定的了解，对原广告文本语言持开放或者欢迎态度，或者至少对该语言不反感。以英汉广告翻译而言，此种情形多见于中国的港澳台地区。近些年来，沿海发达城市也慢慢出现这种处理方式。以美国运通公司的广告语"Use the American Express Card to reflect your classic style.（Slogan：Do more.）"为例，该广告语在香港地区翻译为："使用美国运通卡，配衬经典型格。Do more（American Express，美国运通）"。广告口号"Do more"，用词简易精炼，寓意明确易懂，就广告投放地香港而言，这样不译的处理方式比简单地直译更能让人印象深刻，也和香港大多数居民汉英夹杂表述的习惯相一致。

总体而言，因为历史和习惯等方面的原因，广告口号不译的情形不是太多，港澳台地区多于大陆地区，再举几例如下：

原文：My way，this is what I create.（Slogan：for life.）（Volvo Cross Country）

译文：路，由我闯出来。（口号：for life.）（沃尔沃越野赛）

原文：Open your eyes to the world.（Slogan：The world's news leader.）（CNN International）

译文：让您放眼看世界。（口号：The world's news leader.）（CNN国际新闻网）

原文：A colorful world beyond black and white.（Slogan：It's gold.）（Dior）

译文：这世界不再黑白两色（口号：It's gold.）（迪奥）

原文：NEC Multimedia welcomes you home.（Slogan：just imagine.）（NEC Multimedia）

译文：这里变成你家。（口号：just imagine.）（NEC多媒体）

原文：Currently taking on all projects. Large. Small. IMPOSSIBLE.（Slogan：Never stop thinking.）（Infineon Technologies）

译文：无论任务大小，即使是不可能，我们必都全力以赴。（口号：Never stop thinking.）（英飞凌科技）

需要说明的是，语言学界和广告业界对上述不译现象有两种对立的态度。在语言学界，主流的观点认为要保留汉语的纯洁，应尽可能避免汉外夹杂的语言应用。前文也提到很多学者及政府机构明确提出保持汉语纯洁性的问题。联合国教科文组织曾提出"学习母语是一种权利"，汉外夹杂，不洋不土，是对这种权利的践踏。但是在广告业界在则不同，很多人相对开放，积极拥抱新事物，认为汉字中夹带外文字母没问题，带几个英文字母或者单词的文案是和国际接轨，显得"高大上"，反倒是觉得纯本土语言广告文案"老土"。或者在他们看来，汉英夹杂的广告语言至少是不应该排斥的。

其实，在经济全球化的大背景下，中外交流日益频繁，中外文夹杂的语用现象势必增多，没必要将其视为洪水猛兽。积极的态度应该是一方面正确引导，合理规范，根据市场的需要，制定相应的条例，对可中外文夹杂（即不译）的情形、受众人群、广告媒体和时间选择等进行具体约束；另一方面是培养文化自信，提高语言应用能力，真正了解不译的目的，让广告中的外文成为点缀的符号，服务我们的交际目标，让每一个不译都恰到好处，无可挑剔，而无哗众取宠，乃至崇洋媚外的嫌疑。

6.7 编译（Adapted translation）

根据《译更学词典》的解释，编译也着眼于译，是在摘译的基础上译者加了"编"的功夫，以更适合于译入语读者的阅读口味和习惯。"编"是指在不改变原文主要信息的前提下，译者所作的文字处理，包括为使译稿顺畅而增加一些连接性词语，为突出重点（不一定是原文的重点）而作语序或段落的调整、压缩等。编译手法多用于产品说明、儿童文学、广播、广告等文体的翻译。在广告翻译中，编译的手法用得较多，前文提到为适应不同的媒体形式、满足特定的目的（如节省费用）、增加译文的流畅性等目的，译者需要对原文做出调整，前文提到的增译、缩译、套译等法都带有编译的性质，只是内容不够丰满，说服力不够强。一般而言，广告翻译中的编译指较大改变原文的体裁或形式，只保留原文核心内容的翻译处理方式。就内容而言，编译文本可以有适当的扩充和缩略两种主要方式。

Heineken（喜力）啤酒上文有过介绍，现在再举该品牌的一个广告案例。喜力啤酒的营销及广告策略一直很讲究创意，其广告作品曾在戛纳创意节上多次获得如"2015全球最佳广告主"等称号，为喜力啤酒的全球传播做出了巨大的贡献。2015年7月，法国最大的广告与传播集团——阳狮集团（Publicis Groupe）成了喜力的新一任全球创意代理。随后，2016年欧洲冠军杯比赛期间，阳狮集团意大利分公司为喜力推出的新广告"The Dilemma（两难之境）"，巨星C罗也在这支广告里露了下面，"打了回酱油"。广告采用的就是欧美年轻人热衷的朋友间整蛊路数，虽然广告片中一个小哥（Simone）被捉弄得很惨，但从YouTube上网友的留言反馈来看，广告效果很不错，恶作剧的营销方式在西方挺有市场。广告片讲述的是四个好基友Mauro、Marco、Fedrico、Simone经常一起厮混喝酒，在电视机前观看欧冠联赛。一天，Simone意外获得罗马VS

皇马VIP门票。在他想尽了办法敷衍其他哥们来到球场后，没想到球场电子大屏幕上显示出他的三个朋友在家中等他到来一起观球的画面。更令人尴尬的是，现场的摄像机也准确锁定了Simone，然后他三个哥们让他在全体观众面前做出抉择，是要背叛友谊，继续留在现场看球，还是马上离开，坐直升机和他们会合。最后，Simone选择离开，但没想到的是，他被引导员带入的却是球场的豪华包厢，三个哥们早就等候在那里。短短几分钟的广告片，虽然没有一个演员，但剧情曲折，高潮不断，广告片最后点题，出现喜力啤酒的徽标，及广告口号"Open your world"，让人印象深刻。下面是该广告片的英语文案（主要是旁白和人物对话）。

广告原文：

What makes a UEFA champions league night special?

For us，the Champions League is the best.

It's a rare chance to all get together.

It's always been me，Marco，Fedrico and then，there's Simone.

Cassano is a great player when it comes to the fundamental techniques.

Simone is very passionate about football.

It's match night and there's no Fxxk signal.

Next Wednesday we'll be watching Roma-Real Madrid.

We'll be watching it together-here，at my place，on this very sofa.

It's our tradition.

Simone will come for sure！

What's this？

A VIP ticket for Roma VS Real Madrid for you.

To go alone？

I'm working.

You'll have to go with my colleagues.

What are you going to tell Mauro？

I'm going to tell him…I have malaria！

Simone，nice to meet you.

（Phone ringing）

Mauro…

Are you eating with us？

I'll get home and call you back.

But you're coming，right？

Mauro…I'll call you back.

Damn，it was all going fine.

I'm such a coward.

We always watch games at his place.

（Phone ringing）

Mauro's calling. I won't answer.

Simone，what are you doing there？

Shall we tell the whole stadium？

You betrayed us for a VIP ticket.

They are all whistling…

But there's still time.

A helicopter's waiting outside.

Did he say helicopter？

If you run，the helicopter will take you to my place.

Your spot on the sofa is waiting for you.

Come on！

Hurry up！

So，what do I do？

Don't let your friends down on a UEFA champions league night.

Heineken.

Open your world.

中文译文：

什么可以让欧冠之夜更特别？

对我们而言，冠军联赛就是最棒的。

这是一个难得相聚的机会

通常是我、Marco、Fedrico 和 Simone 四个人。

当回归到基础技术时卡萨诺是一个极棒的球员。

Simone 非常热爱足球。

现在是比赛之夜了，却 TM 的没信号。

下周三我们将一起观看罗马 VS 皇马的欧冠比赛。

我们将一起在这里看比赛。

在这个沙发上，这是我们的传统。

Simone 一定会来的。

这是什么？

一张给你的罗马 VS 皇马 VIP 门票。

一个人去吗？

我要工作

你会和我同事一起去。

你准备怎么将这件事告诉 Mauro 呢？

我会告诉他——我得疟疾了

Simone 很高兴见到你。

（电话铃声响起）

Mauro …

你会和我们一起吃晚饭吗？

回家后，我再给你电话。

但，你会来的，对吗？

Mauro，稍后给你打过来。

见鬼，原来一切都很好，

我们一起在他家看比赛，

我真的是个懦夫。

（电话铃声响起）

是 Mauro 的电话，我不接。

Simone，你在那里做什么？要不要我们告诉整个体育馆的人？

你为了一张 VIP 门票背叛了我们？

但现在仍有时间，直升机在外面等着。

他是说有直升机吗？

如果你跑出来，

直升机会把你带到我们这边，

沙发上你的位置一直为你留着，快点。

那么，我该怎么办呢？

永远不要让你的朋友在欧冠之夜失望。

喜力啤酒，

敞开星世界。

英文广告文案以问题 "What makes a UEFA champions league night special" 开始，中间是朋友间的各种对话，最后以 "Don't let your friends down on a UEFA champions league night" 来总结这个广告片，其实也是对前面问题的一种回答。因为这两句话在广告片前后都有突出显示，所以可以看作是问题解决型广告文案的标题，前后呼应，起到提纲挈领的作用。而最后的广告口号 "Open the world" 则是广告的灵魂所在。上述译文主要来自网络，采用的是直译的方式，语义表述清晰合理。而如果要缩减广告片时间，或者以张贴画等其他方式宣传的话，这样的翻译方式肯定行不通，大量文字必须删减。

广告信息增删处理必须建立在文案信息重要程度合理区分的基础之上。广告文案各部分内容重要性的区分有利于译者进行编译处理，如果需要简略的话，可依次删除。一般而言，最次要最适合删减的肯定是正文中的细节信息，如该广告的对话内容，再往后是广告正副标题信息，最后最重要的则是广告口号。相比较而言，标题一般是当前广告的主题，而广告口号则是较长时期内反复使用的特定的商业用语，一般尽量保留。喜力啤酒同期很多广告片、平面广告图除了广告主标识，保留的就是"Open your world"这句口号。当然，如果要添加内容的话，目标消费群体、广告投放地习俗等都可以是发挥创意的空间。其实喜力啤酒也曾经在上海拍过一部喜力传送门惊现魔都的广告片，广告主题为"城市再发现，敞开星世界"，不过广告口号依然是"Open your world"，当然配了中文译文"敞开星世界"。

第二个例子是则公益广告，Barnardos（巴纳德）是英国最大的一家儿童慈善机构，1866年由Thomas John Barnardo 一手创办，专注于为弱小的青少年儿童提供帮助，收到数以亿计美元的善款，也帮助过无数孩子寻得领养、习得技能、获得新生。下面这则广告2013年刊发在一家英文报纸上，画面上是一名刚出生的婴儿躺着浴巾上大哭。让人触目惊心的是，孩子嘴里含着的竟然是劣质酒瓶。虽然画面内容让人感觉太过夸张，令人不适，广告也因此遭到一些人的抗议。但是，广告的初衷还是呼唤广告受众对贫困儿童多份关爱，因此也有很多受众对广告持肯定态度。此处不过多关注人们对广告表现形式的褒贬评价，我们把重点放在该广告语言文字的翻译上。

广告原文：

THERE ARE NO SILVER SPOONS FOR CHILDREN BORN INTO POVERTY

Baby Amy is two minutes old. Poverty has already mapped out her future. Poverty is waiting to destroy Amy's hope and joy and is likely to lead her to a future of alcoholism. We can't end poverty but we can provide the practical skills that Amy and thousands of others in the UK need to stop it predetermining their lives. Don't let poverty destroy a future. Call 08000032**** or visit www.barnardo's.org.uk

Barnardo's
GIVING CHILDREN BACK THEIR FUTURE

广告译文1：

出生在贫困中的孩子没有银汤匙

小婴儿艾米刚刚出生两分钟，贫困已经为他勾勒出了未来的蓝图。贫困等着剥夺艾米的希望和快乐，可能把他引向酗酒者的未来。我们不能解决贫困，但是我们可以为英国成千上万个艾米这样的孩子提供他们需要的谋生技能，阻止贫困为他们预设的悲惨未来。不要让贫困摧毁了未来。

巴纳德

让孩子找到他们的未来

⋙ 广告译文2：⋘

出身贫穷，何谈富贵

艾米是个出生才两分钟的婴儿，但与生俱来的贫穷似乎早已决定了她的未来，摧毁她的希望，剥夺她的快乐，并且可能使她沦为酒鬼。虽然我们不能消灭贫穷，但我们能让艾米，能让成千上万出身贫穷的孩子们掌握一技之长，从而不让贫穷左右他们的命运。请不要让贫穷成为摧毁孩子未来的凶手。

想要了解更多资讯，请拨打08000032****或者登录官网www⋯

巴纳德

为孩子们撑起未来的天空

上面两则译文，译文1源自网络，译文2源自笔者的学生练习。前者直译为主，广告句式、字词选择、文案语义和原文基本一致。但需要指出的是，广告文案标题采用直译风格，虽然忠实于原作，但译文"出生在贫困中的孩子没有银汤匙"，对于不了解西方文化中"银汤匙"的读者而言，一头雾水，有理解的困难。如果是文学翻译的话，问题不大，读者一般有时间和兴趣继续从下文中寻找答案。但是广告翻译的要求不同，译文应尽可能和广告受众靠近，尽量少给信息的获取设置障碍。其实，翻译活动中的"忠实"从来都不是、也不应该是译者的唯一追求。没有变通的翻译不可能是真正意义上的"信"译，更不可能是真正意义上的佳译（张传彪、龚帆元，2013）。

从这个角度上看，后面的译文考虑得更周到一些。当然后面译文词、句的选择，如巴纳德儿童慈善机构的口号"为孩子们撑起未来的天空"，排比结构等的应用等都更符合国人的认知习惯。当然不管是直译还是意译的译文，都较完整地保留了原文的信息，如果需要缩减以满足某些特定推广目的时，可以采用编译的手法，如上例只保留广告口号巴纳德"为孩子们撑起未来的天空"，或者略作拓展为"携手巴纳德，关注贫困儿童，助其快乐成长！”

　　再举一个例子，OMEGA（欧米茄）是瑞士著名钟表品牌，1848 年由路易斯·勃兰特（Louis Brandt）创立，英文名称以希腊字母"Ω"命名。欧米茄拥有星座、海马、超霸、碟飞四大经典腕表系列，代表款型有欧米茄尊霸腕表、海马 300 "至臻同轴"腕表、超霸系列"月之暗面"黑色陶瓷腕表、碟飞 Hour Vision 同轴至臻天文台表等。根据维基百科的解释，欧米茄航海钟是历史上第一款经过认证、可作为航海时计的石英腕表（The Omega Marine Chronometer was the first quartz wristwatch ever to be awarded certified status as a marine chronometer.）。1974 年，该款腕表进入市场，广告同步推出强调的是欧米茄腕表走时精准的品质特点。广告产品的另一个卖点是每块手表都有专属编号，对应着每一位尊贵的客户，因此同期多张广告文案设计中的腕表编号各有不同，对应着作家、导演等不同客户，表明欧米茄品质，值得信赖。

❧ **广告原文：** ❧

This is the only wristwatch ever to be certified a marine chronometer.
Serial number 37058421
is worn by Captain J.E. Frankum，Chief Pilot，Trans World Airlines.

In order to be designated a marine chronometer，a timepiece must meet accuracy standards of plus or minus 2/10 of a second per day.Every single Omega model submitted to the Neuchatel Observatory in Switzerland or the observatory of the University of Besacon，France，for certification has substantially exceeded the，standard.	The Omega Marine Chronometer. In 14 karat gold and stainless steel.$1850. The design excellence that produced this watch extends to the entire Omega line. For a colour brochure showing a wide range of Omega watches for men and women priced from $195 to $6000，file Omega，301 East 57th Street，New York.

❧ **广告译文：** ❧

唯一获航海时计认证的腕表
编号：37058421
由环球航空机长J.E.弗兰克姆尊享

航海钟（又称航海天文钟或精密钟）对精度有很高的要求，其时计误差每天需控制在正负0.2秒以内。为获航海天文认证，每款呈递到瑞士纳沙泰尔天文台或者法国贝桑松大学天文台测试的欧米伽手表，精确度都远超该标准。	这款获航海天文认证的欧米茄腕表，采用14K黄金和不锈钢材质，售价1850美元①，其卓越设计也已延伸至整个欧米茄系列。 　　想了解更多详情，请寄信至纽约东57街301号，欧米茄公司，邮编10022。我们将为您提供一本介绍欧米茄系列手表的彩色产品手册，价格从195美元到6000美不等，款式多样，总有一款适合您！

① 厂商建议零售价。

　　上面的广告译文是笔者学生的译作，译文语言流畅，比较准确地传递了原广告文案的文字信息。虽然存在一些添加，但翻译基本采取的是直译方式，内容也基本忠实于原文，倒也中规中矩。不过如果需要简略广告用词的话，可以采用上面所提到的编译方法。对于这则广告文案而言，编译的方法有二：一是略去正文，保留广告文案的标题和副标题即可，因为这本来就是原广告想要强调的信息；二是重点强调广告标题内容，结合汉语广告词一般特点，灵活译语输出，如"欧米茄航海腕表，精准计时，专家论证，绝无仅有""精密航海时计认证，腕表唯有欧米茄"。

　　再举一个汉译英的例子。南京地铁曾经刊发一条公益广告，画面上一个黑色大大的水龙头滴出了一滴水，夸张放大的水滴里犹如海洋一般，里面有自由自在的鱼儿，有快乐嬉戏的孩童。毫无疑问，水给了他们生命和快乐，水资源弥足珍贵，因此广告呼吁广大民众注意节约用水，且从节约每一滴水做起。下面是该广告的文字内容及译文。

广告原文：

省省吧!

生活重细节，节水在点滴。

实践证明，
一个水龙头如果一秒钟漏一滴水，
一年便漏掉360吨水。
节水，就在关紧水龙头的一瞬间。

其实只要有心，节约用水并不难。

广告译文：

Save it!
Life is composed of details;
Water saving begins with every single drop.

It is proved that
If a tap leaks one drop per second every year
360 tons of water will leak away.
Save it at the moment you turn it off.
Saving water is easy as you will.

广告译文出自笔者一个学生之手，主要采用的也是直译的方式，思路清晰、结构合理、词句选择简洁明了，和广告原文功能一致。广告标题"Save it"还用到了双关的手法，该习语的语义和其在文中的语义不完全一致，能起到吸引受众进一步了解广告内容的目的，和原文标题有异曲同工之妙。需要编译的话，基本可以参照上面所说的方法，保留粗体部分内容即可。

广告翻译思考练习

1. 英译汉

001. Delighting You Always.（Canon）

002. Colorful in your life.（Sony）

003. Color like no other.（Sony）

004. All your imaginations can be created.（Dell）

005. Dell，yours is here.（Dell）

006. Do things your way.（Dell）

007. More Fun Less Baggage.（Dell）

008. Be inspired.（Siemens）

009. SAMSUNG DIGITall，everyone's invited.（SAMSUNG Electronics）

010. Choose my love，love my choice。（Ericsson）

011. Colorful in your life.（Sony）

012. Hi-fi，Hi-fun，Hi-fashion，only for Sony.（Sony）

013. This changes everything. Again.（iPhone 4）

014. Take-everything-everywhere.（iPod Classic）

015. A world of comfort.（Japan Airlines）

016. Any shape and size to Europe.（FedEx）

017. Tastes richer, mellower, more satisfying.（REAL）

018. It's all within your reach.（AT&T）

019. A great way to fly.（Singapor Airlines）

020. Going East, staying Westin.（Westin）

021. We know eggsactly How to Tell Eggs.（an egg dealer）

022. Accuracy makes brand.（Suzuki）

023. It's not enough that we do our best, we have to do what's required.（Roewe）

024. Moving forward.（Toyota）

025. Build your dreams.（BYD）

026. Agile and flexible, dynamic and excellent demeanor.（C-Class Mercedes-Benz）

027. C gravitational wave as you.（C-Class Mercedes-Benz）

028. The Lead character .（C-Class Mercedes-Benz）

029. Leading, because the constant.（Benz S-Class）

030. Born to be appeal.（Benz R class）

031. It never happened before because it all happened before.（Benz）

032. Unlike any other.（Benz）

033. The best or nothing.（Benz）

034. The most beautiful moment in front of you.（Mercedes-Benz CLK Cabriolet）

035. Mercedes-Benz CLK never forget the moment.（Mercedes-Benz CLK Cabriolet）

036. Travel —— ready to journey sped.（Mercedes-Benz CLK Cabriolet）

037. May rest immersed in the enjoyment, without distraction.（Mercedes-Benz CLK Cabriolet）

038. Show hidden beauty.（Mercedes-Benz CLK-class coupe）

039. The performance of traffic on the road—— agility and timeless elegance. （Mercedes-Benz CLK-class coupe）

040. Seductive essence.（Mercedes-Benz CLS Class Coupé）

041. Beyond the limits of a new generation of Mercedes.（Benz E-Class）

042. Future security technology has been used for today's cars.（Mercedes-Benz S-Class）

043. Enjoy this perfect touch.（Benz SLK Roadster）

044. Smile is a curve，so that everything becomes simple and clear.（Benz SLK Roadster）

045. Play part in History.（The 1984 Los Angeles Olympic Games）

046. Harmony and Progress.（1988Seoul）

047. Friends for life.（1992 Barcelona）

048. The celebration of the century.（1996Atlanta）

049. From around the world to flower as one.（The 1998 Nagano Winter Olympic Games）

050. Share the spirit.（2000 Sydney）

051. Light the fire within.（2002 Salt lake City）

052. Welcome Home.（2004Athens）

053. An Ever Burning Flame.（2006Turin）

054. One World，One Dream.（2008 Beijing）

055. With glowing hearts.（2010Vancouver）

056. Inspire a generation.（2012 London）

057. Hot.Cool.Yours.（2014 Sochi）

058. Live your passion.（2016 Rio de Janeiro）

059. Passion Connected.（2018 Pyeongchang）

060. Infinitely yours，Seoul.（Seoul）

061. City of Angels.（Bangkok）

062. America Starts Here.（Pennsylvania）

063. The wonders of Asia in one exciting destination.（Malaysia）

064. There is nothing like Australia.（Australia）

065. It is possible.（South Africa）

066. 100 % Pure New Zealand.（New Zealand）

067. Amazing Thailand.（Thailand）

068. Live It Up.（Singapore）

069. TWOGETHER.The ultimate all inclusive one price sunkissed holiday.（Tourism promotion）

070. Romance in heart.（Borel）

071. Everose Gold，Rolex Made.（Rolex）

072. The architects of time.（EBEL）

073. Begin your own tradition. (Patek Philippe)

074. Time is what you make of it. (Swatch)

075. Dedicated to the world lovers. (Celebrity)

076. LUX，super rich shine. (LUX)

077. Black sesame darkens hair and gives it more shine. (Hazeline)

078. Start ahead. (Rejoice)

079. Truely healthy hair starts from this step. (Head & Shoulders)

080. Set you free. (Head & Shoulders)

081. In order to be irreplaceable，one must always be different. (Chanel)

082. Spray more，get more. The AXE effect. (AXE)

083. Fashion is made to become unfashionable. (Chanel)

084. The best color in the whole world，is the one that looks good，on you！ (Chanel)

085. A woman who doesn't wear perfume has no future. (Chanel)

086. Love is a treasure. (LancÔme)

087. The good things in life never change. (Burberry)

088. Live you dream. (ANNA SUI)

089. The Fragrance for Treasured Moments. (LancÔme)

090. The new hypnotizing fragrance. (LancÔme)

091. You are unique. You are magnifique. (LancÔme)

092. The Fragrance for Treasured Moments. (LancÔme)

093. Maybe she was born with it，maybe it's Maybelline. (Maybelline)

094. The fragrance for treasured moments. (LancÔme)

095. Draw your style. (Shiseido)

096. Original jeans，original people. (Levi's)

097. Live unbuttoned. (Levi's 5)

098. Stay true. (Levi's)

099. There has always to be a pair of Levi's. (Levi's)

100. Let the average man be divine. (Levi's)

101. My color，my sound. (Levi's)

102. Extra energy that will push you further. (Japp chocolate)

103. Lose ounces，save pounds. (a diet food)

104. Think twice what you do with your last Rolo. (Rolo candy)

105. There Are Times to Celebrate. (Tiffany)

106. Some Style Is Legenary.（Tiffany）

107. Give voice to your heart.（Tiffany）

108. Day in，Day out. Everyday Tiffany.（Tiffany）

109. All about you forever.（Cartier Trinity）

110. To me，the past is black and white，but the future is always color.（Hennessy）

111. Fresh Smooth Real. It's all here.（Budweiser）

112. Good things come to those who wait.（Budweiser）

113. Why ask why？ Try Bud dry.（Budweiser）

114. In Miami，it's nonewlty.（Miami）

115. Is staying in touch the same as being in touch？ （Estee Lauder）

116. Give me Green World，or give me Yesterday.（Green World）

117. Live young.（Evian）

118. Time changes everything，except a Rado.（Rado）

119. Idea for life.（Panasonic）

120. Beauty outside. Beast inside.（Mac Pro）

121. Grace，Pace，Space.（Jaguar）

122. Quality never goes out of style.（Levi's）

123. It's converse for comfort.（Converse）

124. Converse made by you.（Converse）

125. Shoes are boring. Wear sneakers.（Converse）

126. It's only crazy until you do it.（NIKE）

127. You try，you will wind.（NIKE）

128. A sip of inspiration.（Lipton）

129. Dare for more.（Pepsi-Cola）

130. Live for now.（Pepsi-Cola）

131. For Those Who Think Young .（Pepsi-Cola）

132. Make your moments golden.（Ferrero Rocher）

133. Share something special.（Ferrero Rocher）

134. Golden heritage for golden moments.（Ferrero Rocher）

135. Everything great starts with "M" .（M&M's）

136. Bring on the day. （Starbucks）

137. Discover your perfect Starbucks coffee today.（Starbucks）

138. Beauty is a state of mind.（Dove）

139. You are more beautiful than you think.（Dove）

140. Passion unlocks potential.（HUWEI）

141. The journey is hard. And joyful.（HUWEI）

142. Sony is one for all.（Sony）

143. Daylight, now in a headlight.（Audi）

144. Bravery. It's what defines us.（Audi）

145. Easier dusting by stre-e-etch.（a dust cloth brand）

146. Seek help before it is too late.（anti-depression PSA）

147. Reduce, reuse, recycle.（Green star）

148. Today, Tomorrow, Toyota.（Toyota）

❧ 英译汉参考译文：❧

001. 感动常在佳能。（佳能）

002. 炫彩你的世界。（索尼）

003. 非一般的色彩享受。（索尼）

004. 一切依你而为。（戴尔）

005. 这里有你想要的。（戴尔）

006. 戴尔，依你所想。（戴尔）

007. 多一点乐趣，少一点重量。（戴尔）

008. 灵感点亮生活。（西门子）

009. 三星数码，全新生活。（三星电子）

010. 选我所爱，爱我所选。（爱立信）

011. 璇彩你的世界。（索尼）

012. 高保真，高乐趣，高时尚，只能来自索尼。（索尼）

013. 再一次，改变一切。（iPhone 4）

014. 带上所有东西的iPod Classic。（iPod Classic）

015. 充满舒适与温馨的世界。（日本航空公司）

016. 不同大小各种形状，火速直飞欧洲。（联邦快递）

017. 品味更浓，更醇，更令人满意。（REAL香烟）

018. 网络世界，触及未来。（美国电话电报公司）

019. 飞跃万里，超越一切。（新加坡航空）

020. 东奔西走，常住Westin。（Westin宾馆）

021. 我们知道如何分辨鸡蛋。（某鸡蛋销售商）

022. 精准缔造品牌。（铃木汽车）

023. 人尽其力，力尽其能。（荣威轿车）

024. 勇往直前。（丰田）

025. 建立你的梦想。（比亚迪）

026. 敏捷灵活，动静之间尽显卓越风范。（奔驰新款C级轿车）

027. C引力，风潮随你。（奔驰新款C级轿车）

028. 独领风潮，精英本色。（奔驰新款C级轿车）

029. 一路领先，因为不断向前。（奔驰S级轿车）

030. 魅力与生俱来。（奔驰R级轿车）

031. 因为用心，所以全新。（奔驰）

032. 独树一帜，不流于俗。（奔驰）

033. 要做就做最好。（奔驰）

034. 最美一刻，就在您面前。（奔驰CLK敞篷跑车）

035. 一刻永难忘。（奔驰CLK敞篷跑车）

036. 旅行——随时准备好上路疾驶。（奔驰CLK敞篷跑车）

037. 尽可沉浸于享受，无需分心。（奔驰CLK敞篷跑车）

038. 展现蕴藏美态。（奔驰CLK级轿跑车）

039. 行车路上的表现——敏捷性和永恒的优雅。（奔驰CLK级轿跑车）

040. 诱惑的真谛。（奔驰CLS级轿跑车）

041. 超越极限——新一代梅赛德斯。（奔驰E级轿车）

042. 未来的安全技术，已用于今天的汽车。（奔驰S级轿车）

043. 完美享受，由此触动。（奔驰SLK敞篷跑车）

044. 微笑的曲线，让一切变得简单明了。（奔驰SLK敞篷跑车）

045. 参与历史。（1984洛杉矶奥运会）

046. 和谐、进步。（1988首尔）

047. 永远的朋友。（1992巴塞罗那）

048. 世纪庆典。（1996亚特兰大）

049. 让世界凝聚成一朵花。（1998长野冬季奥运会）

050. 分享奥林匹克精神。（2000悉尼）

051. 点燃心中之火。（2002盐湖城）

052. 欢迎回家。（2004雅典）

053. 永不熄灭的火焰。（2006都灵）

054. 同一个世界、同一个梦想。（2008北京）

055. 用灼热的心。（2010温哥华）

056. 激情冰火属于你。（2014索契）

057. 激励一代人。（2012伦敦）

058. 点燃你的激情。（2016里约热内卢）

059. 激情同在。（2018平昌冬奥会）

060. 无穷乐趣，尽在首尔。（首尔）

061. 天使之城！（曼谷）

062. 美国从这里开始。（宾夕法尼亚）

063. 亚洲风韵，马来彰显。（马来西亚）

064. 极致美景，天下无双。（澳大利亚）

065. 一切皆为可能。（南非）

066. 百分百纯正新西兰。（新西兰）

067. 神奇泰国！（泰国）

068. 尽情享受，难以忘怀。（新加坡）

069. 两人共度一个阳光灿烂的假日，一切费用均包括在单人价格之内。
（旅游推广广告）

070. 浪漫在心 。（瑞士依波路表）

071. 永恒玫瑰金，劳力士锤炼。（劳力士）

072. 时间的缔造者。（瑞士玉宝表）

073. 代代相传由你开始。（百达菲丽表）

074. 天长地久。（斯沃奇手表）

075. 献给天下有情人。（名人润肤霜）

076. 力士，超级富有光泽。（力士）

077. 夏士莲黑芝麻洗发露让头发变得乌黑亮丽。（夏士莲）

078. 健康之路，从头开始。（飘柔）

079. 健康秀发从这里开始。（海飞丝）

080. 放飞无限自由。（海飞丝）

081. 想要无可取代，就须时刻与众不同。（香奈儿）

082. 一喷见实效，再喷见奇功。（AXE香水）

083. 时尚引导潮流。（香奈儿）

084. 最适合你的颜色，才是世界上最美的颜色。（香奈儿）

085. 香水让女人未来更芬芳。（香奈儿）

086. 珍爱典藏，兰蔻珍爱香水。（兰蔻珍爱）

087. 生活中的美好事物永存不移。（巴宝莉）

088. 实现你的梦想。（安娜苏香水）

089. 献给那段值得珍惜的美好时光。（兰蔻）

090. 梦幻香气，魅由心生。（兰蔻）

091. 璀璨动人，如你珍贵。（兰蔻）

092. 献给那段值得珍惜的美好时光。（兰蔻）

093. 天生丽质，美宝莲。（美宝莲）

094. 献给那段值得珍惜的美好时光。（兰蔻）

095. 展现你的美。（资生堂）

096. 个性牛仔，本色你我。（李维斯）

097. 松开束缚 释放真我。（李维斯）

098. 保持真我。（李维斯）

099. 总有一条属于你的Levis。（李维斯）

100. 成就非凡你我。（李维斯）

101. 有声有色，炫出真我。（李维斯）

102. 激情无限，动力无限。（Japp巧克力）

103. 失去几盎司，省下几英镑。（某减肥食品）

104. 最后一块ROLO巧克力，想好怎么吃。（Rolo巧克力糖）

105. 总有好时光，蒂芙尼相伴。（蒂芙尼）

106. 蒂凡尼，经典缔造。（蒂芙尼）

107. 听由心声。（蒂芙尼）

108. 蒂芙尼，相伴每一天。（蒂芙尼）

109. 情意永恒，相伴一生。（卡地亚三环系列钻戒）

110. 对我而言，过去平淡无奇；而未来，却一直是彩色的。（轩尼诗酒）

111. 清爽、润滑、醇厚，尽在百威。（百威啤酒）

112. 好的东西值得等待。（百威啤酒）

113. 百威干啤如何？尝了就知美妙。（百威啤酒）

114. 在迈阿密，这不新鲜。（迈阿密）

115. 肌肤之亲，岂如香氛之迷人？（雅诗兰黛）

116. 今日的风采，昨夜的绿世界。（绿世界化妆品）

117. 活出年轻。（依云水）

118. 时间改变一切，唯有雷达永存。（雷达表）

119. 创意，服务生活。（松下）

120. 天使外观，野兽内在。（苹果笔记本 Mac Pro）

121. 优雅 空间 速度。（捷豹）

122. 品质永不过时。（李维斯）

123. 不就是玩儿吗？（匡威）

124. 做真我。（匡威）

125. 穿鞋乏味，不如匡威。（匡威）

126. 耐克，战无不克。（耐克）

127. 耐克让你奔跑如风。（耐克）

128. 立顿抿一口，灵感一大把。（立顿）

129. 突破渴望。（百事可乐）

130. 渴望，就现在。（百事可乐）

131. 年轻心态喝百事。（百事可乐）

132. 费列罗，伴你至臻生活。（费列罗）

133. 金莎巧克力，凡人不可抗拒。（费列罗在港台的译名为"金莎"）

134. 金色经典，金色时刻。（费列罗在港台的译名为"金莎"）

135. 玛氏出品，必属佳品。（M&M 's巧克力）

136. 醇享一刻，倍感星动力。（星巴克）

137. 发现属于你自己的星巴克。（星巴克）

138. 美由心生。（多芬）

139. 看见更美的你。（多芬）

140. 激情释放潜能。（华为）

141. 崎路漫漫，且歌且行。（华为）

142. 因为音乐，所以索尼。（索尼）

143. 你要的白昼，我有。（奥迪）

144. 无奥迪，不勇敢。（奥迪）

145. 拉拉拉长，除尘力强。（某除尘布品牌）

146. 及时求助，便是归途。（抗抑郁症公益广告）

147. 省点用、重复用、循环用。（绿色星球）

148. 今天，明天，丰田。（丰田）

2. 汉译英

001. 不怕你跟着我，就怕你跟丢了。（沃尔沃）

002. 没有到不了的地方，只有没到过的地方。（雪佛兰）

003. 拍摄世界的力量。（佳能）

004. 耀，现完美。（佳能）

005. 要爽由自己。（可口可乐）

006. 一杯可乐，一个微笑。（可口可乐）

007. 在任何一个角落。（可口可乐）

008. 百事可乐是属于你的饮料。（百事可乐）

009. 一样的价格，双倍的享受。（百事可乐）

010. 你值得拥有（欧莱雅）

011. 新秘密，新惊喜。（力士）

012. 我们的光彩来自你的风采。（维达·沙宣）

013. 就是这么自信。（飘柔）

014. 你不会有第二次机会给人留下第一印象。（海飞丝）

015. 天地间，你就是奇迹。（法国兰蔻）

016. 我的兰蔻，我的花样年华。（兰蔻）

017. 释放与生俱来的肌肤之美。（兰蔻）

018. 每一刻，都是新的奇迹。（兰蔻）

019. 惊喜从肌肤开始。（玉兰油）

020. 赢在巅峰状态。（玉兰油）

021. 美来自内心，美来自美宝莲。（美宝莲）

022. 你本来就很美。（自然堂）

023. 得到你是我一生的幸福。（德芙）

024. 横扫饥饿，活力无限。（士力架）

025. 漫漫人生路，真爱永相随。（卡地亚 Solitaire 1895）

026. 生活的艺术，生存的价值。（卡地亚）

027. 简单的高贵，时尚的气质。（卡地亚）

028. 智慧演绎，无处不在。（摩托罗拉）

029. 飞越无限。（摩托罗拉）

030. 世界由我掌控。（爱立信）

031. 展露精彩本色。（三星 S508）

032. 百威啤酒，百味人生。（百威啤酒）

033. 今天你百威了么？（百威啤酒）

034. 一滴酒，千滴泪。（交通公益广告）

035. 越欣赏，越懂欣赏。（轩尼诗）

036. 劲酒虽好，不要贪杯哦。（劲酒）

037. 我靠重庆，凉城利川。（利川城市旅游推广）

038. 雅安，一座最滋润的城市。（雅安城市旅游推广）

039. 上有天堂，下有苏杭。（苏州、杭州）

040. 桂林山水甲天下。（桂林旅游推广）

041. 穿上双星鞋，潇洒走世界。（双星）

042. 装得下，世界就是你的。（爱华仕）

043. 蒙牛，只为优质生活。（蒙牛）

044. 非常可乐，非常选择。（非常可乐）

045. 城市彼岸，心灵港湾。（彼岸咖啡）

046. 你想身体好，常饮健力宝。（健力宝）

047. 维维豆奶，欢乐开怀。（维维豆奶）

048. 真材实料真过瘾。（银鹭花生牛奶）

049. 农夫山泉有点甜。（农夫山泉）

050. 沟通从心开始。（中国移动）

051. 平时注入一滴水，难时拥有太平洋。（太平洋保险）

052. 原来生活可以更美的。（美的）

053. 来去之间，你总能掌控时间。（劳力士）

054. 衣食住行，有龙则灵。（龙卡）

055. 方太，让家的感觉更好。（方太橱柜）

056. 为发烧而生。（小米手机）

057. 每一秒都是大片。（华为P10）

058. 爵士人生。（华为Mate7）

059. 预见未来。（华为Mate10）

060. 有目共睹。（上海牌电视机）

061. 进无止境。（福特汽车）

062. 城乡路万千，路路有航天。（航天汽车）

063. 有了南方，就有了办法。（南方科技）

064. 永不止步。（安踏）

065. 司机一滴酒，亲人两行泪。（公益广告）

066. 传承融通，诚笃致公。（苏州大学外国语学院院训）

067. 随身携带，有惊无险。（速效救心丸）

068. 药材好，药才好。（仲景牌六味地黄丸）

069. 有汰渍，没污渍。（汰渍洗衣粉）

070. 与其道听途说，不如亲自体验。（碧丽牌苗条霜）

071. 要想皮肤好，早晚用大宝。（大宝）

072. 爱您一辈子。（绿世界化妆品）

073. 无惧损伤，享你所爱。（多芬）

074. 立顿奶茶，"冲"满朝气。（立顿）

075. 从茶园直接进入茶壶的好茶。（立顿）

076. 怡人茶香，甘醇爽口。（立顿）

077. 亲近时刻，只有奥利奥。（奥利奥）

078. 美好时刻，不分你我。（星巴克）

079. 百事之外，别无选择。（百事可乐）

080. 扭一扭，舔一舔，泡一泡。（奥利奥）

081. 层层心思，更添臻意。（费列罗）

082. 如你所爱，极致珍贵。（费列罗）

083. 至臻心意，送给我珍视的人。（费列罗）

084. 海陆无界，音乐无限。（索尼）

085. 快到碗里来。（M&M's巧克力）

086. 智慧新高度。（华为）

087. 无线充电，无限畅快。（华为）

088. 准备好呼风唤雨。（匡威）

089. 非正式行为。（匡威）

090. 跑了就懂。（耐克）

091. 关注抑郁症患者，用爱为生命加油。（抗抑郁症公益广告）

092. 给你一份安全的承诺。（金士顿）

093. 百闻不如一印。（佳能复印机）

094. 一切尽在掌握。（爱立信）

095. 灿若星辰，以眼神捕获眼神。（赫莲娜）

096. 简约而不简单。（利郎男装）

097. 不同的肤色，共同的选择。（青岛啤酒）

098. 因爱而生。（强生）

099. 司机一杯酒，亲人两行泪。（交通公益广告）

100. 接天下客，送万里情。（天津出租车公司）

❧ 汉译英参考译文： ❧

001. Follow me，if you can！（Volvo）

002. Follow your step，however difficult！（Chevrolet）

003. Canon，the power to shoot the world.（Canon）

004. You are shining，you are perfect.（Canon）

005. Enjoy at your will.（Coca-cola）

006. One bottle，one smile. Coca-cola

007. Anytime and anywhere.（Coca-cola）

008. Pepsi is just for you.（Pepsi）

009. Double pleasure with the same price.（Pepsi）

010. You deserve it.（L'OREAL）

011. New secrets，new surprises.（LUX）

012. Our radiance comes from your elegant demeanour.（Vidal Sassoon）

013. Just be confident.（Rejoice）

014. You never get a second chance to impress.（Head & Shoulders）

015. You are the miracle in the world.（LancÔme）

016. My LancÔme，my life.（LancÔme）

017. To release the inherent beauty of the skin.（LancÔme）

018. Every moment is a new miracle.（LancÔme）

019. Skin starts to surprise.（Olay）

020. Win in the fitness form.（Olay）

021. Beauty from inside，beauty from Maybline.（Maybline）

022. You are a born beauty.（Chando）

023. You are the happiness of my life.（Dove）

024. SNICKER gives you endless energy.（SNICKERS）

025. To live，to love，till the last second.（Cartier Solitaire 1895）

026. Where art is for your life.（Cartier）

027. Simple nobility，fashion quality.（Cartier）

028. Intelligence everywhere.（Motorola）

029. Over the infinite.（Motorola）

030. The world is in control.（Ericsson）

031. Excellence is the essence. (Samsung S508)

032. Budweiser beer, satisfied smell. (Budweiser)

033. Did you bud today ? （Budweiser）

034. Drink and drive, cost your life. (Traffic public advertisement)

035. The more you taste it, the more you'll like it. (Hennessy)

036. Less Jin is more fun. (Jin Liquor)

037. Lichuan, the cool city close to Chongqing. (Tourism promotion of Lichuan)

038. In Ya'an, in joy. (Tourism promotion of Ya'an)

039. Above is paradise, below is Suzhou and Hangzhou. (Suzhou and Hang-zhou)

040. East or west, Guilin landscape is best. (Tourism promotion of Guilin)

041. DOUBLESTAR takes you afar. (DOUBLESTAR)

042. Pack the world. （ OIWAS ）

043. For a better life. (MENGNIU)

044. A special cola, a special choice. (Future Cola)

045. The harbor of souls. (Bi'an Coffee)

046. A Jianlibao a day keeps the doctor away. (Jianlibao)

047. Feel on the top of the world. (VV soybean milk)

048. Real stuff, real fun. (Yinlu)

049. Nongfu Spring, sweet spring. (Nongfu Spring)

050. Reaching out from the heart. (China Mobile)

051. Many a drop makes the Pacific. (CPIC)

052. Life could be better. (Midea)

053. You can always control your time. (Rolex)

054. Long Card makes your busy life easy. (Long Card)

055. FOTILE, makes home better. (FOTILE)

056. You and MI, born for passion. (MI)

057. Make every shot a cover shot. (HUAWEI P10)

058. Live once, live life. (HUAWEI Mate7)

059. We see future. (HUAWEI Mate10)

060. Seeing is believing. (Shanghai TV)

061. Go further. (Ford)

062. East, west, Hangtian is the best.（Hangtian automobile）

063. Where there is South, there is a way.（Soutech）

064. Keep moving.（ANTA）

065. No drunk driving.（Public service advertisement）

066. Communication, commitment, community.（Moto of School of Foreign Languages, Soochow University）

067. A friend in need is a friend indeed.（Suxiao Jiuxinwan）

068. Only fine medicinal herbs make fine herbal medicines.（Zhongjing Liuwei Dihuangwan）

069. Tide's in, dirt's out.（Tide）

070. Using is believing.（Billi Silm cream）

071. Applying Dabao morning and night makes your skincare a real delight.（Dabao）

072. Love me tender, love me true.（Green World）

073. Love life, love Dove.（Dove）

074. Lipton leads to livable life.（Lipton）

075. Direct from tea garden to tea pot.（Lipton）

076. Tasty tea makes refreshing taste.（Lipton）

077. Oreo moments, close moments.（Oreo）

078. Enjoy the good time together.（Starbucks）

079. Nothing else is a Pepsi.（Pepsi-Cola）

080. Twist！ Lick！ Dunk！ （Oreo）

081. Sincere to every layer.（Ferrero Rocher）

082. Precious like the people we loved.（Ferrero Rocher）

083. Golden heart for the beloved.（Ferrero Rocher）

084. Nothing can stop music.（Sony）

085. Come to have fun together.（M&M's）

086. New height of wisdom.（HUWEI）

087. Wireless. Boundless. Limitless.（HUWEI）

088. Ready for more weather.（Converse）

089. It's Converse. It's informal.（Converse）

090. Run to get it.（NIKE）

091. Love saves Lives.（anti-depression PSA）

092. Kingston secures your secrets. （Kingston）

093. Coping makes you believing . （Canon）

094. All's in hand. （Ericsson）

095. Shining like stars. （Helena Rubinstein）

096. Less is more. （LILANZ）

097. Different race， same choice. （Tsingtao Beer）

098. Born for love. （Johnson & Johnson）

099. No drunk driving. （Traffic public service advertisement）

100. Your satisfaction is our destination. （Tianjin Taxi Co）

下篇

翻译中的广告视野

根据凯瑟林娜·赖斯文本类型的论述，不同于信息文本、表情文本，呼吁文本的目标在于说服受众从事某种活动，如购买特定产品、选投特定党派等。换句话说，在呼吁文本中，内容和形式都从属于文本预期达到的超语言效应（extra-linguistic effect）（Nord，1996）。政治声明、广告、公告、布道等都属此类文本。然而赖斯指出，就像其他文本一样，此类文本的分类并不严苛，因为很多文本还有其自身更进一步的目标（Shuttleworth & Cowie，2004）。

这说明文本的分类并非泾渭分明。因为特定要求和目标不同，一些文本有时可能强调信息的传递，有时则重在情感的表达，或者形成某种感召力；有时候同类文本可能只突出某一种功能，而有时同类文本还有必要对功能做更细致的切分；有时甚至因为译者个人认知的差异，对文本功能和分类的区分也会表现出不同。以公示语文本为例，张美芳根据赖斯的文本类型理论，将澳门的公示语划分为具有信息功能、表情功能、感染功能、兼具信息和感染功能以及兼具表情和感染功能等五种类型，并指出不同的公示语具有不同的目的和功能，翻译时应各有所侧重（2006）。而刘迎春和王海燕则认为运用赖斯的文本类型理论，将汉语公示语划分为信息型和感染型两种类型更趋合理（2012）。

文本的分类虽然会因为认知主体或者文体应用的不同而产生变化，但总体而言，从文体的一般特征来看，其主要特点和功能还是接近一致的。仍然以公示语为例，感召功能始终都是公示语的主导功能，信息功能或美感功能只是一种次要功能（牛新生，2008）。因此，宏观上说，文本分类是可行的，而且这种分类对翻译的积极意义毋庸置疑，它有利于译者快速把握翻译中的主要矛盾和矛盾的主要方面，从而有的放矢地选择恰当的翻译策略。此外，文本的分类不是僵化凝滞的，也不是非此即彼的，译者一定要尽可能全面、辩证地分析文本及翻译中要解决的问题。一个完整的文本不仅仅体现出一种功能，往往是多种功能的复合体，只不过在实际应用中某一功能突出而已（Reiss Katharina，2004）。

自赖斯文本分类及其功能区分概念的提出，中国译界有相当数量的研究关注到文本分类对翻译实践的影响，这也在一定程度上促进了我国翻译学科，尤其是应用翻译学科的建设和发展。客观上讲，因为很多学者如方梦之、黄忠廉、张美芳等的努力，中国应用翻译研究越来越丰富，越来越深入。这不仅拓宽了应用翻译研究的视野，也为各类应用翻译能力的提高开辟了新的路径。

如上文所述，广告文本是典型的呼吁型文本，但仔细分析的话，生活当中还有很多文体形式带有较强的感召色彩，具有明显的呼吁型文本特征，强调资讯推广的语用要求。这些文本类型较多，比较突出的有商标名称、新闻标题、影视片名、校训、城市公示语、旅游等文本的翻译等。因为感召功能相同，文本特征存在相似之处，那么它们的翻译要求必然有相通的地方，翻译技巧也应该可以相互借鉴。从这个角度看，从宏观广告视野出发对这些文本进行比较分析、归纳共性、厘清个性、拓宽研究视野、促进翻译实践，是完全可行的。下面笔者将根据自己的翻译实践和教学经验，结合先前的研究，对商标名称、新闻标题、影视片名、校训等文本类型的翻译原则和技巧分别展开论述。

第 7 章

商标名称翻译

7.1　商标名称翻译特点

　　商标（trade mark）是一个专门的法律术语。品牌或品牌的一部分在政府有关部门依法注册后，称为"商标"。根据《中华人民共和国商标法（2013 修正）》，商标是能将自己的商品或服务与他人的商品和服务区分开的标志（包括文字、图形、字母、数字、声音、三维标志和颜色组合，以及上述要素的组合）。为了方便讨论，本书只重点关注商标名称方面的内容。

　　一般而言，企业无论大小，无论国别，对自己的商标名称都非常在意，因为商标具有显著的识别功能，具有明确的排他性和独占性。爱德华·罗杰斯（Edward S. Rogers）认为商标之于商品识别功能如同姓名之于个人身份识别。缺少了识别标记，人们将不再对手艺引以为豪，因为优异的品质失去了应得的荣誉，低劣的品质也无需承担责任。如果允许匿名制，竞争的后果将是生产最坏而不是最好的产品，因为产品更加便宜，利润更为丰厚。对产品和消费者来说，假如失去了识别商品的商标，也将绝无可能辨明孰优孰劣（1972）。以"Volkswagen"为例，其德语商标名称由"VOLKS（国民）+WAGEN（汽车）"构成，译为"大众化车"倒也贴合。商标图案简洁、明了，一个含有 V 与 W 组合的圆环。V 代表"胜利"，W 指代两个"胜利"。这个图标所传达出"大众汽车服务大众。因为大众，事业会成功，大众公司与大众消费者双赢"等品牌理念。中国一些知名品牌如"狗不理包子""大娘水饺"等取名也别出心裁，不仅具有明确地识别功能，还能给人一些或幽默或温暖的情感体验，从而促进品牌地推广。

按照弗兰克·谢克特的观点："商标的真正功能是识别令人满意的产品，并因此刺激公共消费者进一步购买（1927）。"弗兰克福特大法官（Jus-tice Frankfurter）在"Mishawaka Rubber"一案判决中也认为："商标是劝诱消费者选择其所需，或在引导后认为其所需的商品的商业捷径。商标所有人殚精竭虑地以适当的符号所蕴含的吸引力来营造市场氛围，从而抓住人类的先天习性。无论采取何种手段，其目的都始终如一，即通过商标，将其所依附的商品吸引力输入潜在消费者的大脑。一旦目的达成，商标所有人便拥有了某些价值。如果他人窃取这种符号所产生的市场吸引力，所有人即有权获得法律救济（1942）。"很显然，商标具有消费诱导性，和广告目的一致。这表明，除了标识功能之外，商标的另一个重要功能是广告宣传。

国内学者如胡开宝、陈在权等也提出，商品名称应具有注意功能，能够引起消费者的注意和兴趣（2000）。这和广告界AIDA标准相一致。AIDA是英文单词Attention、Interest、Desire、Action的首字母组合，分别表示"注意、兴趣、欲望和行动"，表明广告效果的四个层次。因此商品的名称一旦确立，就承担了该商品的广告职能，名称的优劣很大程度上左右着商品的市场影响力。中国知名白酒品牌如"稻花香""五粮液"等对于本品牌的成功营销都功不可没。商标的广告功能是识别功能的延伸，识别功能是广告功能的基础。商标如果没有识别性，商标的广告功能也不复存在。广告的目的就是要在观众即消费者心目中，在商标与特定的商品或服务之间，建立起独一无二、排斥一切同它竞争的商品或服务的习惯性联想（余俊，2009）。

当然，商品名称还应具有记忆功能。商品的名称一般应简洁易记，以便消费者识记并且口口相传，这和广告营销策略中对广告口号的要求必须"易读、易懂、易记、易传播"完全一致。中国家电品牌名称如"长虹""康佳"，自行车品牌如"永久""凤凰"等都采用中国传统的双字词语模式，不仅含义美好，而且用词简洁，方便记忆。

7.2　商标名称翻译原则

随着中国综合国力的迅速提升和经济全球化步伐的加快，中国市场越来越成为各大公司、大品牌在全球贸易中关注的焦点，越来越多的商品涌入中国市场。随之而来的商标名称翻译问题也受到了广大商界、译界、传播界等人士的关注。商标的翻译因译者认知视角不同，表现出来的问题各异，如前文提到的 Coca-Cola 的译名"蝌蝌啃蜡"就是一个典型的案例。要解决这些问题，必须有较好的翻译策略，而好的商标名称翻译策略必须能满足以下几点。

7.2.1 满足商标功能

译者翻译商标的过程中，必须对商标的功能了然于胸，尽可能像原文一样等效传递所有的信息。在没有可能等效传递原文所有信息的时候，可以以商标的广告功能为重，进行变通处理。根据上文对商标广告功能的分析，商标的翻译从很大程度上来说应该属于广告翻译的范畴。而由于受众和市场的反应积极与否是评判广告翻译质量的重要指标，因此在广告翻译中原文的重要性退居其次，即广告译文可以和原文保持一致，也可以和原文竞赛（彭朝忠，2013）。

前文提到，"Coca-Cola"的中文译名"可口可乐"堪称商标名称翻译的经典。除此之外，香皂"Safeguard"的译名"舒肤佳"，运动鞋"Reebok"的译名"锐步"，相机"Canon"的译名"佳能"等都是业界公认精彩的商标名称翻译。虽然和原文相比存在信息的遗漏，但可以确定的是，这样的译文比简单的音译或者意译更受中国受众的喜爱，因为译文明显音似原文，意境优美，且商品功能切近。所以从某种程度上说，这些商标的译文超越了商标原文，体现了译者的能动性和创造力，属于一种创造或者说是创译。在产品营销中，商标的创造性译名较容易被市场接受，能助力销量的大幅提升，因此常被生产商和商标译者所看重。

7.2.2 尊重译入语受众语言文化习惯

商标的翻译应该遵循译入语受众的语言文化习惯，而不是背道而驰。那种以挑战译入语文化习俗为特征的"异化"的处理方式在商标名称翻译中比较少见。香港主营男装的品牌"Goldlion"的译名没有按照字面意思译为"金狮"，而译作"金利来"主要是因为：第一在广东话里面"金狮"音同"今输"或"净输"，"输"字对大多数人而言是个忌讳，商界人士尤其忌讳，都避之而恐不及；第二"金利来"采取部分意译和部分音译的方式，"金"是译义，"来"是译音。不仅如此，更主要的是"金利来"三个字非常吉利，符合汉语区消费者凡事都想讨个好彩头的习惯，因此大受欢迎。这种方法属于典型的"归化"处理策略，和前文提到的广告翻译原则基本一致。类似商标名称翻译的例子还有很多，如婴儿纸尿裤品牌"Pampers"的译名为"帮宝适"，联想意义积极，含蓄地表达了商品的功能，采用的也是相同的顺应消费者认知习惯的翻译原则。

相反，如果一味只注意和商标译名的语义一致，忽视甚至挑战译入语文化价值观的话，译文一定不会被消费者接受。以"Nike"为例，其本意是希腊神话中胜利女神的名字，如果音译的话，最好选择"奈姬"或是"娜基"之类女性化的译名，但中国消费者不了解这些西方神话中的人物，因此也不可能激起任何积极的联想。而译名"耐克"则不一样，清楚地表明了产品的质地，毕竟鞋子耐磨是大多数消费者追求的品质之一。加上译名发音和原商标名相近，所以能很快被市场接受。

再举一个汉译英的例子。"白象"牌电池是中国名牌产品，也是上海白象天鹅电池有限公司的两个主导品牌之一。但是，其直译的英文译名"White Elephant"却一直被认为有欠考虑，因为在英语里，"White Elephant"多指华而不实、贵而无用之物。相传古代泰国视白象为王室神物，国王有时以恩赐白象作为对臣民的惩罚。由于白象一无所用，却要好生供养，日子一久便会耗尽钱粮，因此令人唯恐避之而不及，所以电池的这个英文译名确实不妥。相比之下，以生产"白象"方便面出名的白象集团食品有限公司在选择译名的时候就比较谨慎，都是"白象"，白象食品集团就没有选择直译的译名，而是选择了音译的"Baixiang"。虽然在表意方面也有欠缺，但至少不会引起反感，影响产品的营销。

7.2.3　语言简洁精练，方便记忆传播

在语言的选用上，商标名称翻译应该满足广告语言须简洁精练、通俗易记的要求。同时这也和商标名称特点一致。一般而言，商标品名本身就非常精练以便传诵。汉语商标名称虽然法律没有明文限制字数多少，但一般2～4个汉字，如"红旗""江铃""长城""奇瑞""梦之蓝""杏花村""水井坊""二锅头""金六福""旺旺小酥""旺旺鲜贝""波力海苔""阿尔卑斯"等。英文商标也很相似，合成、混合、截短、首字母缩略等法常见应用到商标命名当中，目标就是从用词数量上达到精简的目的，如"Safeguard（舒肤佳）""Rejoice（飘柔）""Olive（奥尼）""BMW（宝马）""KFC（肯德基）""IBM（国际商业机器公司）""FedEx（联邦快递）""Kitkat（奇巧）""Fanta（芬达）"。商标名称翻译要满足方便传播的目的，自然也必须简洁。

除了文字数量尽可能少，形式上尽可能简洁之外，在翻译商标时，还应该关注译名的"音"和"意"。如果能达到音、意、形三美兼备的话，译文就一定不错，也就能承担起其应该承担的广告职能。"蝌蝌啃蜡"在表意方面明显不及"可口可乐"，因此很难被受众接受。法国香水"Revlon"的译名"露华浓"既保全了原商标的音，同时套用了中国著名诗人李白的诗句"云想衣裳花想容，春风拂槛露华浓"中的最后三个字，用意高雅，品质相通，因此称得上是一流的商标名称翻译。美国化妆品牌"MAYBELLINE"的译名"美宝莲"，法国化妆品牌"Decleor"的译名"思妍丽"，"Guerlain"的译名"娇兰"等都有异曲同工之妙。事实证明，那些巧妙运用"三美"原则的译名更符合大众审美心理，因此更容易得到消费者的认可，以至声名远播（乔阳，2006）。

7.3 商标名称翻译方法

上面阐述的是商标名称翻译应该遵循的一般原则，与广告翻译非常相似，都强调文本信息的吁请感召职能，都以译入语语言文化习惯为重，讲究音韵优美和谐，选词意蕴隽永。因为商标用词往往不多，一般三五个，但这三五个词往往浓缩了企业的精神、宗旨，产品的品质、特点等，要求严苛。所以要译好，难度很大。在商标名称翻译实践活动中，因为品牌不同，情形各异，译者一定既要以原商标名为本，也要发挥创造性思维。具体方法可以综合商标名称的音形意三个方面的特点，从以下四方面进行思考。

7.3.1 音意兼顾，意蕴美好

音意兼顾、意蕴美好指和原文相比，译文音意形三方面，尤其是音意方面和原文非常接近，而且译文联想意义非常美好，十分有利于商品的传播和销售，是商标名称翻译的最高境界，往往被称为传神之作。这样的译文往往发音和原文一致，联想意义丰富积极，使人们在联想中强化对产品的理解。

前文有提过"7-Up"的"Uncola（非可乐）"营销策略，非常成功。这里说一下该商标名称"7-Up"的翻译。"7-Up"由Howdy Corporation的创始人查尔斯·格利戈创造出来，之前的产品叫作Howdy橙味汽水。经过2年多时间对不同配方的尝试，查尔斯希望这一新的配方可以给消费者带来不同的感受。查尔斯从未解释过产品为什么称之为"7-up"的原因，一般的说法是7和u说明七喜包含7种调料并且进行过碳酸化。"7-up"照字面意译的话是"七上""七起"，前者在汉语中对应"八下"，给人一种不安定的感觉，后者读起来也很别扭，因此行不通。"7-up"最终采用是一家香港公司的译名——"七喜"，因为粤语"七喜"和"七起"相似，且"喜"字含义吉祥。该译名音意兼顾，含义积极，所以译文一出，就大受好评，后来中国大陆和台湾也就直接采用该译名了。

第二个例子是美国强生公司向全世界13～22岁青少年女子推出的面部护理品牌"Clean & Clear"。作为全球首个致力于满足青春少女肌肤需求的护肤品牌，强生公司一直致力于为青春少女带来干净、清透、漂亮的肌肤和自信。1992年首次推出该品牌以后，短短12年间，可伶可俐已遍布全球41个国家，赢得了无数青春少女的信赖，迅速成为全世界青春少女护肤领导品牌。"Clean & Clear"的中文译名是"可伶可俐"，非常巧妙。译名不仅关照到了原商标名称头韵的手法，而且选词也注意到了产品的功能，目标消费群体的心理特性，所以难能可贵。

再举一个中文的例子，格力电器股份有限公司成立于1991年，是目前全球最大的集研发、生产、销售、服务于一体的专业化空调企业。格力电器旗下的"格力"品牌空调，是中国空调业唯一的世界名牌产品。格力商标的译名"GREE"也是音意兼顾，英文读音和原文非常接近，英文单词本身含义也非常积极，和品牌本身的追求相一致，所以是很不错的译文。

除上述例子之外，能称得上音意兼顾的商标译例还有很多，如Paramount（百乐门）、Whisper（护舒宝）、Anessa（安耐晒）、LONGINES（浪琴）、Pantene（潘婷）、BENEFIT（贝玲菲）、Coca Cola（可口可乐）、Pepsi Cola（百事可乐）、Timex（天美时）、Pizza Hut（必胜客）、Chanel（香奈儿）、SLEK（舒蕾）、Lancome（兰蔻）、Estee Laude（雅诗兰黛）、M.A.C（魅可）、Pureness（飘尔丽丝）、Selfit（珊妃）、Kuyura（可悠然）、托普（Top）。

7.3.2　创新构词，联想积极

前文在广告常用修辞手法中提到过创新词策略，该法在英汉广告创作中都有使用，英语广告更多见，形式也比较多样。因为汉语系统相对闭合，英语系统相对开放，英语词语组合变化方式明显多于汉语，所以在商标汉译英实践中，利用创新构词法进行翻译不失为一种较好的选择。事实证明，现在这种方法越来越受到青睐。

"海信"是中国的驰名商标，在国际上都有一定的知名度。海信集团有限公司的海外分支机构覆盖美洲、欧洲、非洲、中东、澳洲及东南亚等全球市场，产品远销130多个国家和地区。海信品牌的英文译名HISENSE采用创新构词方式，译名源自high sense（高度灵敏），发音和原文相近，语义和海信集团主要产品追求的性能密切相关，译得很好。

苏泊尔股份有限公司是中国最大、全球第二的炊具研发制造商，当年苏泊尔注册英文商标是"SUPER（超级）"，但是工商注册通不过。最后还是浙江大学生物系毕业的董事长苏显泽想了个办法，将字母E改为O，即"SUPOR"，象征苏泊尔的圆形锅结实耐用，超级好使。英文名和原商标名音同，单词联想意义和苏泊尔企业理念一致，的确耐人寻味。

这类的例子还有如以纯（Yishion是Yi与fashion的拼接，表明"以纯"品牌与时尚同行）、海尔（Haier音同higher谐音，表示"海尔"公司追求更高更强）、雅戈尔（Youngor与younger音同形近，表明"雅戈尔"服饰让消费者因其而更富青春活力的决心）。

7.3.3　译意次之，适当发挥

在无法音意兼顾的情况下，一般建议尽可能意译，有时候可以根据产品的特点，做适当的发挥拓展。以资生堂"AQUAIR"为例，"AQUAIR"源于拉丁语词根"aqu"，和"水"有关。而资生堂"AQUAIR"被称为滋润补水之神品，因此译者依据词根含义和产品性能，合理联想，将其译为"水之密语"，给产品无形中添加了一份神秘浪漫的色彩，深得女性消费者喜爱。

汉译英此类的例子也有一些，以被誉为中国电子工业的摇篮"熊猫"电视为例，熊猫憨态可掬，是举世公认的中国的国宝。当初以"熊猫"作为电视机的商标名称就表明其肩负的历史使命，翻译的话，自然译意即可，那就是其对应的英文名称"Panda"。消费者一看到这个名称就自然能和熊猫，和中国关联起来。原商标的功能基本得到了保留。

这里需要指出的是，粗略比较一下市场上的商标名称翻译，中译英的商标一般相对保守拘谨，而英译汉则相对更加灵活，这应该和英汉两种语言特点及两种语言受众的阅读习惯有关，相关论述，前文有提及，此处不再赘述。

意译的商标中，汉译英的例子还有如海鸥（Seagull）、海魄（SEASOUL）、熊猫（Panda）、双星（Double Star）、三枪（Three Gun）、白猫（White Cat）、英雄（Hero）、陆风（Land Wind）、鳄鱼（Crocodile）、活力28（Power28）、小护士（Mini Nurse）。英译汉的还有如Nestle（雀巢）、La Mer（海蓝之谜）、

Playboy（花花公子）、Crest（佳洁士）、Origins（品木宣言/悦木之源）、Make up forever（浮生若梦）、White Lucent（透白美肌）、UvWhite（优白）、Tessera（欣香）、Land Rover（路虎）等。

7.3.4 译音最次，注意选词

在不能形神兼备，又不好意译的情况下，译者一般采取的原则是使译名的发音尽可能接近原文的发音。该法其实也是很多初学者在进行翻译练习时首先想到的方法，但是在选词时必须谨慎。首先，一般选用的词必须是中性词，如"SONY"的译名"索尼"，两个汉字的组合前所未见，无特定的语义，也无所谓"褒贬"，符合商标排他性的需求。

其次，有香港学者认为译音时应该避免占用普通常用词汇，如轮胎品牌"Goodyear"的译名是"固特异"，译为"好年头"就不具有排他性，容易引起歧义。再有"Benz"最好不要翻译为"奔驰"，应该翻译为"宾士"，理由相同。有些人对这个说法持怀疑态度，毕竟"奔驰"在大陆用得很广，有语境在，也不会有问题，就如"宝马"车遍地跑，消费者分得清清楚楚，所以这里不好一概而论。对于根深蒂固的概念，没必要纠正，但这个说法不无道理，在碰到新商标需要翻译时可以统一起来考虑。

译音的商标名称比较容易找，几乎比比皆是。英译汉的有AMAHA（雅马哈）、FUJI（富士）、SIEMENS（西门子）、PHILIPS（飞利浦）、FIAT（菲亚特）、CONBA（康恩贝）、SANTANNA（桑塔纳）、FORT（福特）、Rolls Royce（劳斯莱斯）、Infiniti（英菲尼迪）、COLGATE（高露洁）、CADBURY（吉百利）、SASSOON（沙宣）、Paramount（派拉蒙）、Jeanswest（真维斯）、Lux（力士）、Motorola（摩托罗拉）、Nokia（诺基亚）、Constantin（江诗丹顿）、BobbiBrown（芭比布朗）、TomFord（汤姆福特）、Givenchy（纪梵希）、Dior（迪奥）、Guerlain（娇兰）、Hennessy（轩尼诗）、Louis Vuitton（路易威登）、Bliss（必列斯）、Dicila（蒂思岚）、MIEL（麦儿）等。

汉译英的有羽西（YUE-SAI）、香格里拉（Shangri-la）、春兰（CHUNLAN）、康佳（Konka）、安尔乐（ANERLE）、长虹（Changhong）、奇声（Qisheng）、味全（Weichuan）、青岛啤酒（QINGDAO）、上海（SHANGHAI）、郑明明（CHENG MING MING）、李宁（LI-NING）、白雪（BAIXUE）、大宝（DABAO）、娃哈哈（WAHAHA）等。

需要补充说明的是，我国港台和内地在翻译一些名称时会因为译者灵感、

认知习惯、各地方言发音特点不同而存在差异，如Benz汽车，内地的译名是
"奔驰"，香港是"平治"，台湾是"宾士"。CADILLAC汽车的大陆、香港和台
湾的译名分别为"凯迪拉克""佳特力""卡迪拉克"。CITROEN汽车在大陆和
香港的译名分别是"雪铁龙"和"先进"。PEUGEOT在大陆和香港都称为"标
致"，在台湾的译法是"宝狮"。这样的例子还有很多，网上一搜便知。不过，
随着经济全球化的加速和进一步融合，特别是各公司业务发展的需要，这些相
同商标译名不同的现象应该会逐渐减少。就如Nissan之前在大陆被称之为"尼
桑"，现在和香港译名统一了，都译作"日产"。

　　总体而言，在上述四种翻译手法中，前两种难度最大，更需要译者精彩的
创意，译文也更让人难以忘怀。后两种是一般的方法，相对容易，但也可能存
在一定的问题，如第三种具有表意性，但在排他性方面弱些，第四种具备商标
的排他性，但在表意及促进商品推广方面弱些。

7.4　商标名称翻译小结

　　从上述分析和大量的商标译例可以看出，相对于文学、科技等翻译而言，
商标名称翻译的自由度相对较宽，译者可以也应该有积极的创意。不过，这绝
不等于译者可以天马行空、无所拘束。译者必须要有所本，除了原商标的基本
信息之外，商标功能、译入语文化、受众语言习惯等必须全面考虑。真正上佳
的商标名称翻译应该如"Coca-Cola"的译名"可口可乐"那样，译文尽量保留
与原文的音、形或意的关联。同时对于译入语受众而言，译文又能最大可能地
激发音、形、意三方面美的感受，从而在最短时间里让接受者得到最多的信息，
留下最深的印象，最终促成品牌的宣传推广。

第 8 章
新闻翻译

8.1 新闻标题翻译特点

要了解新闻标题翻译的特点，首先必须了解新闻和新闻标题的特点。一般而言，新闻讲究时效性、真实性、简洁性、可读性、准确性，而标题应该具有概括性、简洁性、生动性。新闻标题是报刊上新闻和文章的题目，通常特指新闻这种文体的题目。是以大于正文的字号，用精简的词语，对新闻内容和中心思想富有特色的浓缩和概括。它是新闻的一个组成部分，是新闻报道的延续和最后完成。这也就是说，第一，它必须是新闻事实的浓缩，是新闻不可分割、不能任意拟定的一部分；第二，它是对新闻事实"画龙点睛"式的评论，让读者透过这个小小的"窗口"，窥见新闻的要义；第三，文字简短，富有个性特色（刘其中，2009）。

一般读者对新闻标题的上述特点都能理解，但其实新闻标题还具有广告特性。从新闻学角度来看，报刊标题的功能是：推销文章（advertising the story）、概述内容（summarizing the story）、美化版面（beautifying the newspaper page）（端木义万，2001）。标题犹如广告，它向读者"推销文章"。它要产生引人注目的效果，以醒目的形式抓住读者还在游移浏览的目光（侯维瑞，1998）。

新闻标题的广告特性其实和新闻的商品属性也有关系。由于手机等电子产品的普及，人们对新闻资讯的获取愈来愈便捷，也越来越便宜，因此消费者对新闻产品的商品属性少有关注。但新闻媒体人如果也漠视其商品属性，或者对该属性认识欠缺的话，那么他的视野一定受限，在市场竞争中自然就处于弱势。要认识新闻的商品属性，首先必须明了"商品"这一概念。广义的商品指在市场上进行交换的、能满足人们的需要的产品、物品和服务。概括而言，作为商品的产品可分为三个层次：第一层次是"核心产品，core product"，指购买者希望获得的产品根本利益；第二层次是"实际产品，actual product"，指实际存在的产品，包括质量、特点、设计、品牌名称和包装等。第三层次是"附加产品，augumented product"，指提供给商品购买者的附加服务和附加利益，包括送货、安装、售后服务和保证等（张国才，2008）。很显然，作为能满足人们资讯需求，重视自身质量、媒体风格、排版设计，关注投送效率，在意营销策略的新闻媒体，不管是纸质还是电子的，都属于商品。

既然新闻是商品，那么新闻标题就无异于商品的商标或者广告词，也因而承担着相应的广告职能。无论是纸媒还是新媒体，新闻媒体人都非常看重标题的拟定。道理很简单，标题是新闻内容的核心或者导引。在这个信息爆炸的年代，新闻资讯仿佛无孔不入，一篇新闻标题拟定的好坏直接决定它的受关注度。那种乏善可陈、人云亦云的标题往往让新闻报道瞬间淹没在浩如烟海的新闻资讯当中。20世纪美国著名广告人大卫·奥格威对平面广告文案标题的重要性做过这样的评述，"读标题的人数是读正文人数的5倍，标题一经写成，就等于花去了一美元广告费中的八十美分（邓嵘，1998）。"与之相比，从传播的角度来看，标题之于新闻的重要性有过之而无不及。这也就是为什么越来越多的新闻人在拟定标题时会"语不惊人死不休"，以及"标题党"也层出不穷的原因所在。

与之相一致，新闻标题翻译在新闻翻译中起着非常重要的作用，译者不仅要关注标题应该有的概括性、简洁性、生动性，关注新闻核心内容的准确传播，还同时应该关注其广告职能。

8.2 新闻标题翻译原则

标题是文章的眼睛，新闻标题更是如此，很多读者往往会根据新闻标题去判断是否有进一步阅读的必要性。就和产品好不一定卖得好、产品广告很关键一样，新闻写得再好，标题如果平淡无奇则难有理想的阅读量。新闻翻译也是同样的道理，标题的翻译至关重要。因为上文提到新闻具有概括性、简洁性、生动性等特点，而且还有广告职能需要承担，那么新闻翻译就应该遵循以下一些原则。

8.2.1　主旨内容一致

此处的主旨内容一致指的是译文标题总体核心内容要和原文标题及新闻内容保持一致，原标题的具体细节允许适当增删。当然，因为标题是新闻内容的高度概括，因此新闻标题和新闻主体的内容也是一致的。这里所说的主旨内容指的是深层语义，而非表层信息的简单对应。毕竟英汉语言文化差异悬殊，正如前文分析的那样，如果仅停留表层的语义对应，对于词句结构灵活多变、修辞多样的新闻标题而言，很有可能会导致死译，根本达不到预期目的。

对于一些结构相对简单，用词不是很多的新闻标题，简单的词句对应翻译方式能够应付下来，译文既能忠实于原文，也能够得到相类似的效果。最近几个月，由于美国总统特朗普以国家安全为由，不断地挥舞关税大棒，动辄以加征关税相威胁，中美贸易摩擦不断，类似新闻标题如 "China-US trade crisis can turn into opportunity（中美贸易危机可以转化为机遇）" "Could trade war become an opportunity for China（贸易战会成为中国的一个机会吗）？" "China auto imports jump in July（7月份中国汽车进口量猛增）" 不断涌现。直译的处理方式基本能够达到目的。

当然更多的是需要变通处理的情形。以 "Xie clocks 9.97s to become China's fastest man" 为例，该新闻刊载的是2018年6月法国蒙特勒伊田径赛男子100米短跑项目中，中国短跑运动员谢震业以9.97秒的成绩夺冠，分别以高于个人最佳纪录0.07秒、高于国家记录0.02秒的成绩打破国家记录。新闻的中文标题是"中国最快的男人！——谢震业创造亚洲纪录9.97秒"。很明显标题的内容存在添加的现象，如创造亚洲纪录等字样及标点符号等，但这些添加是新闻中原来就有的内容，和原文并不矛盾，而且标题译文明显是中文标题的常见表述风格，也符合中国读者的阅读习惯。类似的还有如 "Samsung Tries to Navigate Through U.S.-China Trade Crossfire（三星能否在美中贸易战中左右逢源？）" "American Young People Don't Want Construction Jobs（年轻人不愿从事建筑业，美国住房市场有麻烦）" 等，译文对语气、句式、用词风格、标题内容等都进行了调整，但这种调整源自原文，因此并不冲突，而调整后的译文明显增加了流畅性和可读性，所以完全可以接受。

8.2.2 表现形式灵活

内容和形式，矛盾的两个方面，在翻译研究与实践中经常被论及。毫无疑问，内容往往是第一位的，形式次之。不能因形害义是翻译的一大原则，上文提到新闻标题翻译中，必要的时候，内容的微调都是可以的，那么形式就更没必要固守了。事实上，如前文所述，英文多一元表述，汉语多二元表述，英语多主从复合结构，汉语中多分句对句表达等，这些英汉对比研究表明英汉语在语言表现形式上的不同偏好。这种语言偏好在新闻标题上最突出的表现是汉语新闻标题中的对句明显多于英语，因此在进行新闻标题翻译的时候，译者最好关注这种差异，必要时对形式进行调整。

"US remembers Kennedy 50 years after assassination"是BBC曾经报道的一则新闻。新闻的大致内容是2013年11月22日，数千美国人齐聚达拉斯·戴利广场，怀念美国50年前被刺的第35任总统肯尼迪。他因在古巴导弹危机中出色的领导才能以及将人送上月球的远见卓识而受到众多美国人赞誉，被认为是美国最受尊敬的总统之一。但在任不到三年却被害，去世时年仅46岁。新闻标题原文是典型的英语一元表达结构，如果按照原文的形式直译的话，"美国在肯尼迪被刺50年后怀念他"就显得很平淡，完全没有新闻标题应有的特点，表现力远不及"暗杀已过50年，美国缅怀肯尼迪"。很显然，后者在形式上突破了原标题的束缚后，翻译的思路就打开了。

类似情形在体育新闻报道英译汉中也经常出现，二元表述结构使单句信息负担明显减轻，也更迎合汉语读者的阅读习惯，赛事给人的各种情绪也更容易表现出来。以2018年俄罗斯足球世界杯期间的新闻报道为例，很多新闻标题及其翻译就能说明这一点。具体例子有"World Cup agony for England as Croatia win semi-final in extra time（克罗地亚2∶1加时淘汰英格兰，三狮军团梦碎莫斯科）""England end World Cup shootout pain to overcome Colombia（英格兰打破点球大战魔咒，淘汰哥伦比亚晋级八强）""Cristiano Ronaldo and Lionel Messi exit after failing to find World Cup spark again（一夜之间，两大球王同时离开世界杯）""Croatia beats England in extra-time to reach first World Cup final（克罗地亚加时击败英格兰，首次挺进世界杯决赛）""France crowned world champion after 4-2 win over Croatia（法国4∶2克罗地亚，时隔20年再次捧起大力神杯）"。

当然，并非所有的新闻标题翻译都应该这样处理，英语也存在分句呈现的新闻标题，汉语中也有大量的单句结构。一般而言，句子结构简单、语义简洁明了的新闻标题，非特定目的，直译即可，不一定要变换形式。下面几个英汉互译的例子就能说明这一点，如"中美贸易的十个真相（10 Truths About China-US Trade）""贸易战会给中国带来多大伤害？（How Much Will the Trade War Hurt China？）"、"French boy，12，makes record English Channel crossing（12岁小男孩成功横渡英吉利海峡创世纪录）""US，Canada and Mexico win joint bid to host 2026 World Cup（美、加、墨共同赢得2026年世界杯主办权）""Chinese-Americans hold second Confucius festival in New York（美籍华人在纽约举办第二届孔子节）"。

8.2.3 语言风格归化

正如刘宓庆先生在《文体与翻译》中说的：＂即使是明白、易懂的新闻标题，我们在汉译时也常需加上逻辑主语，或电讯中有关的人的国籍、事件发生的地点等等，总之必须增补介绍性、注释性词语以利中国读者的理解，避免读者产生误会（1986）。＂这也就是说，和广告翻译相类似，新闻标题的翻译也应该采取归化的方式，即尽可能向译入语读者靠近的原则，在忠实于原文内容的基础上，尽可能地顺应受众的文化习俗、宗教信仰、语言习惯，否则翻译出来的标题可能吸引不了读者的兴趣，甚至因歧义表述遭到抵制。

具体而言，语言风格归化指在新闻标题英汉互译时，译者主要应该明了英汉语言文化差异，在选词造句、修辞时尽可能顺应这些习惯差异。正如前文介绍的一样，汉语多重复强调，偏好使用动词，多对句表达，标题爱用成语等；而英语则忌讳重复，多用省略句或者复合句结构，除谓语动词（经常省略）外，非谓语动词、名词、介词、副词等同样受到重视，标题多头韵修辞手法等。下面的一些英汉互译的例子就从选词、结构、修辞等方面很好地说明语言归化的必要性。

先举几个英译汉的例子，如"Saudi Arabia freezes Canada trade ties，recalls envoy（沙特谴责加拿大'干预内政'：驱逐加大使、叫停新贸易投资）""Trump warns countries against doing business with Iran（特朗普向世界发出警告：谁和伊朗做生意，就不要和美国做生意！）""In search of the Dark Energy（寻找宇宙'黑能'）""Bill Gates says trade issues are'scary'and could put a'burden'on global growth and jobs（比尔·盖茨：贸易战很可怕，将拖累全球经济与就业增长）"。

汉译英的例子有"中国'天恩'号船横渡白令海峡，进入'极地丝绸之路'（China's'Tian En'ship crosses Bering Strait into'Polar Silk Road'）""中国

承诺采取新措施促进私人投资稳步增长（China promises new measures to boost private investment for steady growth）""药补不如食补，金秋养生正当时（Food recommended by TCM doctor to stay healthy during Start of Autumn）"。

从上述一些例子可以看出，归化的译文读来非常地道，译入语读者读来倍感亲切，毫无违和感。毕竟新闻不同于文学作品，文学作品关注的是思想性、艺术性、创造性，好的文学作品能够经久不衰，而新闻关注的则是新闻性、时效性，追踪的是热点，讲究的是资讯的有效传播。那种表达怪异，读来拗口的新闻标题自然很难吸引读者，因而难以达到新闻传播的目的。

8.3 新闻标题翻译方法

新闻标题翻译的好坏直接影响新闻是否能发挥其应有的职能，达到预期效果。上文分析了新闻标题及其翻译的特点，也阐述了新闻标题翻译的三个原则，即主旨内容一致、表现形式灵活、语言风格归化。新闻标题翻译三原则从内容、形式、译语风格等方面提出了大致的要求，和广告翻译有很多相似之处。在具体翻译方法方面，也可以借鉴广告翻译常用技巧如直译、意译、增译、缩译、创译、不译等，再结合新闻标题的特点归纳如下。

8.3.1 直译为先，能简则简

上文提到新闻标题的广告职能，广告词讲究言简意赅，新闻标题同样如此。因此对于一般结构简单的标题，应该采取直译为先，能简则简的方法。经过大量的比较，刘春智（2010）认为英语新闻标题由于要起到提挈全文、凝聚文义的作用，其遣词造句更需简洁。加之英语新闻标题忌讳换行，所以英语新闻的标题在词汇、语法、修辞等方面呈现出独特风格。其实汉语新闻标题总体要求大致相同，虽然选词修辞方面有自己的特点，但也因为受到读者需求、版面限制等方面的影响，用词往往也追求简洁，能省即省，语法结构尽量简化。对于简单的结构，一般信息量不大，比较容易处理，所以直译即可，方便读者了解，也不会有歧义。

下面是一些结构较为简单、语义明了的新闻标题及其各自对应的英汉语翻译，如"北京PM2.5密度下降（Beijing PM2.5 density drops-Xinhua News）""台风伦比亚登陆上海（Typhoon Rumbia makes landfall in Shanghai - Xinhua News）""'Fake news' will ultimately lose（'假新闻'终将失败）""Can money save China's football？ - BBC news（钱可以拯救中国足球吗？）"President Obama's feet- Yahoo！ News（弗朗西斯教皇为少年犯洗脚）"A third of all food is wasted or lost- CNN News（所有粮食的1/3被浪费或损失掉）"President Obama pardons a pair of turkeys- CNN News（奥巴马总统特赦一对火鸡）""2014 Sochi Winter Olympics Fast Facts-CNN News（2014索契冬奥会快讯）""Bitcoin falls below $6，000 to lowest since June（比特币价格跌破6000美元）""Chinese firms see more revenue from Belt and Road projects（中国企业从"一带一路"项目中获得更多收入）"。略加对比可以看出，直译的风格显得简洁透彻，和新闻标题及读者的要求一致。

8.3.2 复杂结构，创译为上

对于复杂一些的新闻标题，直译往往会导致译文拖泥带水，结构怪异，意译一般是较好的选择，当然如果能表现出非凡的创意则更佳。前文有过分析，从处理方式上看，创译应该也是意译，只是创译的译文和意译的译文相比显得更加灵活，一般使用了至少一种修辞手法，语言的表现力更强。

前文提到，经典的广告翻译往往具有非凡的创意，能够充分表现出译者的创造性。广告翻译可以在原文的基础上，在原广告资讯框架内，必要时甚至可以离开这些框架，进行重新创作（李克兴，2010）。这种创造性的翻译，简称创译。国际钻石推广中心（DTC）的广告语"A diamond is forever"，其译文"钻石恒久远，一颗永流传"堪称广告创译经典。必须重申的是，创译依然是翻译，而不是完全背离原文的再创。译文从意义表述上必须忠实于原文，或者说与原文精神主旨高度一致，其创造性只表现在语言表达形式和方式上的创意。

既然新闻标题和广告词承担着类似的职能，即尽可能地吸引读者的关注，激发其阅读兴趣，那么从理论上说新闻标题的翻译完全可以采用创译技巧。从实际操作上看，无论是语言使用、篇幅限制，还是创意要求，新闻标题和广告词的创作也是相似的，因此运用该技巧也是可行的。以索契冬奥会的英语新闻标题为例"U.S. women crush Swiss to reach semis（Reuters）"，新闻的大体内容是美国女子冰球队大败瑞士队闯进半决赛，标题运用了头韵、幽默等修辞手法，很吸引眼球。翻译成汉语时难以用到类似的策略，但可以变通，巧妙地运用汉语多见的表达方式如"9比0轻取瑞士，美国女队杀进半决赛"（路透社）。再如"Snow fest or snooze？ 10 reasons to love the Winter Games"（CNN News），可译为"雪地狂欢或小憩？恋上索契十道理"。虽然译文在表层意义上作了一些调整，但与原标题本质内容一致，并且译文行文采取对句的方式，押尾韵，合乎译入语读者的阅读习惯，利于传播。

类似的情形还有如"NBA finals Golden State Warriors beat Cleveland Cavaliers to win title（勇士4：0击败骑士，勇士王朝建立）""Apple's new 'digital wellbeing' tools aim to help reduce screen time（苹果推出新应用，专治手机上瘾）""The best positions in bed revealed：Why curling up when you sleep is ruining your health（哪种睡姿最健康？四种睡姿利弊大PK）""Primary school bans shoes for pupils and teachers so they 'are able to think more clearly（禁止穿鞋、握手、交朋友？奇葩校规知多少）""你的脚透露你的个性，为你揭开 '足尖密码'（What your feet say about your personality）"等，译文的表层意义和新闻原标题相去甚远，但主旨内容和新闻完全一致，而且选词风格、句式结构、修辞手法等都与译入语相合，显得非常地道。

8.3.3 增译缩译，力求合理

广告翻译中常用到增译和缩译的方法，主要是从词语语义和文化差异两个方面考虑是否需要添加或者删除信息。前文的比较和分析说明，一般而言，广告翻译中汉译英多缩译，英译汉多增译。新闻标题翻译和广告翻译比较相似，增译和缩译的情形在英汉互译当中都普遍存在，英译汉中信息添加的情形要多于汉译英的情形，信息删减的情形则相反。

有这样一则新闻，标题是"How to choose the best watermelon"，针对的是2016年网上热传的一张意大利超市门口的照片。照片其实是这家超市张贴的告示，上面写道："尊敬的顾客，请您不要再敲西瓜了，它们是真的不会回应的！！！"。告示的出现是因为中国消费者挑瓜的习惯与众不同，这则新闻的出现其实是出于好意。那么怎么翻译呢？译者没有简单地直译为"西瓜挑选技巧"，而是译为"西瓜好不好靠敲？专家教你如何挑西瓜"。很明显，作者添加了一些原标题没有的信息。翻译的标题不仅包含原标题信息，还添加了"敲瓜"等内容。因为很多中国人都有过类似经验，所以读来非常亲切，再加上"专家"二字很有说服力，让读者立即有了进一步阅读的兴趣。如此一来，标题的目的也就达到了。再以2014索契冬奥会期间的新闻标题为例，"Athletes arrive amid threats（CNN News）"如果直译作"运动员在威胁之中到达"的话，标题语义不够清晰，也平淡无奇，很难吸引注意力，不如"运动健儿无惧威胁，毅然出征

（索契）"。修改后的译文有添加运动员心态等方面的信息，和新闻内容一致，也更符合中国读者的表达习惯。

　　减译和增译的情形刚好相反，目的基本一样，都是为了增强新闻标题的可读性、生动性、表现力。有这样一则新闻"中国反制举措出炉！将对160亿美元美国商品加征25%关税"，新闻大致内容是自美国率先公布针对中国500亿美元商品的征税清单以来，中美贸易摩擦升级。2018年8月8日，美国贸易代表办公室（USTR）公布第二批对价值160亿美元中国进口商品加征关税的清单。随即，当日晚，中国财政部官网公布对原产于美国约160亿美元进口商品加征关税的公告，决定对160亿美元自美进口商品加征25%关税。新闻标题语气强烈，信息表述清楚。该新闻标题的英语译文是"China to hit US with tariffs on US imports worth \$16bn"，只保留了最核心的信息，和主流英语新闻标题风格一致，正式规范，翻译合理。

　　类似信息添加或者删减的情形还有很多，如"Belgium records best World Cup finish with victory over England（比利时击败英格兰稳居第三，创最佳战绩纪录）"、"Athletes arrive amid threats（CNN News）（运动健儿无惧威胁，毅然出征<索契>）"、"UK summer barbecues threatened by shortage of carbon dioxide（世界杯正酣，英国啤酒却要'断供'<新闻主要内容是世界杯足球赛白热化之际，英国却面临欧洲数十年来最严重的二氧化碳供应不足危机，球迷在酒吧看球时，恐怕连啤酒和碳酸饮料都可能短缺>）""What Fuels Trump's Unilateralism（特朗普大搞单边主义，"底气"何来？）""'The most beautiful girl in the world'：Angelic five-year-old from Nigeria sends social media into a frenzy（'世界上最美丽的女孩'是她！尼日利亚5岁小美女引爆社交网络）""Ivanka Trump closes down her fashion brand（鱼和熊掌不可兼得，伊万卡时尚品牌关闭）""Japan fans impress by cleaning up stadium（日本球迷又上热搜了，赛后看台捡垃圾引全球关注）"、"Chinese aircraft came within 10 meters of US plane-BBC news（中国飞机逼近美国战机，距离不到10米）""The elderly are the worse hit in Greek debt crisis-BBC News（希腊债务危机，老年人最遭罪）""French and German lawmakers in rare joint session- BBC News（法德两国议会，举行罕见联合会议）""Why you should put money on Brazil or Germany for World Cup 2018（奥地利数学家算出世界杯冠军，曾成功预测西班牙捧杯）""日本公司赚钱有奇招，出租腋窝当广告位（Japanese company wants to lease young women's armpits as advertising space）""化妆不再是女性专利？男性成中国化妆品市场'新宠'（China's new online cosmetics stars：men）""美国对华'双反调查'（Xinhua

China News-US anti dumping，anti-subsidy investigation against China）"。

8.3.4 特殊情况，可以不译

不译似乎算不上翻译方法，前文提到广告翻译中的确存在两种不译。一种是企业及品牌名称，尤其是新品牌名的不译现象，还有一种短句子的不译现象。前者是为了品牌名称的统一和迅速推广，后者是为了增添异域情调，或者是因为一时没找到合适翻译的权宜之计。必须承认的是前一种不译现象较后一种在广告翻译中更为多见，在中国大陆地区尤其如此。在新闻标题翻译中，因为标题本来用词不多，加上读者外语水平的差异，"不译"短句会导致误解的产生，有华而不实的嫌疑，所以第二种情形比较少见。但因为世界之大，无奇不有，新闻报道话题五花八门，各种特殊表述如复杂的人名、地名、机构名称、常见缩略语，以及一些特殊表达在标题当中出现的可能大量存在。对于此类情形，在新闻标题翻译时，可以采用"不译"或者部分不译的方式来处理，以达到用语简洁的目的。

仍以索契冬奥会新闻为例，"Slopestyle success whets IOC appetite for new sports"（Reuters），可译为"花式滑雪一炮而红，IOC开启改革之门"。IOC为"国际奥林匹克委员会"英文名称的首字母缩写，非常简洁，因为广为人知，可以不译。再如"From Sochi to the Super Bowl：What connects Shaun White to Peyton Manning？"，这是CNN一篇介绍其栏目新闻内容丰富的文章，可以让读者轻松点击了解"索契冬奥会"和"美国橄榄球超级杯大赛"这两大几乎同时进行的赛事新闻。由于很多中国读者可能不了解美国男子单板滑雪名将Shaun White（肖恩·怀特）和美国橄榄球优秀四分卫Peyton Manning（佩顿·曼宁），加上他们的名字较长，所占篇幅较多，在翻译标题的时候也可采取不译加变通的手段如："从索契到超级杯，CNN轻松链接"来概述新闻主要内容，达到资讯传播的目的。

而新闻标题"Gooooooal！ But Pity the Guy between the Posts（进球者得意洋洋，守门员可怜遭殃）"中，英语单词"goal（射门得分）"中被作者一口气多加了五个字母"o"，和前文提到广告创新词的修辞手法完全一致，这种添加把进球时群情沸腾、斗志昂扬的现场形象地表现出来，很有创意。但这种英语中可能采用的特殊表现形式在汉语中是无法复制的，因此只能不译其形，选择汉语里可以接受的方式来表现原标题的语义。

类似的情形还有，如"British scientists create human corneas using 3D printer

（英国科学家研发出3D打印眼角膜，有望无限量供应）""Wimbledon VS the World Cup：The style verdict（温网VS世界杯的时尚大对决，谁能胜出？）""New app rewards you just for getting up and going somewhere（还有这种美事？只要起床就能赚钱的APP）""'C罗'马桶、'梅西'果汁、这些大牌球星的中文姓名商标都被抢注了（'Cristiano Ronaldo'toilet，'Messi'fruit juice and 'Harry Kane'babywear：Chinese firms use World Cup stars' names for bizarre products）"等，新闻标题中的3D、VS、APP等都不是汉语文字，但在全球化的今天，大家司空见惯，语义认知基本也不存在问题。而类似C罗之类汉英夹杂的表达在汉语中也越来越多见了，虽然一些读者、一些部门并不欢迎，但并不能阻止这一现象。

8.4 新闻标题翻译小结

好的新闻标题如精彩的广告词一样能够瞬间夺人眼球，直击人心。新闻标题和广告词的特征非常相似，无论是从语句结构、选词方式，还是从修辞特点来说都有很多相似之处，因为它们的目的相同，即尽可能地吸引受众的注意，进而产生消费行为。只不过消费之于前者指的是读者对新闻的阅读及其所属媒体的关注，之于后者则是受众对广告词所对应产品或者服务的一般消费。因此，新闻翻译从业人员如果能够有意识比较英汉语言差异，借鉴广告常用的诸如双关、幽默、夸张、对句、押（头、尾）韵、设问等修辞手法，从上述翻译原则和方法出发去进行翻译实践的话，新闻标题的翻译一定能达到意想不到的效果。

毋庸置疑，新闻和新闻标题翻译要求很高，本研究着眼于新闻标题的广告职能，主要关注的是词句的选择方式，视野并不宏观。总的来看，新中国成立尤其是改革开放以来，对外英语新闻宣传、传播取得了巨大进步。但与此相对照，针对对外英语新闻的传播效果研究却没有及时跟进；现有研究缺乏对传播过程和传播效果的关注；对外英语新闻话语体系呈现出一种单向特点，对目标受众研究不足，关照不够（司显柱，2016）。由此可见，要真正带来新闻标题翻译，乃至新闻翻译的全面繁荣，还需要更多的新闻翻译从业者、相关研究人员及社会各界的共同努力。

第9章

电影片名翻译

9.1　电影片名特点分析

　　影视业向来随着经济和科技的发展而兴盛，中国亦是如此。纵观改革开放后中国影视业近几十年的巨变，无论是从拍摄影片的数量、质量还是技术来看，中国电影人都取得了长足的进步。成就的取得与国力的强盛、电影人的努力息息相关，当然也和国外电影的影响，甚至冲击不无关系。必须承认，国外电影在影片拍摄、制作、推广等方面有过人之处，中国电影只有多取人之长，才能有更大的提升。要学习国外电影，无论是编导拍摄、技术制作、剪辑合成，还是影视宣传、文化推广，影视翻译的桥梁作用都不可或缺。

　　在影视翻译当中，片名翻译举足轻重。一般以为，片名犹如文章的标题，应力求反映电影的主要内容，表现电影的整体风格。中英文电影片名的语言应用和广告词有类似的特点，都追求语言的表现力和感染力，往往从音、意、形三方面去考虑能否给人美的享受。许渊冲曾提出过诗词翻译的"三美"论，他认为译诗不但要传达原诗的意美。还要尽可能传达它的音美和形美，好的诗歌翻译应该准确地再现其原诗的"形美、音美、意美"（曾丽芬、张华德，2007）。许渊冲的"三美"论是对语言美学职能的具体概括，该理论完全可以引进到影视片名语言特色的分析当中，毕竟影视和诗歌都是人类艺术表现形式，都非常在意语言的应用。

首先，音美。很多影片名称非常讲究音韵和谐，节奏优美起伏，读来朗朗上口。这样的例子在国内外的影片中都不胜枚举，如《有话好好说》《大红灯笼高高挂》《滚滚红尘》《非诚勿扰》《东邪西毒》《纵横四海》《边走边唱》《不见不散》、*As Good as It Gets*、*Never Say Never Again*、*Liar Liar*、*What Women Want*、*The Coca—Cola Kid*、*The Secret of My Success*、*Gone With The Wind*等。

第二，意美。影片名称意蕴优美引人联想，往往能激起受众的观影愿望。以下一些中英文片名选词讲究、意蕴深远，能很好地诠释影片名称的意美特征，如《倩女幽魂》《荫凉湖畔》《旺角卡门》《花样年华》《霸王别姬》《风月》《无极》《茶马古道》《阳光灿烂的日子》《清凉寺的钟声》《尼罗河的女儿》《天马茶房》，及英文片名*Dance with Wolves*、*The Bridge of Madison County*、*Never Been Kissed*、*Perfect Storm*、*The Pillow Book*等。

第三，形美。汉民族在造型美学上追求方正，崇尚平稳，方块字能满足这方面美的追求。非常多的电影名称用词精炼，讲究对称，形式优美，赏心悦目。这一点在国产电影中尤其多见，而且往往采用偶数字、四字格的方式，如《棋王》《英雄》《大腕》《绿茶》《私人订制》《笑傲江湖》《千言万语》《似水流年》《人在纽约》《天国逆子》《倾城之恋》等。比较而言，英语由于是表音语言，不具有方块字的特点，难以在外形上形成规整结构，所以英语电影片名在这方面的特点并不明显。

当然，除上述三美特征之外，以剧中人物、地点、事件等名称为片名的电影也比较多见，这类片名一般显得较朴实，在欧美的影片中尤为突出，如*Titanic*（《泰坦尼克号》）、*Elizabeth*（《伊丽莎白》）、*Gallipoli*（《加里波利》）等。必须指出的是很多这类欧美电影在引进译入中国市场时，片名都做了些调整，有的仅仅是稍加补充，有的则完全是改头换面，大都体现出对片名美学功能的追求。前者如*Forest Gump*译为《阿Q正传》，*Philadelphia*译为《费城故事》，后者如*Lolita*译为《一树梨花压海棠》（另译为《洛丽塔》），*Notting Hill*译为《新娘百分百》（另译为《诺丁山》）。

其实，电影片名还有一个重要的职能——广告职能，但常被人们忽视，而且该职能随着中国市场经济的日益繁荣而迅速放大。电影片名的广告职能可以从两方面来进行分析。首先，电影是商品，商品需要广告。电影作为影视业的产品，虽然仍然有极少数导演固守艺术的标准，不与世俗同流，但电影作品最终要走向市场，因而注定要顺应一般商品的制作和营销模式。影片名称的拟定对于日后影片的发行意义重大，一个或响亮、或优美、或悬疑、或惊悚、或奇妙的电影片名无疑能先声夺人，为迅速占领市场、拉升票房起到良好的广告作用。

此外，片名是每部电影商品的商标，亦是其首选的广告口号。电影片名就如同商标一样能达到区分其他的目的，并且和普通商品商标的核心功能一样，影片名称还承担着非常重要的广告宣传职能。一般而言，影片名称的优劣，直接决定其对目标受众的影响力，从而最终影响影片的票房乃至消费者的评判。以《人在囧途》为例，片名因为一个"囧"字而徒增"笑"果，影片的喜剧性不言自明，观众的好奇心也能瞬间被激发。然后《人在囧途之泰囧》更是巧妙地运用了延续性的广告营销策略，不仅吸引了很多的新老观众，也让他们乐意口口相传、津津乐道，从而帮助该影片拿下高达12.6亿元的骄人票房纪录。

电影片名的广告传播职能是影视作品作为商品的必然属性，而电影片名"三美"特征是电影人艺术追求的体现，这和广告人对广告词美的追求基本一致。如果电影片名的广告传播职能和三美特征在翻译活动中得到译者重视，并结合起来考虑的话，一定能达到意想不到的效果。事实证明，那些巧妙运用"三美"原则的译名更符合大众审美心理，因而更容易得到消费者的认可，以至声名远播（乔阳，2006）。

9.2 电影片名翻译原则

电影作品既然具有商品属性，那么在电影片名的翻译中，片名的广告职能就没有理由不重视。好的影片译名就像好的广告口号一样，不仅能让整部电影增色不少，还能够短时间内吸引观众的注意，刺激购票观看欲望，从而提高票房成绩。为了充分挖掘片名的这个职能，并尽可能满足片名三美的要求，电影片名翻译应该遵循以下三个原则。

9.2.1 主题线索明确，情感基调一致

电影片名翻译和商标、广告词翻译类似，往往就是在三五个字词上见功夫，特别需要字斟句酌。这点也和文学翻译相似，但和文学翻译不同的是，文学翻译首先强调"忠实"，电影片名翻译并不强调这一点，特别是字面语义上的忠实，很多优秀的片名翻译根本找不到原文的影子。因为语言文化差异悬殊，如果按照语义忠实的原则翻译的话，影片名称很可能会失去其应有的感染力和表现力。如果非得说要忠实的话，片名译文应该从情感传递上忠实于原电影片名和原故事，即译名和影片情感基调一致。

*Lolita*是1998年9月在美国上映的剧情片，电影由阿德里安·莱恩执导，杰

瑞米·艾恩斯、多米尼克·斯万主演，改编自俄裔美国作家弗拉基米尔·纳博科夫创作的长篇同名小说。影片绝大部分篇幅是死囚亨伯特的自白，叙述了他和一个未成年少女洛丽塔的情爱故事。该片有几个译名如《洛丽塔》《洛莉塔》《洛丽泰》《罗莉泰》《一树梨花压海棠》等。明显前面几个采用的都是音译的手法，译的仅是影片中女主人公名字的音，除此之外，不能传递任何其他信息给译文受众。虽然影片原名也仅是女性人物姓名，但西方影片以人物姓名命名的现象非常普遍，远高于中国。另外，西方人了解西方人物的命名风俗和规范，一般一眼就能感知人物姓名的性别，乃至民族等信息。中国消费者则没有这样认知习惯和能力，不看电影很难明白"洛丽塔"抑或"洛丽泰"到底是人是物，遑论其性别、民族。所以音译的方式貌似忠实于原片名，但其实没有达到应该达到的效果，即没有达到功能上的对等，算不上好的译文。

相比较而言，最后一个译文《一树梨花压海棠》采用的是不同的译法，瞬间给中国消费者一种非常文艺的感觉。即便是文学底蕴不深厚，一般国人对"梨花""海棠"等意象也不陌生，中晚唐的薛能、郑谷、温庭筠，宋朝的苏东坡等诗人，《红楼梦》《长生殿》等作品都经常提到它们，都清楚这二者是寄托情思之物。文学底蕴再深厚一点的，可能知道《一树梨花压海棠》是苏轼曾经写的一首七言绝句，用来调侃好友张先在八十岁时迎娶十八岁小妾。全诗为"十八新娘八十郎，苍苍白发对红妆。鸳鸯被里成双夜，一树梨花压海棠"。最后一句虽然含蓄，但说不尽的朦胧暧昧跃然纸上。虽然这首中国古诗中的老少婚配和电影 Lolita 中的畸形不伦恋相去甚远，但译名《一树梨花压海棠》借古说今，情感基调和忘年恋电影故事情节基本一致，爱情伦理片的线索较为明确，有利于迅速吸引特定的消费者群体。

汉译英方面。以叶伟信执导，甄子丹、熊黛林、任达华、樊少皇主演的动作电影《叶问》为例，影片主要讲述了20世纪30年代佛山武痴叶问经历的种种变迁，在国仇家恨面前，在一场场比拼中，他由闭门习武到主动扛起振兴中华大旗的蜕变故事。功夫片《叶问》的英文片名也并不是主人公名字"叶问"的直译 Ye Wen，而是 *IP Man*。仔细品读的话，该片名译得非常巧妙。首先，这个英文片名也照顾了原片名的粤语发音，因为在粤语中，"叶"字读音的末尾有一个入声，一般用辅音［p］来表示，形成一个短促的类似于"yip"的语音，简写成IP。而"问"字的发音接近普通话中的"慢"字，只是相对而言也比较短促一些，音调上也稍有不同。另外，值得一提的是，美国有很多以man结尾，表达正直阳刚、为民除害、替天行道硬汉形象的电影，比较知名的有 *Spider-Man*（《蜘蛛侠》）、*Superman*（《超人》）、*Iron Man*（《钢铁侠》）、*Batman*（《蝙蝠侠》）

等。这些例子表明man在美国观众心中的分量，将《叶问》翻译成 *IP Man*，明显传递给译文受众影片中主人公行侠仗义的侠客形象，符合英语国家观众的胃口，也清晰表明了动作影片主题。

9.2.2 顺应译入语习惯，方便受众理解

影片译入语受众的消费心理，社会风俗，语言习惯等必须得到充分的尊重，尽可能选择符合译入语表达习惯的词句结构、修辞方式。前文提到，在广告传播领域，那种挑战广告投放区受众价值观的广告必遭唾弃，甚至还可能因此受到难以估量的损失。因此，广告翻译一般采取归化的原则，无论是语言形式、词义选择，还是思维模式都以受众的习惯为主（彭朝忠，2013）。电影片名翻译亦是如此，译者只有遵循这一个原则，译文才可能迅速被译文受众了解并接受。

1990年7月在美国上映，由杰瑞·扎克导演，帕特里克·斯威兹、黛咪·摩尔、乌比·戈德堡等联袂出演的电影 *Ghost*，曾经因为跌宕起伏、感人至深的情节而轰动一时。该爱情兼奇幻类影片有几个译名如《幽灵》《第六感生死恋》和《人鬼情未了》。虽然乍一看，三则译文都不唐突。但仔细推敲的话，第一个是直译的译文，貌似忠实于原文，但没有满足上面所说第一条原则，主题线索很不明确，容易让人误以为是惊悚恐怖类电影；第二个虽然突出了爱情片的主题，但是"第六感"的添加有点多余，"生死恋"也容易误导消费者，毕竟汉语里"生死恋"多指用情专一，不一定涉及亡者。比较而言，最后一则译文《人鬼情未了》更真实地概括了电影的内容，讲述的是人鬼之间一段未了的情缘。情未了，难舍分，是很多中国古典戏剧当中的情节，很能激起消费者进一步了解的欲望。加之五言结构、平仄音韵节奏相合，因而符合汉语表达习惯。事实上，也是最后这个译名最为大众所熟知。

国产电影片名外译方面，以著名导演张艺谋导执导的《满城尽带黄金甲》为例。这部由周润发、巩俐、刘烨、周杰伦等巨星联袂出演的电影，一发行，便受到观众热捧，一举拿下2006年华语电影票房冠军。电影中权力争夺、兄弟相残、宫闱之乱、不伦之恋等宫斗戏、古装剧中常见的情节都有出现，各种矛盾叠加，高潮迭起，最后矛盾总爆发，所有卷入权利与情欲漩涡的人都付出了惨痛的代价。片名《满城尽带黄金甲》取自古诗《不第后赋菊》："待到秋来九月八，我花开后百花杀。冲天香阵透长安，满城尽带黄金甲。"这首诗乃唐代农民起义领袖黄巢所作，诗人表面题写菊花的坚韧雄奇，实则以菊花喻义军，赞

颂农民起义军的英雄气概和与高贵品格。当然，如果没有一定的文学基础，中国消费者是理解不到这一层的，更别说西方受众电影观众了。所以，如果采用字词对应的直译手法的话，就很难传递标题应该有的某些效果。影片最后选择的是索尼经典公司的译名：*"Curse of the Golden Flower"*。金黄色的菊花，在影片多次出现，几乎是反叛的标志，贯穿整部电影。golden flower指金色菊花，金色也象征权利，而菊花的花意又有叛变的意思，curse（诅咒）是西方故事经常出现的情节，诅咒的戒指、诅咒的猫等往往被传得玄乎其玄。而对金色菊花的诅咒，暗示争斗不止，权利和欲望注定幻灭，很符合西方故事演绎的逻辑。

9.2.3　重点把握准确，照应广告职能

　　片名因为用词不多，片名译者可以创意的空间相对狭窄，因而选词需要特别在意。译者除了明辨主题线索、顺应译语习惯之外，还应该准确把握电影片名翻译的重点，巧用点睛之词。这里说的把握重点包括两个方面，一是原片名重点，即原片名应该突出的信息要点。二是电影情节重点，也即影片希望传递给观众的主要情节或情感。因为语言文化差异，有时候译者即便能够把握片名主旨，明白原片名重点，如果不借助影片情节要旨合理发挥，片名根本无法合理翻译，片名的广告职能就无法实现，所以这两个方面的重点往往需要结合起来分析。重点抓住之后，关键用词也就好确定了，而无关紧要、细枝末节的信息则可以根据需要大胆取舍。

　　曾经有一部感人至深的电影叫*Waterloo Bridge*，电影名字源于英国伦敦一座跨越泰晤士河的桥梁，而该桥又得名于1815年英国对战法国并取得胜利的滑铁卢战役。1940年由费雯·丽和罗伯特·泰勒主演的电影*Waterloo Bridge*和拿破仑领导的法军失利无关，它讲述的是一战时期陆军中尉罗伊与舞蹈演员玛拉在伦敦滑铁卢桥上相爱，后来罗伊上战场，玛拉失业，战争带来的相隔和波折使得他们二位虽然最终能够相见却不能相守，玛拉选择在两人初识的滑铁卢桥上结束生命的悲情故事。该片一直被认为是爱情经典影片，其中文译名《魂断蓝桥》也被誉为是经典译作。

　　译名《魂断蓝桥》的精彩之处在于把握住了两个重点。首先，就原片名"滑铁卢桥"而言，翻译重点应该是"桥"，而非其定语"滑铁卢"。"滑铁卢"对多数国人来说非常陌生，没有多少实质意义。历史知识丰富一点的消费者容易将其与拿破仑的失败关联起来，但事实并非如此，拿破仑和影片主题毫不相

干，因此"滑铁卢"三个字指向性不强，甚至会误导人。而通名"桥"则不一样，容易被译语受众接受，因为"桥"在汉语文化里也是浪漫故事的高发地，许仙和白娘子相遇的"断桥"、牛郎与织女相会的"鹊桥"、梁山伯与祝英台相送的"长桥"等都是很好的说明。第二，就影片情节概括而言，译名《魂断蓝桥》不仅采用了汉语常见的四字格表达形式，更重要的是"魂断"二字一下子渲染了电影的悲情色彩，通过该词，中国消费者能准确预判到电影的悲剧性。此外，"蓝桥"二字更值得说道。首先中国本来就有此桥，位于陕西蓝田县的兰峪水上。然后，还有个和蓝桥相关的爱情故事。《庄子》中有一个故事，说有一个叫尾生的痴心男子和一姑娘相约在蓝桥下见面，尾生至而久不见心上人来，不料河水猛涨，尾生为了信守诺言，决不肯去，最后竟然抱桥柱而亡。从此之后，人们把相爱的男女一方失约，而另一方殉情叫做"魂断蓝桥"。总体而言，虽然此蓝桥非彼滑铁卢桥，但两个故事哀怨凄婉的悲剧色彩和大致情节比较相似，重点信息不仅得到了留存，而且还有合理拓展，有利于译文受众理解和影片推广。

片名汉译英方面也是如此。以《西虹市首富》为例，该片上映一月后，票房突破25亿元，位列国产票房纪录史上第六，年度第四，骄人的成绩和中英文片名不无关系。先说中文名，"西虹市"源自相同导演闫非、彭大魔执导的作品——《夏洛特烦恼》，纯属虚构。加上发音类同"西红柿"，所以搞笑效果跃然纸上。然后再配上"首富"两个字，喜剧电影的主题就十分鲜明了。要翻译这个片名，重点肯定不应该是子虚乌有的"西虹市"。"首富"虽然可以强调，但如果不结合影片喜剧情节合理展开的话，根本不可能达到相同的效果，承担不起电影片名应该承担的功能。

该片的译名 *Hello Mr. Billionaire* 很是巧妙，没有采取直译的手法，而是抓住该片把搞笑从头至尾进行到底的喜剧片特点。貌似"Hello"和"Mr. Billionaire"和原片名没多大关联，但这几个口语化用词瞬间展现出了影片诙谐调侃的风格，和"特笑大片"的主题非常吻合，也因而达到了喜剧片英文标题应该达到的"笑果"，乐于影片的传播。仔细比较的话，该译名和这二位导演前几年拍摄的喜剧片《夏洛特烦恼》的译名 *Goodbye Mr. Loser* 风格非常相似，追求的自然应该是影片片名喜剧及传播效果的最大化。其实，英语电影片名中 Mr.xx 出现的频率比较高，尤以喜剧片居多，如 *Mr. Holland's Opus*（《霍兰先生的乐章》或《春风化雨1996》）、*Mr. Bean*（《憨豆先生》）、*Mr. Bean's Holiday*（《憨豆的黄金周》）、*Mr. Poppers Penguins*（《波普先生的企鹅》）等，这说明此种方式的译名也完全顺应译入语片名的一般表述习惯。

9.3 电影片名翻译方法

上述电影片名翻译原则是从主题情感、语言文化、关键职能等三个方面进行概括，其主要目的是充分吸引目标语受众的关注，这其实和前文多次提到的广告创作AIDA模式要求一致。好的电影片名、译名正如好的广告口号、译文一样，一定能够有效地吸引目标消费者的注意，激发其消费欲望，最终促成消费行为，即观影。而要达到这个目的，译者只了解三个一般翻译原则还不够，还应该熟悉词句结构等方面的处理技巧。结合广告翻译常用的技巧和电影片名的一般特点，常用的片名翻译方法可总结如下。

9.3.1 简单结构，一般直译

和广告翻译相似，如果原影片用词不多、语义单一、结构简单明了，直译的译文不会导致歧义的话，一般采用直译的方法。毕竟新影片的译介一般讲求效率，希望尽快进入市场，直译的方法相对简单，译文产出的时间更短，而且还显得忠实于原文。因此，直译是影视片名翻译的第一选择，片名直译的例子也比较多。

由美国派拉蒙影业公司出品，约翰·斯蒂芬森、马克·奥斯本联合执导，杰克·布莱克、成龙、达斯汀·霍夫曼、安吉丽娜·朱莉等配音的*Kung Fu Panda*是一部以中国功夫为主题的美国动画、冒险喜剧片。该片2008年6月上映，无论是在美国，还是在中国，都好评如潮，收获了超高的票房。其深受中国消费者喜爱的原因，除了跟其本身精彩的情节、憨态可掬的动画形象设计和大量令中国观众熟悉的中国元素有关之外，中文电影片名《功夫熊猫》也功不可没。影片译名明显采取的是直译的方法，简单词句对应方式翻译出的片名也符合汉语的表述习惯。《功夫小子》《功夫足球》《功夫瑜伽》等电影就说明"功夫+×××"也几乎算得上中国电影命名的一个类别，而《功夫熊猫》自然属于这个类别，也因此容易引起关注。

再比如美国1988年达斯汀·霍夫曼主演剧情片*Rain Man*，其广为人知的译名《雨人》也是直译的。虽然有人认为这个译名从字面上硬译，很别扭，译得不好。初一看确实如此，但是细究起来，电影原片名*Rain Man*也令人困惑。原来主人公雷曼（Raymond）患有自闭症，说话咬字不清，总是把自己叫成"瑞曼"，音同"Rain Man"。在英语里这种名字很罕见，译名忠于原文，不为译文读者所习惯也算是情理之中了。值得一提的是，因为这部电影的缘故，"雨人"

现在成了"自闭症患者"的代名词，这类人在某些事情上表现得重复刻板，爱在固定时间做固定的事。有时却表现出某方面异于常人的能力，如过目不忘的本事，快速心算的能力等。《雨人》中的主人公雷曼对数字就具有超乎常人的敏感性。

中国电影片名英译方面也是如此。以由郭涛、刘桦、黄渤、连晋和徐峥等出演，宁浩导演的黑色喜剧片《疯狂的石头》为例，片名采用比较常见的偏正结构，没有应用特别的修辞手法，语义简单显明，所以片名采用直译的方法，译为 *Crazy Stone*，助其获得第26届香港金像奖"最佳亚洲电影"等奖项。2018年9月底，张艺谋新拍影片《影》惊艳亮相，是中国现代电影里目前唯一一部用水墨丹青手法叙事的作品，被誉为老谋子新千年最好的作品，并于10月入围第55届台湾电影金马奖最佳剧情长片、最佳导演、最佳男主角、最佳女主角等12项提名。该片讲述了一个关于影子替身的故事，中文片名简单，译名 *Shadow* 采用的也是直译的方式，原文的形与意也基本得到了再现。

其他直译的例子还有如 *The King's Speech*（《国王的演讲》）、*A Beautiful Mind*（《美丽心灵》）、*The Magic School Bus*（《神奇校车》）、*Big Fish*（《大鱼》）、*The Princess Diaries*（《公主日记》）、*Call Me by Your Name*（《请以你的名字呼唤我》）、*Love Story*（《爱情故事》）、*The Shawshank Redemption*（《肖申克的救赎》）、*The Iron Lady*（《铁娘子》）、*Life is Beautiful*（《美丽人生》）、*The Kite Runner*（《追风筝的人》）、*The Sorcerer's Apprentice*（《魔法师的学徒》）、*Letter from an Unknown Woman*（《一个陌生女人的来信》）、*The Sound of Music*（《音乐之声》）、*The Queen*（《女王》）、*3 Idiots*（《三个白痴》）、*Harry Potter*（《哈利·波特》）、*The Perfect Game*（《完美比赛》）、*I am Sam*（《我是山姆》）、*The Pianist*（《钢琴师》）、Central Station（《中央车站》）、*The Lion King*（《狮子王》）、*Wall Street*（《华尔街》）、*Philadelphia*（《费城》）、*Assassin's Creed*（《刺客信条》）、*The Lord of the Ring*（《指环王》）、*The Last Witch Hunter*（《最后的巫师猎人》）、*I'm legend*（《我是传奇》）、*Wall Street*（《华尔街》）、*All about My Mother*（《关于我母亲的一切》）、*When Harry Met Sally*（《当哈利遇上莎莉》）、*Alvin and the Chipmunks*（《艾尔文与花栗鼠》）；《影》（*Shadow*）、《七剑》（*Seven Swords*）、《赤壁》（*Red Cliff*）、《手机》（*Cell Phone*）、《英雄》（*Hero*）、《孔雀》（*Peacock*）、《海角七号》（*Cape No.7*）、《画皮》（*Painted Skin*）、《红河》（*Red River*）、《东京审判》（*The Tokyo Trail*）、《小兵张嘎》（*Little Soldier Zhang Ga*）、《饮食男女》（*Eat Drink Man Woman*）、《少林寺》（*Shaolin Temple*）、《流浪地球》（*The Wandering Earth*）、《疯狂的外星人》（*Crazy Alien*）、《新喜剧之王》（*The New King of Comedy*）等。

9.3.2　巧用修辞，恰当增删

在语言交际活动中，因为语言表达习惯的不同，一些源语中必要的信息在译入语中可能显得多余，美好的信息可能显得累赘，恰当的信息可能显得突兀，省略的信息可能需要补全，凡此种种都需要译者来做出判断和处理，信息增删有时不可避免。前文广告翻译技巧中提到了增译和缩译两种方法，而且一般而言，广告词英译中时添加信息的情形相对删减信息的情形更多些，汉译英的情况则与之相反。电影片名和广告词功能类似，用词方式也有很多相似之处，增译和缩译也是常用的技巧。一般来讲，片名翻译中信息的增删都会尽量用到某种修辞方式以符合译入语习惯。修辞方式如四字格、头韵、双关等应用得恰当的话，广而告之的目的就更容易实现。

*My Fair Lady*是华纳兄弟影业1964年出品，由乔治·库克执导，奥黛丽·赫本、雷克斯·哈里森、杰瑞米·布雷特等主演的歌舞片。该片获得了包括最佳影片奖在内的奥斯卡8项大奖以及金球奖最佳导演奖、最佳男主角奖等20余项大奖。尽管过去多年，但该片一直被誉为爱情片的经典之作。和影片一起受到高度评价的还有其译名《窈窕淑女》。译者删除了"my"这个在中文电影片名中少用的人称代词，并着重对形容词"fair"的语义进行挖掘。译名《窈窕淑女》不仅采用了汉语里常用的四字格表现方式，而且挑选的还是《诗经》中广为人知赞誉年轻女子美貌的诗句，非常地道，无形中助力了影片的传播。

再以2016年7月在美国上映的*Genius*为例。该片是由美国狮门影业发行的传记片，讲述了美国大作家托马斯·沃尔夫与他的图书编辑麦克斯·珀金斯之间的友谊。影片中文学编辑麦克斯威尔·珀金斯是著名作家海明威、费茨杰拉德等人的幕后推手，又帮助托马斯·沃尔夫获得成功。编辑是一个经常被人忽略的隐形职业，真正的编辑除了享受图书编辑的乐趣，往往还要包容与之俱来的苦痛。2017年3月该片在中国上映，中文译名是《天才捕手》，也受到了很多观影者的好评。译名明显添加了原文没有但译入语片名常用的词"捕手"，这样一来片名内容不仅更加丰满，而且还增加了神秘的色彩。此外四字格、比喻等修辞的使用也使译名更容易被消费者接受。

片名翻译文字增删处理和广告翻译相类似，汉译英增译的情形较少，缩译的情形较多。《南征北战》是新中国第一部军事体裁的影片，1952年由上海电影制片厂摄制，由张瑞芳、汤化达、冯奇、陈戈、王力等著名演员主演。该片主要讲述的是中国人民解放军在敌强我弱的形势下，如何运用毛泽东运动战的战略思想，消灭敌人取得胜利的故事。对于这部被评价为"新中国银幕史上不朽的战争史诗"的电影，其片名就没有简单直译为"Move to the south and fight in the north"，因为那样不仅略显冗长，而且还会因为逻辑混乱而误导人，毕竟没有谁可以往南方移动，却在北方作战。其最终译名 *"Fight North and South"* 就采取了缩译的方式，只保留了片名中的重要信息"战"，而省略了"征"的概念。很明显，虽然原文四字格"南征北战"是并列结构，"征战"两个概念并重，但是毕竟是战争题材的电影，重点还在"战"上，所以英译为了简化表达，突出重点"fight"，完全合乎情理。

类似的译例还有如 *Night At The Museum*（《博物馆惊魂夜》）、*Titanic*（《铁达尼号》）、*The Avengers*（《复仇者同盟》）、*The Terminal*（《幸福终点站》）、*The Fugitive*（《亡命天涯》）、*Shrek*（《怪物史莱克》）、*Forrest Gump*（《阿甘正传》）、*Sleepless in Seattle*（《西雅图不眠夜》）、*Pretty Woman*（《风月俏佳人》）、*Good Will Hunting*（《心灵捕手》）、*The Count Monte Cristo*（《新基督山伯爵》）、*Love Actually*（《真爱至上》）、*Frequency*（《黑洞频率》）、*High School Musical*（《歌舞青春》）、*Seven*（《七宗罪》）、*Suspicion*（《深闺疑云》）、《南京》（*City of Life and Death*）、《十全十美》（*Almost Perfect*）、《一一》（*A One and a Two*）、《鬼子来了》（*Devils on the Doorstep*）、《芳草碧连天》（*The Green Grass of Home*）、《大轮回》（*The Wheel of Life*）、《霸王别姬》（*The King Parts with His Favorite*）。

9.3.3　结合剧情，创译处理

在上述两种方法里，译名或多或少能看到原名的影子。还有一种情形，译名和原文相去甚远。这主要是因为原片名如果采取音译、直译，或者增缩译的方法的话，译名要么没有实际意义，要么不能真正感染译文受众，所以不得不采取高度灵活的意译方式。有时候，这种意译表现为对影片内容的一种高度概括。有学者认为结合原片语境理解片名的来源，是正确翻译片名的前提条件（贺莺，2001）。在理解影片内容后的综合译义显得非自由，类同前文广告翻译中提到的创译方式。一般而言，创译的译名都表现出归化的特征，虽然译文在表层形式和语义方面和原影片名相差甚远，但深层语义和影片主旨完全一致，且译文完全顺应译入语文化，从而容易被译入语受众认可。也因为如此，此类译名比较多。

先以2017年底热映的奇幻喜剧动画片 *Coco* 为例。电影里，热爱音乐的小男孩米格尔被家人禁止触碰音乐。墨西哥一年一度的亡灵节来临时，米格尔因为偷着痴迷音乐，意外地穿越到了亡灵国度之中，和已经去世多年的家人们相遇。在经历种种挫折后，谜团渐渐被解开。最终恶人被除，逝去的亲人误会冰消，得偿所愿，生者团圆，皆大欢喜。片名Coco是米格尔太奶奶的名字，直接音译为"可可"的话，没有多大的实质意义，还可能让译名受众误以为是某种果子。影片最终选择的译名《寻梦环游记》和原片名没有关系，是对影片内容的高度提炼，能给潜在消费者相对清晰的故事轮廓，也和很多动画影片的命名风格相似，因此是比较成功的片名翻译。

再如美国环球公司2010年推出的动画片*Despicable Me*，该片有好几个中文译名，中国台湾译名为《神偷奶爸》、大陆译名为《卑鄙的我》，此外还有《坏蛋奖门人》《偷天换"月"》《我很贱》等几个译名。比较而言，《神偷奶爸》更被市场认可。究其原因，不外乎该译名非常灵活，不仅契合动画喜剧的主要剧情，读来更有童趣、有喜感、更能够激发观众的观影兴趣，产生消费行为。

汉译英方面，以曾获得2017年度十佳影片、第二届意大利中国电影节最佳影片奖的《冈仁波齐》为例。该片2017年6月上映，是第六代导演张扬历时一年的最新力作。影片以藏族人的朝圣为主题，讲述了在藏历马年，普拉村十一位普通藏民用时一年，徒步2500公里前往冈仁波齐朝圣的故事。冈仁波齐在藏人眼里是座神山，如果直接音译的话，因为不能表意，所以很难形成传播效应，无法承担片名应该承担的职能。影片宣传海报上的译名是*Path of the Soul*，这无疑也是跳脱原片名的束缚，在对影片内容高度概括后形成的译文。

与之相似的片名译例还有很多，如Up（《飞屋环游记》）、It Happens One Night（《一夜风流》）、*Gone with The Wind*（《乱世佳人》）、*Now You See Me*（《惊天魔道团》）、*Aquaman*（《海王》）、*La La Land*（《爱乐之城》）、*Fast & Furious*（《速度与激情》）、*Alice in Wonderland*（《爱丽丝梦游仙境》）、*The Legend of 1900*（《海上钢琴师》）、*Hilary and Jackie*（《她比烟花寂寞》）、*Amelie from Montmartre*（《天使爱美丽》）、*The Chronicles of Narnia*（《纳尼亚传奇》）、*The Pursuit of Happiness*（《当幸福来敲门》）、*Kramer vs. Kramer*（《克莱默夫妇》）、*The Notebook*（《手札情缘》）、*Ratatouille*（《料理鼠王》）、*King Kong*（《金刚》）、*Random Harvest*（《鸳梦重温》）、*All About Eve*（《彗星美人》）、*The Great Waltz*（《翠堤春晓》）、*Mr. Holland's Opus*（《生命因你而动听》或《春风化雨1996》）、*Tomb Raider*（《古墓丽影》）、*The Last Stand*（《背水一战》）、《无极》（*The Promise*）、《非诚勿扰》（*If You Are the One*）、《相爱相亲》（*Love Education*）、《不成问题的问题》（*Mr. No Problem*）、《花样年华》（*In the Mood for Love*）、《风声》（*The Message*）、《目击者之追凶》（*Who Killed Cock Robin*）、《嘉年华》（Angels Wear White）、《爱情呼叫转移》（*Fit Lover*）、《春光乍泄》（*Happy*

Together）、《牯岭街少年杀人事件》（ *A Brighter Summer Day* ）、《阳光灿烂的日子》（ *In the Heat of the Sun* ）、《投名状》（ *The Warlords* ）、《如果，爱》（ *Love Won't Wait* ）、《飞驰人生》（ *Pegasus* ）、《熊出没·原始时代》（ *Boonie Bears* ：*Blast into the Past* ）等。

9.4 电影片名翻译小结

一直以来，文学翻译仿佛出身显贵，天生是个宠儿，深得翻译界的厚爱，好像唯有与文学翻译相关的理论研究和翻译实践活动才算得上是译界的重点，方能称得上是正道。但另一方面，随着经济全球化进程的加快和中国市场经济的飞速发展，市场对应用翻译实践与研究的需求日益提高。以电影翻译为例，如今译制片受众（观众）的数量远远超过翻译文学作品受众（读者）的数量，电影翻译对社会的影响也决不在文学翻译之下（钱绍昌，2000）。事实上，国内观影者欣赏国外影片的需求在不断增长，同时，随着"一带一路"倡议、"向世界说明中国""讲好中国故事"等口号的提出，电影翻译，尤其是中国影片外译与研究显得越来越重要。

客观上讲，中国影视业近些年有长足的发展，中国尤其是中国内地影视翻译研究略显滞后。这其中，中国电影外译研究方面的欠缺又更为突出。我国最早的影视翻译研究始于20世纪80年代中期，90年代中后期同类的研究才慢慢增多，研究角度也日趋多样，评价标准渐趋多元，不再局限并停留在"信、达、雅"的评判标准上。在翻译策略方面，众多研究者也仁者见仁、智者见智。因为视角不同，侧重点也不一样，如基于片名的审美、商业价值研究、片名的叙事研究、片名的功能目的分析、片名翻译的归化与异化策略对比、基于影视特性的字幕声画同步研究等。本文主要从电影商品属性出发，进而分析片名的广告职能，并提出与之相应的翻译原则和方法。相信这一视角和其他的电影片名翻译研究一样，都能从一定程度上促进中国电影片名翻译、影视翻译事业的发展。

第 10 章

校训翻译

10.1　校训特点分析

　　根据《辞海》的解释，校训是"学校为训育上之便利，选若干德育条目制成匾额，悬之校中公见之地，其目的在于使人随时注意而实践之"。虽然很多学校现在已难见此类匾额，但各界对校训的重视却丝毫不减。中西方高校都有校训，其功能目的大抵相同，劝诚警示而已，但中西方高校校训的语言特点存在很大的差异。在校训的翻译实践中，如果不能对这些差异进行识别和分析，就势必会出现问题。随着各国跨文化交流活动的剧增，中国高校向外推广自己的愿望也愈来愈强，中国高校校训的翻译需求也随之增长，因此中西方校训语言特色的比较和翻译策略的研究显得尤为重要。

　　校训在英语里称为 "university motto"。motto，即箴言，指闪耀着智慧之光、有着洗涤灵魂力量的语句，往往发人深思，催人向上。高校一般根据自己的办学特色、历史传统、人文追求，选择自己特定的校训，或为鞭策精神，或是警醒态度，就这一点而言，无论中西方高校的校训是一致的。此外，由于校训的上述功能，中西方校训的特点都表现出一定的固定性，校训一经选定，一般不轻易变更。

　　但是，中西方高校校训的选择又表现出各自的特点。首先，从思想主题的选择上看，西方校训往往突出宗教、自由或真理等概念。在不同的历史时期，西方校训表现出不同的特征。在欧美很多国家，宗教对社会文化生活各方面的影响较大（宗教改革运动以前的欧洲尤其明显），其对教育的影响可以从很多校训中"lord""light""Christ"等词的高频使用得到明证。具体的例子有牛津大学（Oxford University）的"The lord is my light"，布朗大学（Brown University）"In God we hope"，麦克马斯特大学（McMaster University）的"All things cohere in Christ"，哥伦比亚大学（Columbia University）的"In the light shall we see light"。

自17世纪开始，西方资产阶级革命较大地解放了宗教对人们思想的桎梏，"Freedom""truth""knowledge"等概念在校训中大量出现，表现出人们对自由、真理和知识的渴望，如耶鲁大学（Yale University）的"Light and truth"，密歇根大学（The University of Michigan）的"Artes，Scientia，Veritas（拉丁语，意为Arts，Science，Truth）"，加州理工学院（California Institute of Technology）的"The truth shall make you free"，加利福尼亚大学（University of California）的"Let there be light"。

而中国大部分高校的校训直接或间接地引自古代先贤的思想和学说（有的还充满了朴素的辩证法思想），这其中影响最深远的当属儒家学说，所以大多校训表现出用词考究、思想深邃的特征。中国高校校训中"思，行，笃，博……"等概念出现的频率非常高，如复旦大学的"博学而笃志，切问而近思"，中山大学的"博学、审问、慎思、明辨、笃行"，江西师范大学的"静思笃行，持中秉正"等。

此外，新中国成立后，共产党的一些理论思想和执政理念对高校的影响也比较明显，如中国科学技术大学的"红专并进，理实交融"，中国人民大学的"实事求是"。还有些高校的校训则突出了本校的专业特色和治学要求，如哈尔滨工业大学的"规格严格，工夫到家"，国家会计学院校训"不做假账"。

第二，从词汇选择上看，西方校训用词简单，多用实义词，少用功能虚词，少用修饰词语。因此，西方校训一般只保留表达核心概念的名词和动词，尤其是抽象名词。在很多使用省略结构的校训中，有的连动词也干脆省略，形容词和副词等饰用语往往很难见到。如西安大略大学（University of Western Omtario）："Truth and service"。和西方校训不同的是，中国校训中出现修饰语的频率较高，而且由于修辞的需要，有时为了形式的对称，有时为了音韵的和谐，还会出现用词重复的现象。当然很多时候，这种重复往往表现为同义词的使用，如北京林业大学的"知山知水，树木树人"，北京师范大学的"学为人师，行为世范"。

第三，从句子结构上看，西方高校校训大都结构简单，要么是一个简单句，要么是一个短语，或者干脆由两、三个名词构成，很少出现复合句。如爱丁堡大学（University of Edinburgh）——"The learned can see twice"，斯坦福大学（Stanford University）——"Let the wind of freedom blow"，西安大略大学（University of Western Omtario）——"Truth and service"，加州大学伯克利分校（University of California，Berkeley）——"Let there be light"，西点军校（United States Millitary Academy at West Point）——"Duty，Honor，Country"。而中国校训受传统文化影响，强调辞工句整，词句结构往往讲究对称，大多富于美感。这是因为汉语讲求工整对仗和押韵，有"四六骈体"的传统，至今活力不减。对称与平衡，本身即美，汉民族这方面的趋美心理显然胜西方人一筹，汉民族几乎是在一种无意识的驱动下使用"四六骈体"（范武邱、范头姣，2008）。从校训文字的构成上看，我国高校的校训以四言八字为多，其次是二言八字，再次是四言十六字，这三种格式基本上代表了当前我国高校校训的主要句式（林为连等 2005），如苏州大学的"养天地之正气，法古今之完人"，山东大学的"气有浩然，学无止境"等。

10.2 校训翻译原则

由于中西方文化迥异，中西方校训在精神诉求、校训内涵、语言形式、词汇选择等方面存在较大差异，译者在校训翻译时，稍不留心，翻译出来的文字往往很难达到预期目的，甚至给人拖沓繁杂、纠缠不清的感觉。中国很多高校的校训原文精辟简练、寓意深远，但一些校训的英译读来拖沓费力，和原文给人的感觉相去甚远。要真正译好校训，本书认为要遵循三个原则。下文将结合一些高校校训翻译中表现出的问题来进行分析。

10.2.1 关注校训广告职能

校训往往镌刻、书写于高校醒目的场所，如高校宣传画册，网站主页，以及学生证上。虽然很多校训都辞工句整，寓意深远、音韵优美，颇有文学底蕴，但校训担负的功能并不主要是陶冶性情、提高文学素养。校训主要有两方面的功能，对内是激励警示、凝聚人心，对外是宣传告诉、彰显精神。而对于校训翻译而言，它毫无疑问应该是承担对外宣传的功能，毕竟对内训诫是没必要劳烦翻译的。因此，要想较好地进行校训翻译，必须有切合的翻译指导思想。校训翻译中存在的问题首先和译者的指导思想有关，一些中国译者，特别是在前一二十年，往往受到"信、达、雅"和语义翻译理论的影响，唯校训原文是瞻，一味追求完整传递校训原文的所有概念，盲目忠信原文，结果译文难以达到预期的效果。

以修辞为例，相对西方校训原文而言，中文校训多用到修辞。汉字多象形，能表意，因此汉语言里多意象表述，这就是为什么中国高校校训中除了对仗、用韵的表现手法之外，隐喻对比方式广为存在的原因。中国校训当中经常能见到日、月、天、地、海、水等意象的使用来喻指校训精神的某种特质，如南开大学的校训"允公允能，日新月异"，四川大学的校训"海纳百川，有容乃大"等。而在西方的校训里，类似这样的比喻很少使用，因为这会导致信息成倍增加。以上海交通大学的校训"饮水思源，爱国荣校"为例，原文是典型汉语思维的表现，也比较精炼，但它之前的译文"When you drink water，never shall you forget its source；love your motherland and bring honor to your alma mater"明显冗长，虽然译文准确地传递了原文的含义，但作为校训翻译的话，有失妥当。在这种情况下，很多类似的比喻修辞可以变通或者干脆省略以凸显重点，并达到简略精当的目的。需要补充说明的是，上海交通大学前些年将校训译文改为"Gratitude and Responsibility"。改进后的译文，只强调了"感恩"和"责任"两个概念，前者是"饮水思源"的高度概括，后者是"爱国荣校"的真正落实。仔细思量，非常精炼。

类似上海交通大学之前校训译文的问题比较普遍，原因在于译者没有关注到校训翻译的功能和目的，没有充分认识到校训翻译的特殊性。校训之所以要翻译，其所承载的主要是外宣广告职能，否则就失去了翻译的意义。很久以来，中西方译论强调的都是原文的地位至高无上。直到20世纪70年代德国的功能主义翻译目的论（代表人物凯瑟林娜·赖斯、汉斯·弗米尔等）的出现，翻译界才开始关注文本的功能。赖斯提出译者应分析文本类型，甄别不同种类文本所担负的功能及其所体现出的特点。她强调："在正常情况下，文本类型是影响译者选择适当翻译方法的首要因素（Reiss，Katharina. 2004）。"

功能主义理论是当代世界颇具影响力的翻译理论学派之一，它是以目的原则为主导的翻译标准多元化理论体系，它将译者从"信"的束缚中解脱出来，认为翻译应该在分析原文的基础上，以译文预期功能为目的，综合考虑各语境因素，选择最佳的处理方法，以利于发挥译者的主观能动性（张沉香，2007）。所以要解决校训翻译中存在的问题，必须分析校训翻译的功能目的和校训的文体特征。

校训的外宣功能指的是在国际交流活动中，对学校精神的广而告之，以谋求更加广泛的关注，达到提升自身竞争力和影响力的目的。如果把学校比作一个品牌的话，校训无疑就是这个品牌的广告口号。事实上，校训语言也和广告语言特色非常接近。广告口号由于受成本、受众理解力、市场竞争力等多方面因素的影响，一般选词精炼易懂，结构简单明了。而且，为了达到"易读、易懂、易念、易记、易传播"的目的，广告语言还追求"音美、形美、意美"。校训语言也具备这些特征，中西方校训大多如此，如北京林业大学的"养青松正气，法竹梅风骨"，上海外国语大学的"格高志远、学贯中外"，广东外语外贸大学的"明德尚行，学贯中西"，四川大学的"海纳百川 有容乃大"，山东大学的"气有浩然 学无止境"；剑桥大学（University of Cambridge）的"From here，light and sacred draughts"，杜克大学（Duke university）的"Erudition and Religion"，安德鲁斯大学（Andrews University）的"Body，Mind，Spirit"，乔治·华盛顿大学（George Washington University）的"In God Our Trust"，麻省理工学院（Massachusetts Institute of Technology）的"Mind and Hand"。

10.2.2　顺应译入语言习惯

除了翻译指导思想的不当之外，译者还受到两方面认识的制约，其一是在校训翻译实践中，译者没有明了汉、英两种语言的特点，过分重视校训字面内容的对等，但忽视了译入语言表达习惯。这一点在中国高校校训英译中表现得最为明显，尤其表现在词汇的一一对应表述上。很多译者在翻译校训时，总是字字兼顾，面面俱到。而这样的结果是译文貌似和原文一致，但往往有些用词别扭、结构繁杂，有违译入语言文化习惯，和西方校训的风格更是相差悬殊，难以让人接受，甚至令人费解。

以中国科学技术大学的校训"红专并进，理实交融"为例，校训原文是该校1958年建校时，由时任校长郭沫若先生提出来的，它和现在提倡的"道德与才能兼备、理论与实践结合"的口号是一致的。原文用词精炼、对仗工整、内涵深远，既含价值观，又有方法论，同时具有较强的时代气息。可它的译文"Socialist-minded and Professionally Proficient，Associating Truth with Fact"没能很好地传递原文的美感和含义。姑且不论该结构后半部分的用词方式和前半部分不连贯，且语义和原文不符。就其前半部分而言，就有两个地方的处理值得商榷。一是用"Socialist-minded"翻译"红"。应该说译者有过谨慎的思考，注意到了"红"含义的挖掘。但如果将其译为"Socialist-minded"的话，容易让人误解，使译文读者以为中国科学技术大学政治色彩浓厚，这与现实明显不符，所以含义有待外延。二是对"专"这个概念的翻译，译文是Professionally Proficient，如此翻译虽然用了头韵的手法，但有语义重复之嫌，显得啰嗦。在一般写作中尚且少用这样的表达，对于强调言简意赅的校训而言更为不妥，所以副词的添加实属多余。

10.2.3 符合校训语言特点

另一个制约在于译者不能充分比较和分析中西方校训的语言差异，盲目追求形式上的一致，结果是译了形，没有译神，这点在校训汉译英时表现得更加突出。从一些中国高校校训英译的例子可以看出，译者有时太关注译文与原文结构和形式的对应，不注重对校训内涵的概括，译出的英文貌似整齐，但与西方校训用语的特点不符，显得不伦不类。其实，西方校训在选词上不求生僻，在结构选择上"英语具有明显的一元结构倾向，汉语具有显著的二元结构趋势（杜争鸣，2007）。"

苏州大学校训及其翻译就是这两种结构差异的完美呈现，苏州大学校训原文"养天地正气，法古今完人"，属典型的二元结构，采用对联的形式，既上下对应，又浑然一体，唯美地表达了苏大的精神；其英文表述"Unto a full grown man（出自《圣经》新约部分的《以弗所书》第四章第十三节，寓意'教育成人'）"，是英文校训中常用的一元表述方式，言简意赅，高度概括了校训原文的意思。译文貌似和原文不对等，但思想内涵一致，且和西方校训的风格一致，受到很多翻译学者的关注和好评。中国很多高校的校训常常采用对句的形式来呈现，这和中国传统文化的影响密不可分，也说明了中国人区别与西方人的思维模式。

但在现实的校训翻译实践中，很多译者没有注意到这样的区别。过分看重形式的对等，译文就会存在各种问题，尤其表现为译文用词臃肿，如北京师范大学的校训是"学为人师，行为世范"，网上查到的两则译文分别为"Learn to be an Excellent Teacher；Act as an Exemplary Person"和"Learn，so as to instruct others and Act，to serve as example to all"。必须承认，两则译文都很工整，无论是外形和内容都能较好地再现原文。但仔细品读的话，总觉得意蕴不够，尤其和西方校训的用词风格不太相合。前者形容词的使用，后者不定式结构都不够简练的感觉。如果变换结构，用抽象名词来取代形容词或不定式结构应该是完全可行的。再如中国地质大学的校训"艰苦朴素，求真务实"译文："Work hard，keep modest，and pursue truth and pragmatism"；南京大学的校训"诚朴雄伟，励学敦行"，译文"Be Honest and Intelligent，Study Hard and Act Sincerely"等都或多或少地存在这样的问题。当然，南京大学现在的校训译文"Sincerity with Aspiration，Perseverance with Integrity"合理选择了信息要点，避免了上述问题。

10.3　校训翻译方法

校训是一所学校的精神内核，是学校人文精神、办学传统、教育理念、历史文化的高度凝练，也是广大师生共同遵守的基本行为准则与道德规范。上文提到校训的功能对内在于激励警示、凝聚人心，对外在于宣传告诉、彰显精神，因此校训翻译不属于文学翻译，而属应用翻译。应用翻译，或称实用翻译，以传达信息为目的，区别于传达有较强情感意义和美学意义的文学翻译（方梦之，2003）。应用文体翻译都有现实的，甚至功利的目的，要求译文达到预期的功能，目的和功能是应用文体翻译的依据和依归（周丽红，2010）。

综上，不难发现，校训和广告的功能相似，语言特点也有很多相同之处。因此在校训翻译中，结合中西方校训一般语言特点，并借鉴广告翻译中常见策略应该是切实可行的。一般而言，中国校训英译的方法可以依次从词语、结构、翻译策略三个方面的选择来逐步进行。

10.3.1　选词精炼，突出重点

上文提到，一些译者在中国校训英译时，从词语的选择来看，往往思虑周全，力图清楚表达每个词的意思，唯恐遗漏，遭人诟病。结果很多译文臃肿，突出表现在形容词、副词的大量使用上。以中山大学校训"博学、审问、慎思、明辨、笃行"的翻译为例，其译文"Study Extensively，Enquire Accurately，Reflect Carefully，Discriminate Clearly，Practice Earnestly"从内容上看，忠实于原文，形式上也对应整齐。但由于中英文的差异，译文的音节数成倍增加。四个副词的添加使这一现象变得更加突出，从而使译文显得过于冗长，明显不符合广告语体要求，也和英文校训常见表达方式不一致。要解决该问题，必须首先分析校训原文，明确原文的信息重点。然后在译入语中合理选词，突出重点。很显然，中山大学校训的重点不是那些副词，而是那些动词，即"学、问、思、行"。但由于英文校训中动词使用频率远低于名词，所以如果调整词尾，将使动

词转化为抽象名词，应该是更理想的处理方式。

再有清华大学的校训"自强不息，厚德载物"非常著名，出自周文王姬昌《周易》中的"天行健，君子以自强不息。地势坤，君子以厚德载物"。清华大学以此为校训强调清华学人当发奋图强，力求进步，同时厚积才德，承载责任。其先前的译文是 Indomitable Aspiration and Unbigoted Open-mindedness，虽然译文概括性强，结构明了，但存在使用生僻词和形容词偏多等欠缺之处。比较而言，现在的译文 "Self-discipline and Social Commitment" 更加合理。首先，译者抓住了原文前后两部分不同意旨，前半部分着重强调自律，凝练为 Self-discipline，后半部分语义合理外延为社会担当，凝练为 Social Commitment，从而形成一组对比，信息重点都在名词上，和西方校训的行文风格很相似。加之使用普通词汇，且用到头韵手法，更有利于清华精神的传播，所以更加合理。

类似的例子还有，如东南大学"止于至善"的译文 "Strive for Perfection"，暨南大学"忠信笃敬"的译文 "Loyalty，Credibility，Sincerity，and Piety"，天津大学"实事求是"的译文 "Seek Truth from Facts"，北京理工大学"团结、勤奋、求实、创新"的译文 "Solidarity，Diligence，Practicality and Creativity"。

10.3.2　结构合理，语言归化

在结构选择方面，校训翻译一般应符合译入语，尤其是译入语校训表达方式。这是因为校训和广告相类似。前文提到任何挑战投放区语言文化习惯的广告必将被忽略甚至摒弃，所以广告翻译一般采用语言表述归化为主的策略。就中国高校校训英译而言，要达到向国外推广高校人文精神、办学宗旨的目的，最佳策略自然也应该顺应国外的校训规范，以其常用结构如短语结构、简单句型、一元结构等来表达。

以创建于1920年的哈尔滨工业大学为例，在近百年的办学历程中形成了"规范严格，功夫到家"的校训。该校训强调严格规范，用功到位，精神和理工科院校定位非常契合，二元结构也属中国校训常见表达形式。翻译成英文的话，首先要确定信息重点。很明显，前半句的"规范"和后半句的"功夫"是核心。在理工科领域，一是一，二是二，标准不可马虎，差之毫厘，谬以千里，所以此处规范对应的应该是"standard"，功夫指的自然不是武功，而应该是花费的气力，所以应该是"effort"。找准信息重点后，再选择恰当的形容词，用两个并列的偏正结构就是其官方译文 "Strictest Standard，Greatest Effort"。网上还有一则其先前的译文 "Strict Standard and Sufficient Effort"，没有用到最高级，内涵

基本一致，其实也毫不逊色。

选词精炼和结构选择对于校训翻译非常重要，考虑不到位就会出现上文提到的那些问题。下面再以香港理工大学的校训"开物成务，励学利民"为例，它的译文是"To Learn and to Apply for the Benefit of Mankind"，原文为汉语典型的二元结构模式，译文应用归化的策略，采取西方常用的一元结构，将原校训的内涵精炼地表述出来，结构清晰，让人一目了然。类似的还有很多，如上海外国语大学校训"格高志远，学贯中外"的译文"Integrity，Vision and Academic Excellence"，北京邮电大学校训"厚德、博学、敬业、乐群"的译文"Virtue，Erudite，Dedication，Companionship"，重庆大学校训"耐劳苦，尚俭朴，勤学业，爱国家"的译文"Endurance，Thrifty，Diligence，Patriotism"，宁波大学校训"实事求是，经世致用"的译文"Truth and Pragmatism"都和西方校训的风格相似，办学治学理念明晰，能到达宣传目的。

10.3.3　意译优先，兼用套译

和前面的商标、电影片名翻译不同的是，校训翻译较少用到直译方式。这是因为：第一，校训虽然用词不多，但往往内涵深刻，直译往往导致信息太多，不符合校训用语简洁的特征。第二，英汉语校训特点相去甚远，各自常用的结构很不相同，直译的话，会给译入语读者突兀的感觉。因此，校训翻译往往需要变通，上佳的译文往往不是译形，而是译神，经过意译处理的译文。当然，前文提到的增译、缩译、特别还有套译，都可以在校训翻译当中用到。

江西师范大学的校训"静思笃行，持中秉正"意蕴深刻。前半句源自儒家经典《礼记·中庸》，"静思笃行"中的"静思"指潜心自修、涵养性情，"笃行"指坚持不懈、践履所思所学；后半句"持中秉正"中的"中"即中庸，意为适合、完美，"正"即正义，合起来的意思是践行中正，保持公平正直，追求完美，倡导了的中华民族传统的道德规范与行为准则。这条校训采用的是中国校训中最典型的四言八字形式，词句工整，音韵优美，言简意赅。上半句提出了办学治学的标准，下半句指明了做事做人的努力方向，不失为一条上佳的广告语，一条宣传江西师范大学治校精神、办学理念的极佳口号。

如果从广告传播的视角来翻译这条校训的话，首先，为了达到简化广告用语的目的，必须提炼该广告语的核心内容，为精炼译文做准备。对于校训中的前半句而言，"静"和"笃"是"思"和"行"的修饰语，核心是"思""行"，对应的英语词汇可以是"ponderation"和"practice"；后半句"持中秉正"，核

心是 "忠" "正"，对应的英语词汇可以是 "perfection" "justice"，乃儒家思想的要义，而 "持" 和 "秉" 意思相近，一个重复而已，是汉语中常见的为达到形美、音美而采用的修辞方式。确定信息重点、结构上顺应西方校训的特点，其实是意译必不可少的过程。

继续以翻译江西师范大学校训为例，如果谨记并顺应上述特点的话，就意味着应该删除修饰性内容，并将上述重点词汇合理地连接起来。此时，可以套用西方校训中常用的结构，如上文提到的苏州大学的英文校训，将其译为 "Unto Justice，Perfection via Ponderation and Practice"。译文七个词，凸显了校训的核心概念，言辞简练，意思完备。同时译文为介词短语结构，一元表述，从行为方式到行为目标，层次清楚、逻辑严谨，和西方校训的表达模式总体相一致。此外，译文还采用了押头韵、尾韵的修辞手法，音韵和谐优美，在一定程度上照顾到了校训原文的音律节奏美感。

10.4 校训翻译小结

由于中国改革开放的不断深化，中国高校国际化视野的不断拓展，越来越多的中国高校认识到全方位向外推介和宣传自己的重要性，因此作为学校灵魂而存在的校训及其翻译受到了越来越多的关注。相比较而言，一方面校训翻译实践如火如荼，另一方面校训翻译研究相对滞后。打开很多学校的网页，校训译文不尽人意的例子还较多，这主要和译者懂英语，却不了解校训翻译的特定要求，没有充分关注校训的职能，不能充分比较中西方校训差异有关。本文比较了中西方校训的用词和结构方面的异同，主要从校训的功能出发，提出了校训翻译应该遵循的原则及相对可行的方法。必须承认，这只是校训翻译的一个视角，要真正促进中国校训翻译质量总体提升，还需要更多人从更多角度去进行有益的探索。

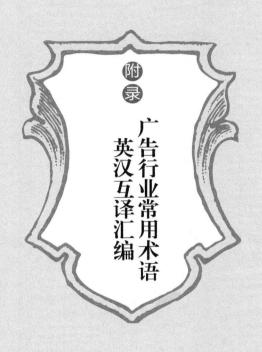

附录

广告行业常用术语英汉互译汇编

Ⅰ.英译汉

AA（Account Assistant）客户助理

Account Director 业务指导、客户总监

Account Group 业务小组

Account Supervisor 业务总监

Action Plan 行动方案

Ad（Advertisement）广告

Added Value 附加价值

Advertorial 付费软文

AE（Account Executive）客户代表、客户执
　行人

Appeal Point 诉求点

Agency 代理商

AM（Account Manager）客户经理

Analysis Tools 分析工具

Announcement 公告

Annual Report 年报

AP（Asia-Pacific）亚太区

AR List 任务清单

Arts Director 美术指导

ATL（Above the Line）线上活动

Attachment 附件

Audience Awareness 受众意识

Auto Industry 汽车行业

Awareness 认知

Background Analysis 背景分析

Background material 背景材料

Benchmark 测试基准

BI（Behavior Identity）企业行为识别系统

Bidding 竞标

Bio 个人简历

Brand Communication Strategy 品牌传播战略

Brand Image 品牌形象

Brand Loyalty 品牌忠诚度

Brand Management Commission 品牌管理
　委员会

Brand Management Consulting Firm 品牌
　管理顾问公司

Brand Management 品牌管理

Brand Planning/Designing 品牌策划/设计

Brand Positioning 品牌定位

Brand Positioning Survey 品牌定位调查

Brand Promotion 品牌推广

Brain Storming 头脑风暴

Branding Strategy 品牌战略

Briefing 情况介绍

Briefing Kit 资料包

BTL （Below the Line）线下活动

BU（Business Unit）业务部门

Bulletin 公告栏

Bundle 附赠品

Business E-Mail 商务电邮

Business Model 商业计划

Business Philosophy 经营哲学

Business Strategy 经营战略

Campaign 公关或营销活动

Career Development 职业发展

Career Planning 职业计划

Case study 案例研究

Category 类别

Celebration 庆典活动

CEO Reputation Management 总裁声誉管理

CEO's Arrangement 总裁接待

CF（Commercial Film）广告影片

Channel 渠道

Chart 幻灯片中的页面

China Golden Awards for Excellence in Public Relations 中国最佳公共关系案例大赛

China International Public Relations Congress 中国国际公共关系大会

CI（Corporate Identity）企业形象、企业识别

CIPRA（China International Public Relations Association）中国国际公共关系协会

CIS（Corporate Identity System）企业形象识别系统

Client Database Management 客户数据管理

Client Oriented Strategy 客户导向战略

Client Relations 客户关系

Client Relations Development System 客户关系开发系统

Client Relations Evaluation System 客户管理评价系统

Client Relations Maintenance System 客户关系维护系统

Client Relations Management System 客户关系管理系统

Client Relations Precaution System 客户管理预警系统

Client Relations Supporting System 客户管理支持系统

Client Satisfaction Management 客户满意度管理

Clipping Report 剪报报告

Closing Phase 结束阶段

Code of Conduct 行为准则

Code of Ethics 职业道德

Commercial Script 电视广告脚本

Communication Model 传播模式

Communications Kit 新闻夹

Communications Management 传播管理

Communications Regions 传播地域

Communications Strategy 传播战略

Community Relations 社区关系

Competitive Presentation 比稿

Competitor 竞争对手

Copywriter 文案（撰文人员）

Confidential 保密的、机密的

Confidential Items 保密条款

Consecutive Interpretation 交互式翻译

Consultant 顾问

Consumer Buying Process 顾客购买过程

Consumer Database 顾客数据

Consumer Orientation 消费者导向

Consumers/Dealers Assembly 用户/经销商大会

Contact Person 联系人

Continuous Education 继续教育

Controlling Phase 控制阶段

Coordination Communicating 协调沟通

Copy Director 文案指导

Copywriter 文案

Copywriting 公关文案

Core Competitiveness 核心竞争力

Core Media 核心媒体

Corporate Affairs 企业事务

Corporate Image 企业形象

Corporate Profile 公司简介

Corporate Reputation 企业声誉

Corporate Video 宣传片

Cost Control 成本控制

Cost Management 成本管理

Creative Boutique 创意工作室

Creative & Design 创意设计

Creative Director 创意指导

Creative Supervisor 创意总监

Credential 公司或个人简介

Crisis Control 危机控制

Crisis Management 危机管理

Crisis Management Office 危机管理办公室

Crisis Management Planning 危机管理策划

Crisis Management Team 危机管理小组

Crisis Research 危机研究

Crisis Statement 危机声明

CRM（Customer Relationship Management）客户关系管理

Customer testimonial 客户证言

Datasheet 宣传页

Decoration 现场布置（装饰）

Demand Generation 需求挖掘

Demo Booth 产品演示台

Diagnosis 诊断

Director 总监、指导

Direct Response Advertising 直效广告

Distributor 分销商

DM（Direct mailing）直邮

Domain Name Registration 域名注册

Donation 捐赠

Editorial Calendar 媒体刊登计划

EDM（Email Direct Marketing）电子邮件营销

Effective Communications 有效传播

Employee Compensation 员工薪酬

Employee Relations 员工关系

Environment Analysis 环境分析

Environment Issues 环境问题

Ethics of the Profession 职业道德

Event Management 事件管理

Event Planning 事件策划

Execution 执行

Executing Phase 执行阶段

Executive President 执行总裁

Fact Sheet 资料（数字或其他材料）

FAQ（Frequently Asked Questions）常见问答集

Fashion Business 时尚产业

Feature article 深度文章

Finance Management 财务管理

Financial Communications 财经传播

Flyer 宣传单页

Follow-up 跟进

Forum 论坛

GCG（Grand China）大中国区

Glossary 词汇表

Government Affairs 政府事务

Government PR 政府公关

Government Relations 政府关系

Govt（Government）政府

Graphics 图形文件

Greetings 问候语

Health Care 医疗保健

High Tech 高科技

Hospital PR 医院公关

Human Resource Management 人力资源管理

IMC（Integrated Marketing Communications）整合营传播

Implementation 实施

Incentive Plan 激励计划

Industry Participation 行业参与

Initiating Phase 初始阶段

INPUTS Evaluation Tools 输入级评估工具

Integration Management 整合管理

Interactive PR 网上互动公关

Internal Magazine 内部期刊

Internal Communications System 内部传播
系统

Internal Communications 内部传播

Internal Film 内部电影

Internal PR 内部公关

International PR 国际公关

Internet Communications 网络传播

Internet Media Communications 网媒传播

Interpersonal Communications 人际传播

Interview 专访或面试

Introduction Lantern 宣传幻灯

Investor Relations 投资者关系

Invitation Letter 邀请函

IPR（Institute of Public Relations）公共
关系协会

IPRA（International Public Relations
Association）国际公共关系协会

Issue Diagnosis 问题诊断

Issues Management 问题管理

ISV（Individual Software Vendor）独立
软件供应商

Job Evaluation 绩效考核

Key Media 关键媒体

Key Messages 关键信息

Keynote Speech 主题演讲

Keynote Speaker 主题演讲人

LA（Large Account）大客户

Layout 构图

LE（Large Enterprise）大企业

Leadership 领导力

Legal Duty 法律义务

Lobby 游说

Logo 标识

Long Term Program 长期项目

Lucky Draw 幸运抽奖

Market Analysis Report 市场分析报告

Marketing Communications 营销传播

Marketing Communications Mix 营销
传播组合

Marketing Strategy 市场营销战略

Market share 市场份额

Mass Media 大众媒体

MB（Medium business）中客户

MC（Master of Ceremonies）主持人

MD（Managing Director）总经理、执行
董事

Media Assistant 媒介助理

Media Analysis 媒体分析

Media Communications Strategy 媒体
传播战略

Media Communications 媒体传播

Media Coverage 媒体覆盖率

Media Director 媒介总监、媒体指导

Media Executive 媒介代表、媒介主任

Media Inquiry 媒体垂询

Media Kit 媒体资料包

Media List 媒体名单

Media Manager 媒介经理

Media Monitor 媒体监测

Media Relations 媒介关系

Media Research 媒体研究

Media Supervisor 媒体总监

Media Tour 媒体外出巡游

Meeting Agenda 会议议程

Meeting Minutes 会议记录

Methodology 方法论

MI（Mind Identity）企业理念识别

MI（Media Index）企业媒体声望指数

Miscellaneous fees 杂费

Monthly Report 月报

Multifunctional Task Force 多职能任务小组

Negative Report 负面报道

New Product Launch 新产品发布

News Clipping 新闻剪报

News Release 新闻发布

Newsletter 新闻通讯

No-profit PR 非营利机构公关

Norms of Excellent PR Management 卓越
　公共关系管理标准

Objective Diagnosis 目标诊断

On Site 现场

Online Advertisement 线上广告

Online Communications 线上传播

Online Marketing Communications 线上营
　销传播

Online media 网络媒体

Online Roadshow 网上路演

Online Survey 网上调查

OOP（Out-of-Pocket）现款支付（杂
　费、日常工作发生的成本）

Open-day Visits 开放日参观

Opinion Leader 舆论领袖

Outcomes Evaluation Tools 输出级评估工具

Outputs Evaluation Tools 效果级评估工具

Outsourcing 外包

OV（One Voice）一个声音

Planning Director 企划指导

PLC（product life cycle）产品生命周期

Photo Library 图片库

Planning Phase 策划阶段

Polish 文案润色

POP（Point of Purchase Advertising）
　售点广告

Positioning 定位

Post Event 善后工作

Poster 海报

Postmortem 会后书面简短总结报告

Postscript 后记

PR Agency 公关公司

PR Consulting Market 公关顾问服务市场

PR Consulting Practice 公关顾问实务

PR Consulting Service 公关顾问服务

PR Consulting Tools 公关顾问工具

PR Director 公共关系总监

PR Evaluation 公关评估

PR Event 公关活动

PR Guideline 公关方针

PR Management Working Code 公关管理
　工作准则

PR Manager 公共关系经理

PR Procedure 公关流程

PR Proposal 公关建议书

PR Supervisor 公共关系主管

Pre Event 前期工作

Pre-evaluation 预评估

Preface 前言

Presentation 演示、陈述

President 总裁

Press Conference 新闻发布会

Press Kit 媒体新闻夹

Press Release 新闻稿

Print Media 平面媒体

Priority 优先权

Procurement Management 采购管理

Product Test 产品评测

Profession Responsibility 职业义务

Professional Association 专业协会

Professional Certification 职业认证

Professional Consultant 专业顾问

Professional fee 专业服务费

Professional Grading 专业等级

Project Life Cycle 项目生命周期

Project Management 项目管理

Project Owner 项目委托人

Project Title 项目名称

Project 公关项目

Proposal 公关建议书

PRSA（Public Relations Society of America）
美国公共关系协会

Public Opinion 公众舆论

Public Affairs 公共事务

Public Relations 公共关系

Public Relations Consultant 公关顾问

Public Relations Crisis 公关危机

Public Relations Management 公关管理

Public Service Advertising 公益广告

Public Utility 公用事业

Publicity 宣传

Q&A 问题问答

Qualified Project Manager 合格的项目经理

Quality Control 质量控制

Quality Management 质量管理

Questionnaire 调查问卷

Quotation 报价

Real Estate 房地产

Recommendation Letter 推荐信

Recruitment 招募

Reference 参考资料

Rehearsal 预演、彩排

Report 报告

Reputation Management 声誉管理

Research Supervisor 调查总监

Research Tools 研究工具

Reseller 经销商

Retainer 长期客户

Review 回顾、总结

Risk Management 风险管理

Roadshow 巡展、路演

ROI（Return on Investment）投资回报率

Rude question 不友好的问题

SAE（Senior Account Executive）高级
客户代表、高级客户主任

SEM（Search Engine Marketing）搜索
引擎营销

SAM（Senior Account Manager）高级
客户经理

SB（Small business）小客户

Scope Management 范畴管理

SEO（Search Engine Optimization）搜索
引擎优化

SMO（Social Media Optimization）社会媒体优化

Seminar 研讨会

Senior Consultant 高级顾问

Senior Media Executive 高级媒介代表

Senior Media Manager 高级媒介经理

Senior Vice President 高级副总裁

Slide 幻灯片

Slogan 口号

Social Activities 社会活动

Social Responsibility 社会责任

Source Materials 客户提供的辅助资料

Souvenirs & Gifts 纪念品和礼品

SOV（Share of Voice）广告占有率

Speaking with One Voice 用一个声音说话

Spokesperson Tips 发言人技巧

Sponsorship 赞助

Sponsorship Planning 赞助策划

Strategic Consulting 战略咨询

Strategy Communications Systems 战略传播系统

Success Story 成功故事

Summary 简介、概述

Supplier 供应商

Supervisor 总监

SWOT（Superiority Weakness Opportunity Threats）analysis 优势、劣势、机遇、威胁分析

Synopsis 概要总结

Target Audience 目标受众

Target Market 目标市场

Task Marketing 任务营销

TBD（To be Detailed）待详细说明

Technical Article 技术文章

Time Management 时间管理

Time Sheet 工作时间记录表

Two-way Asymmetry 双向非平衡模式

Two-way Communications 双向传播

Two-way Symmetry 双向平衡模式

UEO（User Experience Optimization）用户体验优化

Venue 会议地点

VI（Visual Identity）视觉识别

Virtual Computer 虚拟主机

Vision 愿景

VP（Vice President）副总裁

VSB（Very small business）特小客户、超小客户

Website Construction 网站建设

Whitepaper 白皮书

Workshops 工作坊

Ⅱ.汉译英

暴露值 exposure value

包装 packaging

标题 headline

标题句 taglines

表演纲要 casting brief

编辑名录 compiled lists

标志 logotype

标准户外广告 standardized outdoor advertising

布局图 layout

插播广告 spots

电影摄影师 cinematographer

插图画家 illustrator

电子制作 electronic production

车内广告牌 inside cards

动画片 animation

车内尾部招贴 car-end posters

对白/独白式正文 dialog/monolog copy

车体招贴 outside posters

多媒体演示 multimedia presentation

陈列媒介 exhibitive media

发行量 circulation

成本效益 cost efficiency

反差套印 reverse knockout

成品招贴 stock posters

方案人员 copywriter

产品概念 product concept

方框图片式布局 picture-window layout

衬线字体 serif

非公开场所 private audience venue

传播媒介 communications media

分布目标 distribution objectives

传媒炒作 press agentry

分类广告网站 classified ad Website

传媒工具 press/media kit

分色 color separation

出镜头 on camera

封面纸 cover paper

出血版 bleeds

副标题 subhead

创意组合 creative mix

伏击式营销 ambush marketing

倡导广告 advocacy advertising

复映复播追加酬金 residual fee

出格 kerning

个人场所 personal audience venue

创意 creativity

歌谣式 jingles

创意纲要 creative brief

概念化 conceptualization

创意过程 creative process

感性诉求 emotional appeals

创意金字塔 creative pyramid

公告牌 bulleting boards

创意总监 creative director

公共场所 mass audience venue

粗体 boldface

工作样片 work print

大创意 big idea

故事板 storyboard

单词计算式 word-count method

故事板草图 story board roughs

单位成本 CPP（cost per point）

广播人物 radio personality

到达率 reach

广告反应曲线 advertising response curve

底片 base art

广告礼品 advertising specialty

电脑亭 kiosk

广告网络 ad networks

电视户 television households

广告印象 advertising impression

电台指定时间 run-of-station

广告讯息 advertising message

电影贴片广告 cinema advertising

公共关系 public relations

公共关系广告 public relations advertising

公共事务 public affairs

光圈 aperture

横幅广告 banner

合成片 answer print

合成样片 mixed interlock

合套 trap

后期制作阶段 post production phase

黄金时段 prime time

互动电视 interactive TV

互联网服务供应商 Internet service provider

户外媒介 out-of-home media

互相连接 interconnect

机构广告 institutional advertising

技巧式正文 device copy

节目收率视 program rating

节目编排形式 programming formats

加空铅 leading

肩题 kicker

间歇式排期 blinking

奖品 premiums

截止期 closing date

集中式 bursting

脚本 script

交通广告 transit advertising

近期策划 recency planning

开印前阶段 prepress phase

广告能见概率 opportunity to see

拷贝 dupes

高级印刷纸 text paper

控制室 control room

口号 slogans

蓝线 blue line

立体创意直邮 creative dimensional direct mailing

理性诉求 rational appeals

利益式标题 benefit headlines

连续调 continuous tones

路牌 bulletin structure

每册读者数 readers per copy

媒介策划 media planning

媒介载体 media vehicles

美术总监 art director

命令式标题 command headlines

末稿 comprehensive layout

目标受众 target audience

母带 master tape

模拟校样 analog proof

内部刊物 house organs

内容段落 interior paragraphs

旁白 voiceover

拼版 pasteup

排印工艺 typography

频次 frequency

品牌开发指数 brand development index

品牌兴趣 brand interest

品牌忠诚 brand loyalty

品种开发指数 category development index

平台使用费 platform licensing

企业市场 business markets

企业形象式正文 institutional copy

启发式标题 provocative headlines

起伏式 flighting schedule

企业广告 corporate advertising

企业识别广告 corporate identity advertising

前期市场企业广告 market prep corporate advertising

千人成本 cost per thousand

青、黄、红、黑印刷 CYMK printing

全面登场 full showing

任务夹 job jacket

认知 cognition

晒版台纸 flats

赛场营销 venue marketing

色基 color key

商业回复邮件 business reply mail

商业展示会 trade shows

社会参与 community involvement

设计 design

社论式广告（指杂志中心插页的正式广告文字）advertorial

摄影师 photographer

生活方式技法 lifestyle techniques

生活片段 slice of life

声望经营 reputation management

市场 markets

时段组合 day-part mix

实景真人 live action

事实型思维 fact-based thinking

视听材料 audiovisual materials

视听率 rating

视听率调查服务公司 rating services

首播辛迪加 first-run syndication

收尾 trial close

受众 audience/ receiver

受众构成 audience composition

受众目标 audience objectives

受众占有率 audience share

受众总数 total audience

数码视频效应装置 DVE units

数字互动媒介 digital interactive media

数字校样 digital proof

数字媒介 digital media

四色印刷 four-color process

书写纸 writing paper

特技 special effects

特排字体 display type

特写 feature articles

透明塑料膜 overlay

头脑风暴法 brainstorming

图标 icon

图片说明式正文 picture-caption copy

图形部分 visuals

外景地 shooting location

外溢媒介 spillover media

网屏 halftone screen

网外辛迪加 off-network syndication

网页 Webpage

无衬线字体 sans serif

无线电视 broadcast TV

吸引技巧 hook

线画版 lineplate

消费行为 consumer behavior

消费者决策过程 consumer decision

销售信函 sales letters

小样 thumbnail

协办 participation basis

斜体 italic

新闻简报news/press release

新闻/信息式标题news/information headlines

新闻通报录像video news release

信息式广告informercial

信息性 informational

形象移植 imagery transfer

叙述式正文 narrative copy

宣传 publicity

讯息力度 message weight

讯息战略 message strategy

演示 demonstration

样片 animatic

以货代款 in kind

意见抽样 opinion sampling

一刻平均听众数 average quarter-hour audience

一刻平均收听率 average quarter-hour rating

一刻平均占有率 average quarter-hour share

艺术方向 art direction

疑问式标题 question headlines

音控台 audio console

印签 seal

印刷制作经理 print production manager

印刷制作过程 print production process

音乐标志 musical logo

音乐式广告 musical commercials

影响中心 centers of influence

营销公关 marketing public relation

硬性软片 line film

优惠赠券 take-ones

有线电视 cable TV

有效到达率 effective reach

有效频次 effective frequency

有意劝服路径 central route to persuasion

预备段落 lead-in paragraph

预备阶段 preproduction phase

预定市场区域 designated market areas

展台 booths

占位价格 preemption rate

招聘广告 recruitment advertising

招贴 posters

招贴式格式 poster-style format

照相排版术 camera-ready art

整合广告 integrated commercial

证明书 testimonial

正色投影胶片 orthographic film

正文 body copy

正文字体 text type

直截了当式 straight announcement

直接推销式正文 straight-sell copy

指令 mandatories

制片人 producer

制片场 lot

执行证明书 affidavit of performance

直邮广告 direct-mail advertising

制作阶段 production phase

主持人式广告 presenter commercial

助记手段 mnemonic device

主题句 theme lines

注意度 attention value

撰写讲演稿 speechwriting

增效效应 synergy

自动台词提示器 teleprompter

资金 money

字系 type families

总体受众计划 total audience plan

总印象 gross impressions

组合媒介法 mixed-media approach

组排 copy cast

参考文献

[1] Arens, William F. *Contemporary Advertising* [M]. August: McGraw-Hill Higher Education, 1998 (7th) , (146) .

[2] Catford J C. *Linguistic Theory of Translation: An Essay in Applied Linguistics*[M]. London : Oxford University Press, 1965.

[3] Edward S Rogers. *The Lanham Act and the Social Function of Trade-Marks* [J]. Law & Contemp. probs, 1972 Vol 62 No 3 p 255-261.

[4] Frank I Schechter. *The Rational Basis of Trade-Mark Protection*[D]Harvard Law Review, Vol. 40, No. 6 (Apr., 1927) , pp. 813-833, Published by: The Harvard Law Review Association Stable URL.

[5] Hermans Theo. *Translation in Systems*[M] .St.Jerome Publishing, 1999.

[6] Kleppner, Otto. *Advertising Procedure* [M]. Englewood Cliffs: New Jersey, Prentice Hall Inc, 1986: 605.

[7] Mark Shuttleworth & Moira Cowie. *Dictionary of Translation Studies*[M]. Shanghai Foreign Language Education Press, 2004.

[8] Mishawaka Rubber&Woolen Mfg. Co. v. S. S. Kresge, 316 US 203, 205, 53 USPQ 323-325 (1942) .

[9] Newmark, Peter. *Approaches to Translation*[M]. Shanghai Foreign Language Education Press, 2001 (b) : 40-80.

[10] Nida, Eugene A & Taber, Charles R. *The Theory and Practice of Translation* [M]. Shanghai: Shanghai Foreign Language Education Press, 2004: 12.

[11] Nord, Christiane. Text Type and *Translation Method, An Objective Approach to Translation Criticism: Review of Katharina Reiss's Moglichkeiten und Grenzen der Ubersetzungskritik*[J]. The Translator, 1996, 2: 1, 81-88.

[12] Nord, Christiane. *Translating As a Purposeful Activity of Functionalist Approaches Explained*[M] .Shanghai: Shanghai Foreign Language Education press, 2001: 75.

[13] O'Guinn T C. *Advertising*[M] .California : South Western College Publishing, 1998.

[14] Reiss, Katharina. *Translation Criticism: The Potentials and Limitations* [M]. Shanghai: Shanghai Foreign Language Education Press, 2004.

[15] Venuti, Lawrence. *The Translator' s Invisibility* [M]. London & NewYork: Routledge, 1995.

[16] 爱泼斯坦, 林戊苏, 沈苏儒. 呼吁重视对外宣传中的外语工作[J]. 中国翻译. 2000. (6) : 2-4.

[17] 巴亦君. 我国性暗示广告的生存现状[J]. 内蒙古师范大学学报 (哲学社会科学版) , 2007.11.

[18] 白纯, 赵博颖. 英汉音节对比[J]. 牡丹江师范学院学报(哲社版) , 2006 (5) : 99-100.

[19] 陈本益. 汉语诗歌节奏的特点——兼与英语诗歌节奏的特点比较[J]. 湘潭大学学报(哲学社会科学版) , 2006. (1) : 84-87.

[20] 陈东成. 文化视野下的广告翻译研究[M]. 北京: 中国社会科学出版社, 2012.

[21] 陈俊芳. 从广告语言看中西文化的差异[J]. 中北大学学报(社会科学版), 2006, 6.

[22] 大卫·奥格威. 一个广告人的自白[M]. 林桦译.中国友谊出版公司, 1991.

[23] 邓嵘. 英语广告标题的修辞特色[J]. 中国科技翻译, 1998 (4): 44-46.

[24] 丁俊杰.现代广告通论[M]. 北京: 中国物价出版社, 1997.

[25] 杜争鸣, 陈胜利. 英汉互译原理与实践教程[M]. 北京: 中国经济出版社, 2008.

[26] 杜争鸣. 从苏州大学校训中管窥中英互译原理[J]. 苏州大学学报, 2007 (2): 111-112.

[27] 端木义万. 英语报刊标题的功能及语言特色[J]. 外语研究, 2001, (2): 47-49.

[28] 范武邱, 范头姣.中国大学校训翻译: 问题与基本对策[J]. 上海翻译, 2008 (2): 41-44.

[29] 方梦之. 达旨·循规·喻人——应用翻译三原则[Z]. 首届全国旅游暨文化创意产业翻译研讨会上的主题发言, 2007-10-20.

[30] 方梦之. 我国的应用翻译: 定位与学术研究—2003全国应用翻译研讨会侧记[J]. 中国翻译, 2003 (6) 24.

[31] 方梦之. 译学词典[Z]. 上海: 上海外语教育出版社, 2005.

[32] 冯章. 广告创意与策划: 方法、技巧、案例[M]. 北京: 经济管理出版社, 2009.

[33] 戈公振. 中国报学史[M]. 北京: 生活·读书·新知三联书店, 1955.

[34] 关家玲. 英语广告中词汇的模糊现象及语用功能探讨[J]. 中国矿业大学学报(社会科学版), 2004, 6 (2).

[35] 辜正坤. 中西诗比较鉴赏与翻译理论[M]. 北京: 清华大学出版社, 2003: 432.

[36] 辜正坤. 中西诗鉴赏与翻译[M]. 长沙: 湖南人民出版社. 1998, 1.

[37] 郭卫. 中国传统思想对现代广告的影响[J]. 武汉理工大学学报(社会科学版), 2006 (3).

[38] 何辉. 广告文案[M]. 北京: 北京大学出版社, 2009.

[39] 何辉. 广告学概论[M]. 北京: 中国人民大学出版社, 2011.

[40] 贺莺. 电影片名的翻译理论和方法[J]. 外语教学, 2001 (1).

[41] 侯维瑞. 英语语体[M]. 上海: 上海外语教育出版社, 1988.

[42] 胡开宝, 陈在权. 商品名称的美学特征与英语商品名称的翻译[J]. 中国翻译, 2000, (5).

[43] 黄佳丽. 英汉广告语体中模糊词语遣用比较[J]. 江汉大学学报(人文科学版), 2005, 4 (24).

[44] 黄小平. 语言艺术的狂欢[M]. 昆明: 云南人民出版社, 2012.

[45] 黄忠廉. 翻译本质论[M]. 武汉: 华中师范大学出版社, 2000: 14 -15.

[46] 黄忠廉. 变译理论[M]. 北京: 中国对外翻译出版公司, 2002: 96.

[47] 黄忠廉. 变译观的演进[J]. 外语与外语教学, 2003 (8).

[48] 黄忠廉, 李亚舒. 科学翻译学[M]. 北京: 中国对外翻译出版公司, 2004.

[49] 黄忠廉, 关秀娟. 译学研究批评[M]. 北京: 国防工业出版社, 2013: 95.

[50] 李成栓. 非文学翻译[M]. 北京: 外语教学与研究出版社, 2009.

[51] 李克兴. 广告翻译理论与实践 [M]. 北京: 北京大学出版社, 2010: 8-9.

[52] 李克兴. 论广告翻译的基本原则[J]. 翻译季刊, 1998 (9-10): 93-122.

[53] 李岚清. 做好语言文字工作, 为现代化建设服务[C]. 推广普通话宣传手册. 北京: 语文出版社, 1999.

[54] 李玉英, 李发根. 英汉翻译教程(下)[M].广州: 中山大学出版社, 2013.

[55] 梁慧敏. 香港电视广告语言的修辞特色[J].江西师范大学学报(哲学社会科学版), 2012, 4 (2).

[56] 林为连, 张国昌, 许为民等. 国内外知名高校校训评析[J].浙江大学学报 (人文社会科学版), 2005, (6).

[57] 刘春智. 英语新闻标题的特点及翻译.[J]新闻爱好者, 2010 (12): 89-90.

[58] 刘宓庆. 翻译美学导论[M]. 北京: 中国对外翻译出版公司, 2005: 171.

[59] 刘宓庆. 文体与翻译[M]. 北京: 中国对外翻译出版公司, 1986.

[60] 刘迎春, 王海燕. 基于文本类型理论的公示语翻译研究[J].中国翻译, 2012 (6).

[61] 吕叔湘，罗常培. 现代汉语规范问题报告[C]. 现代汉语规范问题学术会议，1955.

[62] 罗兰秋. 性暗示广告的双刃剑[J]. 西南民族大学学报（人文社科版），2005, 11.

[63] 孟琳，詹晶辉. 英语广告中双关语的运用技巧及翻译[J]. 中国翻译，2001, 22（5）48-51.

[64] 牟章. 汉英广告语言的异同及商业广告翻译中的语用失误研究[D]. 中央民族大学，2004.

[65] 牛新生. 公示语文本类型与翻译探析[J]. 外语教学，2008, 9（3）: 90-91.

[66] 潘清华. 英汉广告语言特点比较与翻译[J]. 江西财经大学学报，2008（5）: 84-89.

[67] 潘天翠. 中国翻译人才的现状与培养——访国际译联第一副主席黄友义[J]. 国际人才交流，2008.10.

[68] 彭朝忠. 基于广告传播视角的校训翻译研究——兼谈江西师范大学校训的翻译[J]. 江西师范大学学报（社会科学版），2013, （2）.

[69] 钱绍昌. 影视翻译 翻译园地中愈来愈重要的领域[J]. 中国翻译，2000, 1.

[70] 乔阳. 浅论许渊冲"三美"原则在品牌汉译中的运用[J]. 中州大学学报，2013, 7.

[71] 司显柱. 论我国对外英语新闻翻译及传播效果研究[J]. 外国语文，2016, 6: 109-115.

[72] 唐艳芳. 论广告翻译的美学策略[J]. 浙江师范大学学报（社会科学版），2003, （2）.

[73] 汤一介. 儒释道与中国传统文化[C]. 中国大百科全书出版社，2013.

[74] 王菲. 广告学概论[M]. 北京: 中国人民大学出版社，2012.

[75] 王海等. 传媒翻译概论[M]. 广州: 暨南大学出版社，2011: 175.

[76] 卫军英. 欧美广告精选赏析[M]. 成都: 四川大学出版社，2004: 79.

[77] 吴柏林. 广告策划实务与案例[M]. 北京: 机械工业出版社，2013.

[78] 肖建春等. 现代广告与传统文化[M]. 成都: 四川人民出版社，2002.

[79] 许钧，穆雷. 中国翻译学研究30年（1978-2007）[J]. 外国语，2009, （1）: 77-87.

[80] 许渊冲. 翻译的艺术[M]. 北京: 五洲传播出版社，2006.

[81] 宣苓艳. 英文广告中的典故及其翻译[J]. 商场现代化，2008.9.

[82] 杨凤仙. 汉语广告与英语广告语言特点之比较[J]. 北华大学学报（社会科学版），2000, 6（2）.

[83] 伊小琴. 论英语商标词的翻译[J]. 新课程研究，2009, 7.

[84] 于根元. 广告语言概论[M]. 北京: 中国广播电视出版社，2007.

[85] 余光中. 余光中谈翻译[M]. 北京: 中国对外翻译出版公司，2002: 121.

[86] 余俊. 商标功能辨析[J]. 知识产权，2009.11（119）: 74-78.

[87] 刘其中. 汉英新闻编译[M]. 北京: 清华大学出版社，2009: 206.

[88] 曾丽芬，张华德. 广告英语三美特征及其翻译的再现[J]. 龙岩学院学报，2007, （1）: 83-86.

[89] 詹蓓. 译名与文化——从"可口可乐"谈起[J]. 中国翻译，2001, （1）.

[90] 张沉香. 功能目的理论与应用翻译研究[M]. 长沙: 湖南师范大学出版社，2007.

[91] 张传彪，龚帆元. 翻译"忠实"与创造性变通[J]. 英语研究，2013, 3: 52-55.

[92] 张国才. 图文英语广告文案[M]. 福建: 厦门大学出版社，2008: 67.

[93] 张美芳. 澳门公共牌示与及其翻译研究[J]. 上海翻译，2006（1）: 29-34.

[94] 张英岚. 广告语言修辞原理与赏析[M]. 上海: 上海外语教育出版社，2007.

[95] 钟守满，王凌. 广告英语模糊现象探析[J]. 山东外语教学，2000, 3.

[96] 周建民. 汉语书面广告中的新词与时尚词语运用[J]. 江汉大学学报（人文科学版），2005（6）.

[97] 周丽红. 试论应用文体翻译的主要特点[J]. 辽宁工业大学学报（社会科学版），2012, （3）: 60-61.

[98] 庄严. 英汉广告语言中的中西文化比较[J].成都理工大学学报（社会科学版），2006, 9（14）.

后 记

当下中国，出版业空前繁荣，个人出版著作俨然成了一种时髦。很多人都有出版著作的愿望。之前总觉得那与我关系不大，因为真正能出书的，非大富即高知，与我等极普通的高校教师而言，不过镜花水月而已。

我深知做事艰难，所以向来谨慎。扪心自问，回望过去四十多年人生路，虽然不曾懈怠，但劳劳碌碌，依然乏善可陈。受命开设"英汉广告翻译"课程已近十年，一直以来，战战兢兢，如履薄冰，总生怕误了学生，平日除了认真备课上课，不敢再有其他想法。后来因为从教日久，相关材料增多，有了些许个人见解，所以偶尔也有同事和学生"撺掇"出一本这方面的教材。虽然我多半笑笑作答，但也确实因此有了写点教学心得的念头。正如佛说"定力未成，念头无主"，我总觉得时机不够成熟，此念头也往往被彼念头淹没了去。现在想来，成熟的中年总是在等待时机成熟的过程中老去，能够成就事业的大概都有超乎常人的坚毅和果敢。

最终让我将念头付诸实施的其实应该感谢一次次机缘。首先，我应该感谢国防工业出版社的刘华副总编和赵玲老师。2014年，青岛大学举办"全国翻译教学与研究论坛暨山东省国外语言学学会翻译学专业委员会年会"，会上我和他们初次相识。然后，我的论文引起了赵老师的关注，加之会后的交流，两位老师的鼓励，特别是赵老师后来多次电话指导并促成了专著出版协议书的签订。凡此种种让我确确实实地有了写点东西的冲动，而且真真切切地感受到这种冲动的美好。

非常遗憾的是，由于写作的艰难高于预期，进度相对滞后。加之后来出版社出版方向的调整，未及一半的书稿尚未完成就面临不能出版的困局。这瞬间泄了我继续的动力，虽然貌似解脱，但未竟的书稿一如早夭腹中的胎儿，让人唏嘘。

正当我又回到周而复始的备课、上课、作业批改等熟悉的忙碌中，即将淡忘这一心愿时，江西师范大学外国语学院教师专著出版资助计划让我重见希望。非常感谢学院这几年对科研发展欠佳教师的支持，这种支持不仅在于科研项目资金的投入，还在于外请专家讲学，内搭科研平台等一系列帮扶举措的实施。学院想方设法助力，个人怎能不加倍努力。于是，繁忙的教学活动之余，我又开始了一度终止的书籍编写工作，伴随而至的是无数个夜晚和假日与电脑屏幕相望相守，个中苦难唯有自知。其实真正的困难并非孤独，而是各种问题接踵而至。

正所谓"书到用时方恨少，事非经过不知难"。第一次从事此类书稿的写作，有很多懵懂的地方，更何况广告翻译涉及很多自己之前并未涉足的领域。虽然人往往因未知而无畏，但形成文字时，总不免惶恐不安，这一是因为自己的浅薄，二大概是因为读书人对文字天生的敬畏。所幸有学生、同事、好友的鼓励，使我能继续笔耕不辍。这其中每年选修该课程学生的信任和课堂参与，以及他们呈现的精彩译例是此书成文的关键。特别是张剑翰等同学还参加了译例整理工作，我在此一并表示感谢。

还有两点需要说明。其一，教学和科研紧密关联，教学之余，虽然书稿写作一度停滞，但我对广告翻译乃至应用翻译的研究兴趣其实从未中断，与之相关的课题申报和论文撰写是我闲时主要顾及的内容。所以，本书也是我2017年江西省学位与研究生教育教学改革研究项目——项目模拟在MTI应用翻译课程教学中的应用；2015年江西师范大学教学改革研究项目——应用翻译系列课程教学中师生专业知识受限的补偿机制研究等科研项目的部分研究成果。在此，我也利用这个机会对课题组各位成员表示谢意。课题研究需要集体的智慧，没有大家的支持，项目难以推进。同时，也感谢自己一直以来的坚持，学术研究需要守得住寂寞，耐得住性子，踉踉跄跄，一路走来不易，走下去还要加油。

其二，书中"英汉广告翻译技巧"一章有少部分内容引自《英汉翻译教程》一书中我本人编写的相关章节。该书由李玉英和李发根两位教授主编，2013年中山大学出版社出版，我有幸参与编写了"英汉广告翻译"一章的内容。在此也对该书的编写团队及出版工作者谨表谢忱。那次编写是我对广告翻译进行归纳总结的第一次尝试，比较粗浅。时间流逝，当年编写时的遗憾也一直在催我深入对未知的学习，其时的问题在本书中大部分得到了明晰。只是本书中的问题大概会因为说得更多而漏洞频出，贻笑大方之处不在少数，也恳请方家批评指正。

书稿的写作参考了大量前人论著中的观点和理念，虽然参考文献中大多已经标出，但也非常有必要在此谨表诚挚谢意。

因为对广告资讯传播方面知识匮乏，除了查阅相关资料外，多年好友江西广播电视台主任编辑邵满春先生也是我经常求助的对象，感谢他许多宝贵的建议以及他后期为书稿校对所付出的心血。

本书最终能够出版当然要特别感谢化学工业出版社，感谢分社长邵桂林先生的鼎力相助和改进建议。

最后，由衷感谢我的妻子成彩云，她是该书的第一个读者，没有她的支持和建议，此书不可能顺利完稿。没有她的支持和鼓励，写作也少了一份乐趣。当然，如果没有妻子的支持，任何丈夫连内心的安宁都得不到，遑论写作。